谢林著作集

先刚 主编

论人类自由的本质及相关对象

Philosophische Untersuchungen über das Wesen der menschlichen Freiheit und die damit zusammenhängenden Gegenstände

〔德〕谢林 著 先刚 译

图书在版编目(CIP)数据

论人类自由的本质及相关对象/(德)谢林著;先刚译.—北京:北京大学出版社,2019.3

ISBN 978-7-301-30004-6

Ⅰ.①论… Ⅱ.①谢… ②先… Ⅲ.①谢林(Schelling, Friedrich Wilhelm Joseph von 1775-1854)—哲学思想—研究 Ⅳ.① B516.34

中国版本图书馆CIP数据核字(2018)第250117号

书　　名	论人类自由的本质及相关对象
	LUN RENLEI ZIYOU DE BENZHI JI XIANGGUAN DUIXIANG
著作责任者	〔德〕谢　林　著　先　刚　译
责任编辑	王晨玉
标准书号	ISBN 978-7-301-30004-6
出版发行	北京大学出版社
地　　址	北京市海淀区成府路205号　100871
网　　址	http://www.pup.cn　新浪微博:@北京大学出版社
电子邮箱	编辑部 wsz@pup.cn　总编室 zpup@pup.cn
电　　话	邮购部 010-62752015　发行部 010-62750672
	编辑部 010-62752025
印　刷　者	北京中科印刷有限公司
经　销　者	新华书店
	650毫米×980毫米　16开本　18.75印张　210千字
	2019年3月第1版　2024年6月第4次印刷
定　　价	79.00元

未经许可,不得以任何方式复制或抄袭本书之部分或全部内容。
版权所有,侵权必究
举报电话:010-62752024　电子邮箱:fd@pup.cn
图书如有印装质量问题,请与出版部联系,电话:010-62756370

中文版"谢林著作集"说明

如果从谢林1794年发表第一部哲学著作《一般哲学的形式的可能性》算起,直至1854年写作《纯粹唯理论哲学述要》时去世为止,他的紧张曲折的哲学思考和创作毫无间断地整整延续了60年的时间,这在整个哲学史里面都是一个罕见的情形。[①]按照人们通常的理解,在德国古典哲学的整个"神圣家族"(康德—费希特—谢林—黑格尔)中,谢林起着承前启后的关键作用。诚然,这个评价在某种程度上正确地评估了谢林在德国古典哲学发展过程中的功绩和定位,但另一方面,它也暗含着一个贬低性的判断,即认为谢林哲学尚未达到它应有的完满性,因此仅仅是黑格尔哲学的铺垫和准备。这个判断忽略了一个基本事实,即在黑格尔逐渐登上哲学顶峰的过程中,谢林的哲学思考始终都与他处于齐头并进的状态,而且在黑格尔于1831年去世之后继续发展了二十多年。一直以来,虽然爱德华·冯·哈特曼(Eduard von Hartmann)和海德格尔(Martin Heidegger)等哲学家都曾经对"从康德到黑格尔"这个近乎僵化的思维模式提出过质

---

① 详参先刚:《永恒与时间——谢林哲学研究》,第1章"谢林的哲学生涯",北京:商务印书馆,2008年,第4—43页。

疑,但真正在这个领域里带来颠覆性认识的,乃是瓦尔特·舒尔茨(Walter Schulz)于1955年发表的里程碑式的巨著《德国唯心主义在谢林后期哲学中的终结》[①]。从此以后,学界对于谢林的关注度和研究深度明显提高了一个档次,越来越多的学者都趋向于这样一个认识,即从某种意义上来说,谢林才是德国古典哲学或德国唯心主义的完成者和终结者[②]。

我们在这里无意于对谢林和黑格尔这两位伟大的哲学家的历史地位妄加评判。因为我们深信,公正的评价必须而且只能立足于人们对于谢林哲学和黑格尔哲学乃至整个德国古典哲学全面而深刻的认识。为此我们首先必须全面而深入地研究德国古典哲学的全部经典著作。进而言之,对于研究德国古典哲学的学者来说,无论他的重心是放在四大家里面的哪一位身上,如果他对于另外几位没有足够的了解,那么很难说他的研究能够获得多少准确而透彻的认识。在这种情况下,对于中国学界来说,谢林著作的译介尤其是一项亟待补强的工作,因为无论对于康德、黑格尔还是对于费希特而言,我们都已经拥有相对完备的中译著作,而相比之下,谢林著作的中译仍然处于非常匮乏的

[①] Walter Schulz, *Die Vollendung des deutschen Idealismus in der Spätphilosophie Schellings*, Stuttgart, 1955; zweite Auflage, Pfullingen, 1975.

[②] 作为例子,我们在这里仅仅列出如下几部著作:Axel Hutter, *Geschichtliche Vernunft: Die Weiterführung der Kantischen Vernunftkritik in der Spätphilosophie Schellings*, Frankfurt am Main, 1996; Christian Iber, *Subjektivität, Vernunft und ihre Kritik. Prager Vorlesungen über den Deutschen Idealismus*, Frankfurt am Main, 1999; Walter Jaeschke und Andreas Arndt, *Die Klassische Deutsche Philosophie nach Kant: Systeme der reinen Vernunft und ihre Kritik (1785-1845)*, München, 2012。

局面。有鉴于此,我们提出中文版"谢林著作集"的翻译出版规划,希望以此推进我国学界对于谢林哲学乃至整个德国古典哲学的研究工作。

中文版"谢林著作集"所依据的德文底本是谢林去世之后不久,由他的儿子(K. F. A. Schelling)编辑整理,并由科塔出版社出版的十四卷本《谢林全集》(以下简称为"经典版")①。"经典版"《谢林全集》分为两个部分,第二部分(第11—14卷)首先出版,其内容是晚年谢林关于"神话哲学"和"启示哲学"的授课手稿,第一部分(第1—10卷)的内容则是谢林生前发表的全部著作及后期的一些手稿。自这套全集出版以来,它一直都是谢林研究最为倚重的一个经典版本,目前学界在引用谢林原文时所遵循的规则也是以这套全集为准,比如"VI, 60"就是指所引文字出自"经典版"《谢林全集》第六卷第60页。20世纪上半叶,曼弗雷德·施罗特(Manfred Schröter)为纪念谢林去世100周年,重新整理出版了"百周年纪念版"《谢林全集》②。但从内容上来看,"百周年纪念版"完全是"经典版"的原版影印,只不过在篇章的编排顺序方面进行了调整而已,而且"百周年纪念版"的每一页都标注了"经典版"的对应页码。就此而言,无论人们是使用"百周年纪念版"还是继续使用"经典版",没有本质上的差别。唯一需要指出的是,"百周年纪念版"相比"经典版"还是增加了新的

---

① F. W. J. Schelling, *Sämtliche Werke*, Hrsg. von K. F. A. Schelling, Stuttgart und Augsburg: Cotta'sche Buchhandlung, 1856-1861.

② *Schellings Werke. Münchner Jubiläumsdruck, nach der Originalausgabe (1856-1861) in neuer Anordnung,* Hrsg. von Manfred Schröter, München, 1927-1954.

一卷,即所谓的《遗著卷》(Nachlaßband)①,其中收录了谢林的《世界时代》1811年排印稿和1813年排印稿,以及另外一些相关的手稿片断。1985年,曼弗雷德·弗兰克(Manfred Frank)又编辑出版了一套六卷本《谢林选集》②,其选取的内容仍然是"经典版"的原版影印。这套《谢林选集》因为价格实惠,且基本上把谢林的最重要的著作都收录其中,所以广受欢迎。虽然自1976年起,德国巴伐利亚科学院启动四十卷本"历史—考据版"《谢林全集》③的编辑工作,但由于这项工作的进展非常缓慢(目前仅仅出版了谢林1801年之前的著作),而且其重心是放在版本考据等方面,所以对于严格意义上的哲学研究来说暂时没有很大的影响。总的说来,"经典版"《谢林全集》直到今天都仍然是谢林著作的最权威和最重要的版本,在谢林研究中占据不可取代的地位,因此我们把它作为中文版"谢林著作集"的底本,这是一个稳妥可靠的做法。

目前我国学界已经有许多"全集"翻译项目,相比这些项目,我们的中文版"谢林著作集"的主要宗旨不在于追求大而全,而是希望在基本覆盖谢林的各个时期的著述的基础上,挑选其

---

① F. W. J. von Schelling, *Die Weltalter. Fragmente. In den Urfassungen von 1811 und 1813.* Hrsg. von Manfred Schröter, München: Biederstein Verlag und Leibniz Verlag, 1946.
② F. W. J. Schelling, *Ausgewählte Schriften in 6 Bänden,* Hrsg. von Manfred Frank, Frankfurt am Main: Suhrkamp, 1985.
③ F. W. J. Schelling, *Historisch-kritische Ausgabe,* Im Auftrag der Schelling-Kommission der Bayerischen Akademie der Wissenschaften herausgegeben von Jörg Jantzen, Thomas Buchheim, Jochem Hennigfeld, Wilhelm G. Jacobs und Siegbert Peetz, Stuttgart-Band Cannstatt: Frommann-Holzboog, 1976 ff.

中最重要的和最具有代表性的著作,陆续翻译出版,力争将其打造为一套较完备的精品集。从现有规划来看,中文版"谢林著作集"已经有二十卷的规模,而如果这项工作进展顺利的话,我们还会在此基础上陆续推出更多的卷册(尤其是最近几十年来整理出版的晚年谢林的各种手稿)。也就是说,中文版"谢林著作集"将是一项长期开放性的工作,在这个过程中,我们也希望得到学界同仁的更多支持。

本丛书得到了教育部人文社会科学重点研究基地项目"《谢林著作集》的翻译和研究"(项目批准号15JJD720002)的资助,在此表示感谢。

先　刚

北京大学外国哲学研究所

北京大学美学与美育研究中心

目 录

谢林论人类自由的本质（代序）…………………………… 1

论人类自由的本质及相关对象（1809）……………………… 1

斯图加特私人讲授录（1810）……………………………… 107

与埃申迈耶尔关于《论人类自由的本质》
 的通信（1810—1812）…………………………… 193

人名索引 ……………………………………………… 258

主要译名对照 ………………………………………… 261

谢林论人类自由的本质（代序）

谢林于1809年出版了《论人类自由的本质及相关对象》（以下简称《自由论文》），这是他有生之年最后一部公开发表的哲学著作。在很长的一段时间里，这篇带有"引子"意味①的论文都没有得到主流思想界的认可，它一方面被黑格尔看作"个别的、孤立的"玄思，②另一方面被叔本华斥为陈腐的神学教义的翻版。③直到海德格尔于1936年开课专门诠释这部著作，并誉之为谢林"最伟大的功绩"以及"德国哲学乃至西方哲学最深刻的著作之一"，④学界才对它产生浓厚的兴趣，进而引发许多细致的研究。事实上，谢林本人从来没有认为《自由论文》是他的"代表作"（Magnum opus），因为真正能担当这个称号的，其实是随后耗费了他18年心血的《世界时代》（Die Weltalter）。尽管如

---

① 谢林在《自由论文》的结尾处写道："当前这篇论著之后会有一系列其他论著，以此呈现出哲学的观念性部分的整体。"(VII, 416)
② G. W. F. Hegel, *Vorlesungen über die Geschichte der Philosophie*, Werke in zwanzig Bänden, Theorie Werkausgabe, Band 20, Frankfurt am Main, 1970, S. 453.
③ Arthur Schopenhauer, *Sämtliche Werke*, Textkritisch bearbeitet und herausgegeben von Wolfgang Frhr. von Löhneysen, Band III, Stuttgart/ Frankfurt am Main, 1962, S. 609.
④ Martin Heidegger, *Schellings Abhandlung Über das Wesen der menschlichen Freiheit (1809)*, Freiburger Vorlesung Sommersemester 1936, Tübingen, 1971, S. 2.

此，由于海德格尔不无夸张的吹捧，《自由论文》一度成为谢林众多著作中最受关注的对象。遗憾的是，建立在这个基础上的很多讨论要么封闭在这个局促的文本中，失去了与谢林其他著作的关联——随之失去了与谢林哲学体系的关联，要么仅仅是借题发挥，"六经注我"，实际上是通过歪曲谢林来为其他哲学家的观点服务，这些情况对于原本意义上的谢林研究并无多少助益。有鉴于此，与那些做法不同，本文从谢林哲学本身出发，尝试结合谢林各个时期的相关论著（而不是局限于《自由论文》），以便澄清谢林有关"人类自由"的一系列重要思想。

首先，必须把**自由**与**体系**或者说"科学世界观的整体"（VII, 336）联系在一起进行思考和讨论，这是谢林在《自由论文》的一开头就提出的要求。从否定的方面来看，任何自由都离不开整体，它必须置身于一个整体之内，在一个整体内表现出来——谈论一个绝对孤立的东西的"自由"是没有任何意义的；从肯定的方面来看，自由作为某种"有根有据"的东西，通过一个体系，特别是通过体系的本原而得到稳固的奠基。然而人们经常误解体系，每每把"僵死的""枯燥的""独断的"等帽子扣在体系的头上，殊不知真正的"体系"——比如"世界体系"（das System der Welt / das Weltsystem）——恰好是这些东西的反面（VII, 421）。谢林承认，部分由于他自己的责任（阐述方面的不完善），他的体系还没有被任何人，或者说至多只被极少的几个人理解。但同样不可否认的是，谢林过去、现在、将来都在探寻着这个体系的最佳表述方式。后来，谢林在埃尔兰根大学的讲授录《全部哲学的本原》(1820)中指出,体系的特征在于"一个合并起来的整体,在其中,各个成分彼此互为条件,互为前提"。① 实际上,这也是谢林和黑格尔经常谈到的"有机体"的特征,换句话说,真正意义上的体系必然是一个有机体,一个健康的整体——谢林认为德语的"gesund"(健康)一词就是从"ganz"(完整)这个词语发展而来的——,亦即各个组成部分的"和谐共存"(συν-στασις, Zusammen-bestehen),而在谢林看来,这是古希腊语"体系"(συστημα)一词的真正意义(IX, 213),而海德格尔在他的谢林诠释中,却把συστημα追溯到"我来安排"(συνιστημι),强调其"人为制定"和"随意堆积"的意味,② 这显然是曲解乃至颠倒了谢林的本意。然则要做到"和谐共存",体系必须满足三个基本要求:1)具有一个贯穿一切的本原;2)不应当排斥任何东西;3)具有一种发展和前进的方法,保证不遗漏任何根本环节(vgl. VII, 421)。总之,谢林的体系观拒绝任何孤立的、片面的、静滞的东西,这是他讨论"自由"以及任何一个哲学问题的基本前提。

在当时,谢林主要反对的是雅各比和施莱格尔等人的观点,他们与"理性"和"体系"为敌,宣称"理性的唯一可能的体系是泛神论,而泛神论不可避免是宿命论"(VII, 338)。这类观点首要针对的是斯宾诺莎,自然也针对直接起源于斯宾诺莎的德国唯心主义传统(费希特、谢林和黑格尔)。但正如谢林和黑格尔指

---

① Schelling, *Initia philosophiae universae, Erlanger Vorlesungen WS 1820/21*, hrsg. und kommentiert von Horst Fuhrmans, Bonn, 1969, S. 1.
② Martin Heidegger, *Schellings Abhandlung Über das Wesen der menschlichen Freiheit (1809)*, Freiburger Vorlesung Sommersemester 1936, Tübingen, 1971, S. 24 ff.

出的,所谓"泛神论""宿命论"之类都是一些意义含糊的标签而已,它们在哲学论战中的政治斗争意义远远大于哲学意义。根本说来,雅各比等人的目的不仅是要让"自由"摆脱体系,更是让其摆脱哲学和理性,从而将其纳入宗教信仰的范围。同样属于这个阵营的卡尔·埃申迈耶尔尤其明白地表露了这个观点,他在1810年10月给谢林的一封信中评论了《自由论文》,公然宣称我们不可能有一个理性的、哲学的"自由"概念,或者说"自由"只有通过所谓非理性东西(das Irrationale)——比如"美德""爱"——才能被理解把握(VIII, 162)。对此谢林反驳道,正相反,"美德"和"爱"等等恰好是精神最为熟悉的、真正的理性东西:"把精神性东西称作非理性东西,反过来把非精神性东西称作理性东西,这是对于真正关系的完全颠倒。"(VIII, 164)其实早在1804年的《哲学与宗教》里,谢林就批驳了埃申迈耶尔的类似观点,他认为自己的任务是为哲学和理性重新夺回宗教信仰企图独霸的那些对象:"上帝""有限者的产生""自由""道德"和"幸福"等等(VI, 20)。这些对象不仅是《哲学与宗教》,而且也是《自由论文》以及谢林绝大部分著作的主题。

我们看到,谢林在其最早期的哲学著作之一《自我作为哲学的本原》(1795)里已经明确宣称:"全部哲学的开端和终点都是——**自由**!"(I, 177)[①] 这个思想的直接源头是康德和费希特,诚然,也可以追溯到斯宾诺莎的"自因"(causa sui)。实则对于作为本原的绝对自我而言,承认其"绝对自由"是一件自明的事

[①] 在之前(1795年2月4日)给黑格尔的一封信里,谢林已经做出了同样的宣言。

情。真正的争议则在于,经验的、有限的自我——也即通常所谓的"人"——是否拥有自由?以及拥有怎样的自由(I, 236)?在斯宾诺莎的影响下,谢林认为,绝对自我和经验自我(或者说绝对自由与经验自由)在本质上是同一个东西,只不过后者处于某种受限状态;而在费希特的影响下,谢林认为伦理道德中的"应当"和"命令"就是要求经验自我突破自身受到的限制,将他的经验自由与原初的绝对自由重新融为一体(I, 238)。人必须认识到自身内的这种意义上的自由,认识到这是他的本质。就此而言,谢林相信:"让人意识到他**是**什么,他很快就会学习着去成为他**应该**的那个样子:给予他对于自己**理论上的尊重,实践上的尊重**将很快随之而来。"(I, 157)

然而这里蕴含着一个没有解决的核心问题,即经验自我——乃至所有"有限者"——的来源。绝对自我是否出离自身,转变为或过渡到经验自我?谢林很快在《关于独断论和批判主义的哲学书信》(1796)里明确意识到:"从无限到有限的过渡成为**所有**哲学的问题。"(I, 293)对此,稍后的《知识学唯心主义释义》(1796/97)给出了一个说法:"从无限到有限——没有**过渡**!这是最古老的哲学的一个命题。早期的哲学家至少试图通过一些形象化的说法来掩饰这个过渡,所以才产生出'流溢说'之类最古老的传统。"(I, 367)关键在于,如今谢林把绝对者理解为**精神**,这在德国古典哲学的发展过程中是一个重要的推进。精神不仅自己决定自己,而且自己限定自己,因此它是无限和有限的原初统一体,是一种"永恒的转变"(ewiges Werden),但转变不等于过渡,而是意味着无限和有限的"绝对**同时性**"(I,368)①。对于谢林来说,"精神的所有活动都是为了**在有限中呈现出无限**。"(I,382)

而要做到这一点,必须通过一个过程,或者说只有通过历史才有可能;就此而言,谢林赋予自由以历史的维度,无论是绝对者或上帝的自由(谢林称之为"绝对意愿""绝对意志"或"纯粹意志"),还是个人的自由(谢林也称之为"随意"或"意愿选择"),都只能在历史的情境中表现出来。一方面,绝对意愿制定了普遍必然的法则,制定了历史的目标:大全一体(εν και παν);②另一方面,个人的自由则表现在,他既可以遵循这些法则和目标,但在更多的情况下,也可以偏移甚至反抗它们,而当人们这样做的时候,他们恰好成为实现绝对意愿的一个中介,因为,"总的说来,只有当存在着一个理想,而个别事物以无穷杂多的方式偏移这个理想,但在整体上又与这个理想完全契合,这才有历史可言。"(I,469)人们以为自己进行着自由的行动,但实际上是一个永恒的、绝对的必然性在他们之内行动。以上思想出自谢林

---

① 这些思想后来在黑格尔那里得到了更为充分的发挥,黑格尔甚至认为"无限如何过渡到有限"根本就是一个伪命题,因为它错误地把无限和有限对立起来,但事实上,"无限永恒地出离自身,也永恒地没有出离自身",或者说"真正的无限毋宁在于:在他者中停留于自身,或在他者中回到自身"。Vgl. G. W. F. Hegel, *Enzyklopädie der philosophischen Wissenschaft I*, Werke in zwanzig Bänden. Theorie Werkausgabe, Band 8, Frankfurt am Main, 1970. S. 199, 200。
② 谢林在自己的哲学一开始就提出了一个"伟大的思想":所有的科学,甚至人类自身,都不断地趋向"完满的统一体";在历史的尽头,人类集合起来,作为"一个完满的个人"而遵循着同一个自由法则(I,158)。可以说这是谢林(以及其他几位德国古典哲学家)一生为之奋斗的哲学最高理想。

1797/98年的《历史哲学是否可能》一文。显然,黑格尔后来所说的"概念的狡计"或"理性的狡计"也是同样的意思。① 谢林本人在1800年的《先验唯心论体系》里对这个思想还有更多的发挥,特别是他指出,历史只是对族类而言,而不是对个体而言,才具有意义,历史不是通过个体,而是只有通过族类才能得到实现:"个体正因为是个体,所以没有能力去达到理想。"(IIII, 589)既然如此,那么个人的自由("意愿选择")是不是就成了一种毫无意义的幻象了呢?答案是否定的。因为这恰好体现出"历史"有别于"理论"的特殊性,也就是说,个人的行为不能是完全合乎规则的事情,否则的话,我们只需要逻辑学(纯粹的先天分析判断)和数学(纯粹的先天综合判断)就可以把握人的本质了,而这是不可能的。因此谢林才强调道:"人之所以有历史,仅仅是因为我们不能按照任何理论预先推算出他将要做的事情。就此而言,**意愿选择**乃是历史的女神。"(IIII, 589)在谢林看来,历史哲学的任务就是一方面鼓励人的自由,另一方面又让人认识到某种比人类的自由更高的东西,即"一种更高的法则"。也就是说,尽管人的行动是从他的自由出发的,但行动的结果(就其对整个族类的意义而言)却是依赖于一个更高的他者——命运或天命(Vorsehung)。因此,历史的最终任务在于,揭示出那个按其本性来说不可触及的**绝对主体与人的意识的关系**。

可见,在谢林的上述思想里,主要是从积极的方面来谈论

---

① 黑格尔在《精神现象学》《逻辑学》《哲学全书》《历史哲学》等书里都明确地提出了这个思想,这里不逐一列出。

有限者以及人的自由。但从所谓的"同一性哲学"时期(大约始于1801年的《对我的哲学体系的阐述》)开始,谢林逐渐转而强调有限者的否定方面。诚然,"自在地"(an sich)看来,也即在本质上看来,谢林仍然坚持无限和有限的统一体和一致性,但如今有限者的存在和行为更多地被看作是一种消极的、扰乱秩序的东西。从当时的历史背景来看,谢林与费希特陷入到尖锐的争论中,后者坚持主观自我的最高本原地位,甚至认为诸如"绝对同一性""上帝"等等也不过是我的反思对象,因此是一个"为着我而存在的思想物"(IV,142)。无疑,这就是谢林和黑格尔反复批评的那种"反思立场"的,还没有上升到"思辨立场"的层次。在这个意义上,谢林称费希特的哲学是"完满的二元论",也即达到了无限和有限的最高矛盾,只可惜是一个"自在地"看来并不存在的矛盾(VI,126)。正因为此,谢林在《哲学和宗教》里不仅批驳埃申迈耶尔的非理性主义,而且也批驳了顽固坚持有限者立场的费希特的主观唯心主义。[①]费希特的"自我性"(Ichheit)是"有限性的一般原则"(VI,42)。谢林多次强调指出,有限者具有"双重意义上的"生命:它既在绝对者之内,也在它自身之内,但有限者只有以前者为基础,才能真正拥有"自己的"而非"虚假的"生命(VI,41;vgl. VI,187,VI,551)。显然,谢林的观点是完全辩证的,他并不是简单粗暴地否定有限者,而是指出:1)有限者在本质上是与无限者绝对同一的,就此而言,有限者也拥有无

---

① 这是瓦尔特·舒尔茨极力强调的一个观点。Vgl. Walter Schulz, *Die Vollendung des Deutschen Idealismus in der Spätphilosophie Schellings*. Pfullingen, 1975, S. 96-102。

限的生命,但它不是**作为有限者**而拥有无限的生命,而是就其本质而言;2)与此同时,有限者不能与无限者或普遍割裂开来,否则它必然是一种虚假的和错误的东西。但谢林也深切地认识到,有限者总是具有这样一个趋势,或者说有限者总是倾向于这样来理解他的"自由":即绝对地在自身内存在或"**不-在上帝之内-存在**"(VI, 552)。这就是**恶**的起源。

实际上,谢林在1804年的《维尔茨堡体系》和《哲学与宗教》里都明确地把人的自由与"恶"结合在一起进行了深入讨论,而不是像某些学者——追随海德格尔的错误断言——所声称的那样,仿佛他直到1809年写作《自由论文》的时候才建立起所谓的"恶的形而上学"。真实的情况是,谢林在《维尔茨堡体系》里已经明确说道,与"人的个体自由"联系最为密切的是"**恶**""**罪**""**罪责**""**惩罚**"等概念(VI, 542)。而同年发表的《哲学与宗教》更是直接以柏拉图的第二封信中的那句名言——"**一切祸害的根源是什么?**"(313a)——引申出有限事物的产生及其自由等问题(VI, 28)。同样,谢林在做这些讨论的时候,都明确提到并在原则上赞成莱布尼茨的神义论思想,即反对把上帝看作恶的积极的肇始者(Urheber)或同谋(Miturheber)。既然这样,恶只能起源于有限者自己,是由于有限者错误地利用自己的自由——"基于自身而存在"的能力——破坏了原初的和谐与秩序。谢林使用了很多术语,比如"中断"(Abbrechen)、"破裂"(Sprung)、"脱离"(Entfernung)、"堕落"(Abfall)等等,来描述这种破坏,并结合康德和费希特的相关思想,强调这是有限者自己的行为,应该由有限者自己来承担责任。概言之,有限者只有通过与绝对者的必然关系才有可能真正掌握"自己的"自由,而一旦它谋求脱离这个关系,那么它就成了"真正的虚无"(VI, 40)。与此同时,也可以说有限者的解放同样依赖于它的自由,因为它的自由本身就被赋予两种可能性:要么完全在自身内存在,要么在自身内存在的同时也在绝对者之内存在。如果有限者将自己的自由运用于后一方面,那么一切都将恢复到和谐的秩序,恶也将不复存在。因此,所有能够帮助有限者净化自己的"私我",将其引向普遍的"大我"的工具都得到了谢林的褒奖。在这里,最重要的工具仍然是伦理道德、艺术、宗教、哲学等精神形态,它们全都以绝对同一性为最高目的。就谢林毕生的立场而言,哲学始终是他最推重的东西,他甚至把哲学称作我们的"**重生**"(Wiedergeburt),因为哲学以最清晰、最稳固的方式把我们重新导回绝对大全,分享对于绝对大全及其理念的直观(VI, 552)。

显然,如果人们不熟悉谢林在"同一性哲学"时期的相关思想,那么很难说他们能够准确地把握谢林在《自由论文》里提出的有关自由的"真实的和活生生的"概念:"自由是一种向善和从恶的能力(Vermögen)。"(VII, 352)严格说来,谢林在《自由论文》里所谈到人的自由的各种表现(不管是积极的还是消极的方面),与"同一性哲学"时期的观点没有根本的不同。真正的差别在于,如今谢林强调的是人类自由的**本质**(Wesen),这个概念首要关注的不再是自由的表现及其后果,而是重新思考自由的**根据**(Grund)——它不再被理解为有限者自身的虚弱或某种缺失,而是被看作一个包含在绝对者(上帝)概念自身内的、实实在在的、积极的、有力的东西。

也就是说,谢林尽管仍然坚持绝对者与有限者的绝对同一性,但他如今更强调的是有限者对绝对者的依赖关系,用他的话来说,就是"根据律与同一律具有同样的原初性"(VII, 346)。关键在于,如果把有限者或人的自由的根据追溯到上帝的话,那么这个"根据"甚至是某种"不同于上帝本身"的东西。正是在这里。我们触及到谢林提出的那个著名的区分,即对于任何一个东西(上帝也不例外),我们都可以区分出它的两个方面:就它作为实存者而言(sofern es existiert),以及就它单纯作为这个实存的根据而言(sofern es bloß Grund von Existenz ist)(Vgl. VII, 357)。这个区分是不容易理解的,而且一不小心就会陷入混淆,即把谢林区分"实存者—实存的根据"误解为区分"实存—实存的根据"(遗憾的是,今天仍然有一些学者混淆了这一点)。比如埃申迈耶尔就曾经这样来反驳谢林:上帝既然在自身内有着自己的根据,那么根据就与存在合为一体了(in eins zusammenfallen),即是说这个区分是无意义的。谢林反驳道,这种说法完全误解了他的意思,因为他并不是要区分"**实存**"(Existenz)和"**实存的根据**"(这两个东西确实是合一的,因为实存本身已经是一个统一体),而是区分"**实存者**"(das Existierende)和"**存在的根据**"(VIII, 165)。更明确地说,根据是**实存的根据**,而不是**实存者的根据**(VIII, 172)。这两个理解之间有天壤之别。谢林举了一个例子:魔鬼是上帝的实存的根据,但不是上帝本身(作为实存者的上帝)的根据,后面这个理解是一个极大的谬误。

　　在我看来,这个区分其实可以用一个更简明的例子来说明。比如,桌子上有一个塑料圆球,这是一个"实存",但真正的"实存者"是圆球,而塑料则是这个实存的"根据";我们可以说塑料是这个实存的根据(因为这里本来就是一团塑料,没有塑料就没有这个实存),但不能说塑料是圆球的根据(因为"圆球"本身独立于塑料,乃至独立于玻璃、铁等任何质料)。可见,谢林的这种区分实际上就是亚里士多德在《形而上学》第七、八、九卷里讨论的"形式—质料—形式与质料的结合"等思想的翻版。由此我们直接想到,谢林在这里所说的"实存的根据"或"根据"是否就是那个长期困扰着史上各位哲学家的"物质"(ὑλη, Materie)？在当初的《哲学和宗教》里,谢林曾经认为那种"在神性之下设置一种无规则和无秩序的物质"的做法是一个"最为粗野的尝试"(VI, 36)。在他看来,这种物质学说来自于柏拉图的《蒂迈欧》,而柏拉图甚至因此"玷污"了自己的名字。与此同时,谢林赞扬那些新柏拉图主义者,因为他们将柏拉图主张的物质完全排斥在自己的体系之外,宣称物质是"无"(Nichts),是"非存在"(Nichtseyn, ουκ ov),这表明他们比所有后来的人都更纯洁且更深刻地理解了他们的老师的思想。——且不说谢林当时对于这段哲学史的把握是大有问题的,① 关键在于,谢林自己后来也赋

---

① 当代的希腊哲学研究,特别是致力于柏拉图的"未成文学说"的图宾根学派的研究表明,"物质"恰好是柏拉图哲学乃至整个古希腊哲学的根本原则之一。汉语学界的相关谈论可详参先刚:《柏拉图的本原学说:基于未成文学说和对话录的研究》,北京:生活·读书·新知三联书店,2014年。

予"非存在"完全不同的意义,区分出"ουκ ον"(断然的否定)和"μη ον"(相对的否定)两种情况:"μη ον仅仅是尚未存在的非存在,但却具有存在的可能性;μη ον能够**转变为存在**。而ουκ ον则是**纯粹的**非存在,也即完全的虚无。"① 概言之,这里的"无"或"非存在"并不是指绝对的虚无,而是指一种实在的、隐蔽的、基础性的、仅仅相对于"存在者"而言才表现为"非存在",但本身仍然是一种存在,且存在者没有了它就不能存在的东西。正因如此,谢林才在《自由论文》里说道:"这个根据……就是上帝之内的**自然界**(Natur),一个虽然与他不可分割,但毕竟有所区别的**本质**。"(VII, 358)而到了1810年的《斯图加特私人讲授录》里,谢林就已经明确宣称:"这个居于从属地位的本质,这个黑暗的、无意识的东西,上帝作为本质**试图**从他的真正内核里不断驱逐和排斥出去的东西,乃是**物质**(当然,不是那种已经成形的物质),因此物质无非是上帝的无意识部分。"(VII, 435)显然,尽管谢林从未承认自己是二元论,但他的中后期哲学确实带有挥之不去的二元论色彩。

因此,当谢林把有限者追溯到上帝,真正的意思是说:"事物的根据在于那在上帝之内又**不是上帝自身**的东西,即那作为上帝的实存的根据的东西。"(VII, 359)谢林用了很多拟人的说法

---

① Schelling, *System der Weltalter. Münchener Vorlesungen 1827/28 in einer Nachschrift von Ernst Lasaulx*, herausgegeben und eingeleitet von Siegbert Peetz, Frankfurt a. M., 1990, S. 113.

来描述这个根据,比如"渴望""激奋""冲动"等等,①带有浓厚的所谓"神人同形同性论"(Anthropomorphismus)的色彩。从古希腊爱利亚学派的塞诺芬尼开始,哲学家们对于这个思维方式长久以来一直争议不断。在这里站出来向谢林挑战的仍然是埃申迈耶尔,他宣称,我们没有权利把包括"全善、全智、全能"在内的概念拿来陈述上帝,我们甚至不能说上帝存在,因为所有概念都是人的规定,是对上帝的僭越。显然,这种企图取消"一切属人的东西"(alles Menschliche)的立场必然走到否定神学和神秘主义,但是任何否定神学都是一种自相矛盾,因为它同样也是人为地给上帝加上了一个"否定的"标准。谢林对埃申迈耶尔的反驳说得很清楚:"问题的关键根本不在于我们有什么权利把我们的概念应用到上帝身上;毋宁说,我们首先必须知道,**上帝是什么东西**。"(VIII, 167)倘若上帝本质上就是理性、自我意识、精神等等,谁有权利来把这些贬斥为单纯"属人的东西"?相反,那些通过盲目的否定和虚无缥缈的情感来把握上帝的人,才是真正把一些低级的、无关本质的"属人的东西"拿来亵渎上帝,才是真正的僭越妄为。谢林强调,在进行理性的研究和历史的考察之前,我们既不能对上帝否定什么,也不能肯定什么。不管上帝是什么,都是由于他**自己**,而不是由于我们(VIII, 168)。这个思想是

---

① 众所周知,这些术语来源于雅各布·波墨。正如我在《永恒与时间——谢林哲学研究》(商务印书馆,2008年)里指出的,谢林并不是到了写作《自由论文》的时候才受到波墨的影响,而是从小就生长在波墨-厄丁格尔支配下的施瓦本教父神学的传统之中;另一方面,波墨等人的思想也并非绝对原创,而是同样必须追溯到中世纪神秘主义乃至更早的柏拉图主义传统(参阅该书第5—6页、第164页以下)。基于此,我认为在诠释《自由论文》的时候过于强调波墨的"影响"并无太多的意义。

正确的。在我看来,真正的、以绝对同一哲学为基础的"神人同形同性论"不是要把上帝降格到人的层次,而是要把人提升到上帝的层次,这是把握相关争论的尺度的关键。

正是通过这个意义上的"神人同形同性论",我们深切地把握到了那个黑暗的、充满力量的本原。最简单地说,它就是那种始终与规则和秩序抗衡,被我们称之为"非理性"的东西;另一方面,它在上帝自身内服从于理性或形式所代表的光明原则。不仅上帝,任何事物都具有这两个本原(黑暗本原和光明本原),尤其是:"人里面不但有晦暗本原的全部势力,同时有光明的全部力量。人里面有最深的深渊和最高的天空,或者说有两个核心。"(VII, 363)但上帝和人的最根本的差别在于,这两个本原在上帝那里是绝对统一的,而在人这里却是必然可以分割的——这就是"善与恶的可能性"(VII, 364),也即人的**自由**。人的自由是一种独特的自由,他的自由不仅体现在不依赖于自然界,**更**体现在在某种程度上甚至不依赖于上帝,因为他的自由另外具有一个不依赖于上帝本身的根据。总之,人除了承担着上帝的"普遍意志"(Universalwille)之外,还具有独特的"私己意志"(Eigenwille)。人的私己意志本来是各种活生生的力量的纽带,只要它与普遍意志保持统一,那些力量就是存在于上帝的尺度和平衡之内。但是一旦它不服从普遍意志,而是企图以自己作为万物的中心,那么那两个原则就分裂开来。就此而言,"私己意志的提升恰恰是**恶**。"(VII, 365)随之的后果就是一种"虚假的生命,谎言的生命,焦躁与腐化的滋生物"等等,所有这些情况与"同一性哲学"时期所说的"双重的生命"被割裂开以后的情形都差不多。差别只是在于,如今的谢林称赞弗朗茨·巴德尔找到了"恶"的唯一正确的概念,即认为恶的根据是肯定性原则的颠倒(Verkehrtheit)或者反转(Umkehrung)。也就是说,恶是一种确定的、积极主动的东西,而不是像莱布尼茨所主张的那样,仅仅是善的限制、缺乏、剥夺(Einschränkung, Mangel, Beraubung)等等。"恶从一方面来看是'无',从另一方面来看是一个极为实在的本质。"(VII, 459)概言之,恶和善不是完满程度的差别,而是原则上的不同。至于人如何又通过对于自由的正确使用而重新走向上帝和秩序的怀抱,从恶走到善,尽管谢林对此阐述了不少深刻的、重要的思想——比如人的"智性本质""先验行为""虔敬"或"宗教性"(Religiosität)等等——,但正如叔本华指出的,这些思想严格说来并非谢林的独创,而是已经在康德的道德哲学里得到充分界说,[①]所以本文也不拟对此展开具体的讨论。实际上在谢林这里,他最关注的仍然是所谓的"神义论"问题,即上帝如何通过人世的恶启示自身。正如爱的存在和显现需要以恨为基础,善的存在和显现同样需要以恶为基础,因此,谢林又同意莱布尼茨的观点,即恶对于上帝,对于世界,对于历史来说,都是一个**必不可缺的条件**(conditio sine qua non)(VII, 402)。

我们看到,谢林在《自由论文》里有关人的自由和恶的思想,相对于他的早期哲学特别是"同一性哲学"的相关思想而言,主要是一种继承和修正的关系。与此同时,谢林的神人同形同性

[①] Schopenhauer (1962), S. 608-609.

论和神义论这两种基本倾向导致的后果是,从《自由论文》开始,经过漫长的"世界时代哲学"构思和"否定哲学—肯定哲学"的划分,一直到他生命最后时期的哲学思考,"上帝的自由"逐步取代了"人的自由"成为谢林最主要的思辨对象。[1] 简单地说,既然上帝的存在具有一个不可消灭的根据,那么他究竟在什么意义上才作为上帝本身而存在:是被那个根据所决定的呢,还是通过他自己的某种行动? 可见,如果上帝的自由都没有得到澄清,那么所谓人的自由终究是一个无根基的问题。就此而言,如果以"自由"问题为线索的话,那么可以说,谢林的整个哲学生涯所关注的对象经历了从"绝对者的自由"到"人的自由"再到"上帝的自由"的一个循环。自1811年以来的《世界时代》的各部手稿里,"绝对自由"或"永恒自由"的本质成了最重要的主题。而在1827年的《世界时代体系》里,谢林一开篇就扬上帝而抑人,把人的存在贬低为一个消极的、无可奈何的因素:"肯定意义上的存在者只能是上帝,这位存在的主宰。人的存在是否定意义上的存在者,是'并非不存在',是那种仅仅不能被否定,但却无论如何不应被肯定的存在。"[2] 诚然,谢林偶尔也提到,"人是神性统一体的纽带,上帝就寓居在人里面。"[3] 但作为纽带的人究竟发挥着怎样的作用,在谢林看来已经不再是值得深究的问题;从另一方面来看,也有可能是因为相对于以前的那些思想而言,谢

---

[1] Vgl. Walter Schulz, *Die Wandlung des Freiheitsbegriffs bei Schelling, in ders.: Vernunft und Freiheit*. Stuttgart, 1981. S. 39-52.

[2] Schelling (1990), S. 7-8.

[3] Schelling (1990), S. 172.

林对此并不具有什么崭新的观点，或者说他之前的阐述已经足够清楚明白。

那么，我们是否可以说，人的存在或自由已经被后期谢林完全忽略或遗忘了呢？为了回答这个问题，我在此引用谢林在1842/43年的《启示哲学导论或肯定哲学之奠基》里的如下一些字句："……[关于]世界**真正的**根据，本来我期待**人的意志自由**能够解决这个伟大的谜，但那个自由本身却成了一个新的，甚至可以说最大的谜……因为，当我在整体上观察这个自由的行为和后果……**历史**的这个世界呈现为一出让人如此颓废的戏剧，以至于我对世界的目的，也对世界真正的根据完全绝望。如果说自然界的任何本质在它的位置或层次上就是它应该是的那样，并因此满足了它的目的，那么对于人来说却是，因为他是通过意识和自由才达到他所应该是的东西，所以，倘若他没有意识到自己的目的，倘若他被这个巨大的、永不平息的运动（我们所称之为'历史'的东西）卷走而背离了他没有认识到的目标，那么至少对于他自己来说，他是无目的的，并且，因为他是所有其他事物的目的，所以一切别的事物也随之因为他而成为无目的的。……在所有的行为、所有的奔忙和操劳里，人无非就是瞎忙活（Eitelkeit）。**一切**都是瞎忙活，因为任何缺乏真正的目的的东西都是瞎忙活。人和他的行为还远远没有理解把握世界，而人自己就是最不可理解把握的东西……恰好是他，人，把我推向那个最终的、充满绝望的问题：**为什么毕竟存在着某些东西？为什么不是虚无？**(warum ist überhaupt etwas? warum ist nicht nichts?)"(XIII, 6-7)

在谢林的后期哲学里,对于这个终极问题的答案就是上帝,或者说上帝的自由。即便如此,从谢林的以上心灵独白中我们可以明确地看到,"人的自由"问题终究是整个谢林哲学的源动力和出发点。

先　刚
2018年7月于北京大学人文学苑

谢林著作集

论人类自由的本质
及相关对象

(1809)

F. W. J. Schelling, *Philosophische Untersuchungen über das Wesen der menschlichen Freiheit und die damit zusammenhängenden Gegenstände*, in ders. *Sämtliche Werke*, Band VII, S. 331-416, Stuttgart und Augsburg, 1856-1861.

前言[1]

关于以下这篇著述,我认为只需要补充少许评论。

由于人们一开始就把理性、思维和认识活动算作精神性自然界的本质,所以他们首先是从这个方面出发,随随便便去考察自然界和精神之间的对立。对于一种单纯人类理性的坚定信仰,对于一切思维和认识活动的完全主观性的确信,对于自然界完全无理性、无思想的确信,加上那种到处都占据支配地位的机械论表象方式——尽管康德重新唤醒了动力学东西,但人们仅仅把它再度转化为一个更高层次的机械东西,根本没有认识到它和精神性东西的同一性——,这些情况已经足以印证当前这个考察进程的必要性。现在,那个对立已经连根拔除了,我们可以安静地期待,更正确的洞见会在走向更好认识的普遍进程中得到巩固。

现在轮到那个更高层次的对立,或更确切地说,那个真正的对立亦即必然性和自由的对立登场了。唯有伴随着这个对立,

---

[1] 这篇评论原本是《谢林哲学著作集》第一卷(*Schellings Philosophische Schriften, Erster Band*. Landshut 1809)序言的一部分。本书是在该卷中第一次发表的。——原编者注

哲学的最内在的中心点才进入我们的考察视野。

自从我（在《思辨物理学杂志》里）第一次阐述自己的体系之后①——遗憾的是，这个阐述被一些外在因素打断了，未能延续下来——，主要是致力于自然哲学方面的研究工作。自从《哲学与宗教》②拿出一个开端以来——当然，这个开端由于论述上的欠缺而仍然是晦涩不明的——，以下这篇著述是我首次以完全明确的方式阐述自己关于哲学的观念性部分的概念。既然如此，如果说当初的第一次阐述确实具有某种重要性，那么我必须首先把这篇著述当作是那个阐述的一个补充，因为从对象的本性来说，这篇著述必定比一切局部性的论述包含着更深刻的关于体系整体的揭示。

这篇著述的主要论点涉及意志的自由、善和恶、人格性等等。尽管迄今为止，我从未在任何地方——《哲学与宗教》是唯一的例外——解释过这些论点，但这并没有妨碍人们按照自己的臆想而把一些言之凿凿的，甚至就内容而言与那部（看起来根本没有得到重视的）著作完全不符的意见算在我头上。除此之外，某些不招自来的所谓的追随者，自认为以我提出的一些原理为依据，不管是对于这些对象还是对于其他对象，也胡扯了一大堆颠三倒四的东西。

不言而喻，真正意义上的追随者只能抓取一个完成了的、封闭的体系。然而我迄今为止从未建立这样的体系，而是仅仅揭

---

① 指谢林于1801年发表的《对我的哲学体系的阐述》（*Darstellung meines Systems der Philosophie*）。——译者注

② F. W. J. Schelling, *Philosophie und Religion*, Tübingen, 1804. ——译者注

示出这种体系的某些个别方面(而且经常只是在个别关系比如论战关系中揭示出这些方面);相应地,我曾经宣称自己的著作是一个整体的残篇片段,而为了认识这些残篇片段相互之间的联系,比起那些蜂拥而至的模仿者,人们必须具有更精细的评论天赋,比起那些通常的反对者,人们必须具有更善良的意志。由于我对自己的体系的唯一科学的阐述尚未完成,所以还从来没有任何人(或充其量只有极少数的人)理解了这个阐述的真正追求。这些残篇片段刚刚出版没多久,人们就一方面开始诽谤和歪曲这些东西,另一方面开始对其进行解说、改造和翻译,而在各种行为里面,最糟糕的做法莫过于把这些东西转化为一种自以为更加天才的语言(因为恰恰在这个时代,一种完全无节制的诗意迷狂控制了人们的头脑)。现在看来,一个更加健康的时代 VII, 335
似乎又将来临了。人们重新寻求忠诚、勤奋和真挚。人们开始普遍地认识到,那些像法国戏子或走钢丝演员一样,拿着新哲学的某些命题装腔作势、忸怩作态的人,原来不过是一些空心萝卜而已。与此同时,另外一些仿佛摇着手风琴以叫唱的方式兜售其从所有市场上搜罗来的新东西的人,也终于招致如此普遍的厌恶,以至于很快就再也找不到观众了——这种情况尤其适合于一些原本不具有恶意的批评家,他们只要听到一些莫名其妙的吟唱曲,发现其中列举了一位著名作家的某些说话方式,马上就说,这首吟唱曲是按照那位作家的原理而创作的。但愿这些批评家把每一个这样的人都当作原创者来对待(从根本上说,每一个人都希望自己是一位原创者),而在某种意义上,这样的原创者是非常之多的。

　　因此，但愿这篇著述能够发挥这样的作用，一方面推翻某些偏见，另一方面扑灭某些轻浮而浅薄的废话。

　　最后，我们期盼，那些曾经从这个方面公开或隐蔽地攻击过我的人，从现在起，就像这篇著述一样，正大光明地发表自己的意见。既然一个人只有在完全掌控他的对象之后才能在这方面达到一种随心自如的、精妙的造诣，那么在进行论战的时候，那些矫揉造作的、迂回曲折的做法就不可能是哲学的形式。但我们更期盼的是，一种共同努力的精神将会愈加巩固，而不要让德国人根深蒂固的门户精神阻碍了知识和见识的获取；很显然，德国人自古以来就注定要在知识和见识方面达到完满的造诣，而他们或许从未像现在这样如此接近这个目标。

1809年3月31日，于慕尼黑

对人类自由的本质的哲学研究一方面有可能涉及"自由"的正确概念——尽管每一个人的内心都直接打上了自由感的烙印,但自由的事实却绝不是一种如此浮于表面的东西,以至于哪怕仅仅用一些词语将其表述出来,我们也必须超出感觉,达到一种非同寻常的纯粹性和深刻性——,另一方面有可能涉及这个概念与一种科学世界观的整体的联系。由于任何一个概念都不可能单独被规定,所以它与整体的联系只有通过最终的科学完满才会得到证实;倘若"自由"概念确实具有实在性,倘若它不是一个单纯居于从属地位或次要地位的概念,而是诸多支配着体系的中心点之一,就尤其应当符合上述情形。于是这里和任何地方一样,当前研究的那两个方面就融为一体了。按照一个古老的,然而从未沉寂的说法,"自由"概念与体系必定是不共戴天的,不仅如此,据说每一个哲学只要在统一性和整体性方面有所诉求,就必定会走向对于自由的否定。我们很难反驳这类泛泛的断言,因为谁知道"体系"(System)这个词语已经和哪些褊狭的观念捆绑在一起,以至于那些断言虽然说出了某种无可置疑的真相,但其表述出来的仍然不过是一些稀松平常的东西。换言之,假若人们认为,"自由"概念和"体系"概念本身就是不共戴天的,这就很稀奇了,因为个体的自由无论如何是以某种方式与世界整体联系在一起(且不管人们是从实在论的立场还是从唯心主义的立场来看待这个联系),所以一个体系(至少是一个位于神性理智中的体系)必定是现成已有的,与自由并存。泛泛地主张"这个体系绝不可能达到人类知性的洞见",等于什么都没有说,因为根据不同的理解,这个说法既可能是一个真理,也可能是一个谬误。关键在于如何规定那样一个本原,使人们能够借助它而认识到一切东西。假若真的有这样一种知识,那么塞克斯都①在谈到恩培多克勒的时候,其如下一番话是很贴切的:"语法学家和无知的人或许会认为,这种知识是一种由于夸夸其谈和自视甚高而产生出来的东西,是这样一些品性,它们对于每一个哪怕在哲学里经受过一丁点训练的人而言都必定是陌生的;但是,如果一个人从自然哲学理论出发,并且知道有一种极为古老的学说,主张同类者被同类者认识——这种学说号称是源于毕达哥拉斯,然后被柏拉图继承,但实际上很早以前就已经被恩培多克勒说出来了——,就会明白,哲学家之所以主张这样一种(神性的)知识,原因在于,唯有他坚持着一种纯粹的、不受恶意玷污的理智,[唯有他能够]通过自身内的上帝而理解把握自身外的上帝。"②遗憾的是,在某些厌恶科学的人那里,早就形成一个共识,即认为这种神性知识和普通的几何学没有什么不同,都是一种极度抽象和完全僵死的东西。至于那种更简便、更决绝的做法,就是一方面否认原初本质的意志或理智之内也有一个体系,另一方面宣称,无论如何,存在着的都是个别意志,其中每一个意志都形成一个单独的中心点,而且按照费希特的说

---

① 塞克斯都·恩皮里柯(Sextus Empiricus),生活于2世纪的古罗马医生和哲学家,古代怀疑主义(皮浪主义)的传人,代表著作为三卷本《皮浪怀疑主义纲要》、六卷本《驳数学家》(这里的"数学家"意指科学家)、五卷本《驳独断论者》(这里的"独断论者"意指哲学家)。——译者注

② 塞克斯都·恩皮里柯《驳语法学家》(*Adv. Grammatikos*),第1篇,第13章,第283页,Fabric版。——谢林原注

法,每一个自我都是绝对实体。长久以来,人们总是用一个断言粗暴拒绝那种热切追求统一体的理性,拒绝那种坚持自由和人格性的情感。这个断言坚持一段时间之后,最终成了一个丑闻。在这种情况下,费希特不得不承认有一个统一体,亦即道德世界秩序,但这个统一体的形态太过于干瘪,于是直接陷入到各种矛盾和混乱之中。很显然,即使那个[把自由和体系对立起来的]主张可以从一个单纯的历史学立场出发,亦即从迄今的那些体系出发,旁征博引(我们在任何地方都没有看到一些从理性和认识本身的本质而汲取来的理由),"自由"概念和一种世界观整体的联系仍然永远都是一个必然任务的对象,如果没有解决这个任务,"自由"概念本身就是飘忽无根的,哲学也将成为一种毫无价值的东西。也就是说,唯有这个伟大的任务是一个无意识的、不可见的发动机,推动着一切对于认识的追求,从最低级的东西一直上升到最高级的东西。假若没有必然性和自由的对立,那么不仅哲学,包括精神的每一种更高层次的欲求,都会陷入一片死寂,而那些无视这个对立的科学也注定不能逃脱这种死寂。通过强硬拒斥理性的做法而推辞这个任务,与其说是一个胜利,不如说是一个逃避。出于同样的理由,另一个人也可以背弃自由,转而投入理性和必然性的怀抱,但无论从哪个方面来看,这些做法都不是凯旋的原因。

VII, 338

同样的意见以更明确的方式表述为这样一个命题:"理性的

唯一可能的体系是泛神论,而泛神论不可避免是宿命论。"① 不可否认,仅仅通过这样一些普遍名称就直接晒出整个观点,这是一个杰出的发明。只要人们为一个体系找到正确的名称,其余的东西就接踵而来,人们也不必耗费力气去更准确地研究这个体系的独特之处。即使是一个无知的人,当他听说这类名称之后,也能够借助它们而对最艰深的思想做出评判。尽管如此,对于一个如此不同寻常的主张,一切的关键仍然在于对概念做出更具体的规定。比如,恐怕没有谁会否认,如果泛神论无非是一种主张事物内在于上帝的学说,那么每一个理性观点在某种意义上都必定属于这种学说。然而意义恰恰在这里构成了区别。诚然,宿命论的意义可以和泛神论结合在一起,这是毋庸置疑的;与此同时,许多人之所以走向泛神论的观点,恰恰是因为受到一种最为鲜活的自由感的驱使,而这就表明,宿命论并不是在本质上与泛神论结合在一起。绝大多数人,假若他们是诚实的,恐怕都会坦然承认,个体的自由无论怎么表现出来,几乎都与一个最高本质的全部性质(比如"全能")相矛盾。有些人主张,自

---

① 早先的这类主张是众所周知的。至于弗利德里希·施莱格尔(Fr. Schlegel)在其《论印度人的语言和智慧》(*Über die Sprache und Weisheit der Indier*)第141页说的那句话,"泛神论是纯粹理性的体系",是否可能有别的意思,我们暂且存而不论。——谢林原注。译者按,施莱格尔的著作出版于1808年,其第五章的标题即为"论泛神论",与谢林的引文相关的原文为:"泛神论是纯粹理性的体系,就此而言,它已经造成了从东方哲学到欧洲哲学的过渡。泛神论既迎合了人的骄傲自大,也迎合了人的麻木不仁。人们一旦做出这个伟大的揭示,一旦找到这种包揽一切、消灭一切,同时又如此唾手可得的科学和理性智慧,他们就不需要进一步从事探索和研究了。通过别的方式去认识或信仰别的东西,仅仅意味着谬误、错觉和愚痴,正如一切变化和一切生命都是一个空洞的假象。"(S. 141-142)

由意味着，神性权力之外或之旁另有一个从本原来说无条件的权力，但按照那些概念，这个权力根本就是不可设想的。正如苍穹中的太阳掩盖了天空中的一切光线，同样（或者说有过之而无不及），无限权力也掩盖了每一个有限权力。唯一本质中的绝对因果性给其他因果性只留下了一种无条件的被动性。除此之外，世间万物都依赖于上帝，即使它们的绵延是一个持续更新的创世，但在这个创世中，有限事物也不是作为一个未经规定的普遍者，而是作为这个已规定的个别东西，伴随着这些而非另外一些思想、追求和行动，被创造出来。诸如"上帝撤销自己的全能，以便让人去行动"或"上帝容许自由"之类说法，都没有解释任何东西，因为，假若上帝在某一瞬间收回自己的权力，人就会立即不再存在。针对这个论证，唯一的出路岂非只剩下这样一些主张？比如，既然人的自由不可能与[上帝的]全能相对立，那么我们只能在神性本质自身之内拯救人和人的自由，又比如，既然人不是位于上帝之外，而是位于上帝之内，那么他的所作所为本身就隶属于上帝的生命。正是从这一点出发，一切时代的神秘主义者和宗教信徒才会达到对于人和上帝的统一体的信仰，这个信仰看起来不但迎合理性和思辨，而且同样迎合，甚至更加迎合最真挚的情感。是的，《圣经》本身恰恰就是在自由意识中找到信仰的印记和凭据，以此证明我们生活并且存在于上帝之内。现在，既然如此之多的人都誓言要通过一种学说来拯救人的自由，**这种**学说怎么可能必定与自由相冲突呢？

　　另外一种对于泛神论的解释——通常它被看作是一种更为

靠谱的解释——大致认为,这个学说坚持把上帝完全等同于事物,把受造物和造物主混为一谈,随之从这里推导出别的许多强硬的、耸人听闻的主张。人们认为斯宾诺莎是这个学说的经典代表,问题在于,我们实在想不出还有谁比斯宾诺莎更加彻底地区分事物和上帝。[斯宾诺莎明确指出:]上帝是一个存在于自身之内,并且仅仅通过其自身而被理解的东西;反之,有限者必然存在于别的东西之内,并且只能通过别的东西而被理解。① 很显然,按照这个区分,事物并不是像那种对于样式仅仅做出肤浅考察的学说认为的那样,仅仅在某种程度上或通过它们遭受的限制而区别于上帝,而是 toto genere[在根本上完全]区别于上帝。此外,不管事物与上帝之间是怎样的关系,它们都与上帝绝对地区分开,因为它们只能依靠并且遵循一个他者(即上帝)而存在,因为它们的概念是一个派生的概念,离开上帝的概念就根本不可能存在;反过来,唯有上帝的概念是一个独立的、原初的概念,唯有它自己肯定着自己,一切别的东西都仅仅是被肯定,唯有它是根据,一切别的东西都仅仅是它的后果(Folge)。唯有以此为前提,事物的其他性质,比如它们的永恒性,才会成立。上帝在本性上就是永恒的;事物只有和他一起,作为他的存在的后果,亦即作为一种派生出来的东西,才是永恒的。正是由于这个区分,上帝不可能如人们通常所说的那样,是由全部个别事物合在一起构成的,因为无论以什么方式进行组合,那些具有派生本性的东西都不可能过渡到一种具有原初本性的东西。同样,

---

① 参阅斯宾诺莎《伦理学》第一部分,界说3、界说5。——译者注

一个圆周也不可能是由上面的个别点组合而成,因为圆周作为一个整体在概念上必然先行于那些点。更无趣的是那样一个推论,即认为在斯宾诺莎那里,甚至个别事物都必定等同于上帝。诚然,斯宾诺莎确实有一些强硬的言辞,比如每一个物都是一个"样态化的上帝",但这个概念的诸要素是如此自相矛盾,以至于它刚刚拼凑起来,就立即瓦解。一个样态化的,亦即派生出来的上帝,根本不是真正的、卓越意义上的上帝;单是通过这个补充进来的词["样态化的"],事物就重新回到了自己的位置,并且通过这个位置而与上帝永恒地区分开。类似的误解也频繁地出现在别的许多体系里面,而这些误解的根源在于人们完全误解了同一律,或者说误解了判断中的系词(Copula)的意义。好比即使是一个小孩子,我们也必须让他明白,按照之前的解释,在任何一个谓述出主词和谓词的同一性的命题那里,都不可能仅仅谓述出二者的"同一回事"(Einerleiheit)或一个未经中介的联系。——比如,命题"这个物体是蓝的"的意思并不是说,那使得物体是"物体"的东西,也使得物体是"蓝的";毋宁说,这个命题仅仅意味着,同一个东西,[从一个角度来看]是这个"物体",但从另一个角度来看是"蓝的"。① 在我们这个时代,同一律的更高层次的使用一直都以这个误解为前提,这就表明人们完全没有认识到系词的本质。又比如"完满东西是不完满的东西"这一

VII, 341

---

① 谢林通过这个例子清楚地说明,主谓命题(S ist P)谓述出来的仅仅是本质上的同一性。也就是说,只有系词(ist)表达出的本质才是"同一回事"或"同一个东西",反之,主词(S)和谓词(P)分别作为具体的规定性,绝不可能是"同一回事"或"同一个东西"。——译者注

命题,它的意思是,不完满的东西之所以是不完满的,并不是基于一个使得它不完满的东西,而是基于它自身内包含着的一个完满的东西。然而我们这个时代却是这样来理解的:完满东西和不完满的东西是"同一回事",一切东西都是等同的,最坏等同于最好,愚昧等同于智慧,如此等等。又或者"善是恶"这个命题,它仅仅意味着,恶没有权力基于自身而存在,因为自在且自为地看来,恶里面的存在者(das Seyende)是善。然而我们这个时代却是这样来解释的:这个命题否认了正义和非正义之间、美德和恶习之间的永恒区别,因此二者在逻辑上是同一回事。此外还有一个说法,"必然东西和自由东西是合为一体的(eins)",它的意思是,同一个东西(在最根本的意义上)既是道德世界的本质,也是自然界的本质。然而人们的理解是:自由的东西无非是自然力,比如一种反弹力,这种力和其他力一样,都是属于机械论的范围。同样的情况也出现在"灵魂和身体是合为一体的"这个命题身上,而人们对此的解释是:灵魂是物质性的,是一种类似于气、以太或神经汁的东西,至于相反的情况,比如说"身体是灵魂",或在刚才那个命题里,能否通过同一律而同样得出,"表面上看来的必然东西自在地看来是一个自由东西",这些都被他们小心翼翼地放在一边置之不理。诸如这样一些误解,即使不是有意为之,也毕竟在某种程度上暴露出辩证思维的不成熟,而希腊哲学几乎在其起步阶段就已经摆脱了这种不成熟的状态。有鉴于此,扎扎实实地学习逻辑乃是一个迫切的任务。古代具有深刻意义的逻辑把主词和谓词区分为"先行者"和"后继者"(antecedens et consequens),并通过这个方式表达出同一律的实在意义。即使在一个同语反复的命题里,如果这不是一个完全无意义的命题,那么也是保持着同样的关系。当一个人说"物体是物体"的时候,他在命题的主词里思考的东西肯定不同于他在谓词里思考的东西;也就是说,他在主词里思考的是统一体,而在谓词里思考的却是一些包含在"物体"概念里面的个别属性,因此主词相当于Antecedens[先行者],而谓词相当于Consequens[后继者]。而这恰恰是另一个更古老的解释的意思,这个解释认为,主词和谓词作为内敛的东西和展开的东西(implicitum et explicitum)相互对立。①

---

① 莱茵霍尔德先生曾经希望用逻辑来改造整个哲学,但看起来他同样不知道,莱布尼茨有一次在反驳维索瓦修斯(Wissowatius)的时候已经谈到了系词的意义(《莱布尼茨著作集》第一卷,Dutens版,第11页)。他想象着自己是追随莱布尼茨的步伐而前进,但由于他犯的那个大错,即把"同一性"(Identität)和"同一回事"(Einerleiheit)混为一谈,所以他的工作总是半途而废。翻开他的书,我们看到这样一段话:"按照柏拉图和莱布尼茨的要求,哲学的任务在于指明有限者从属于无限者,而按照克塞诺芬尼、布鲁诺、斯宾诺莎和谢林的要求,哲学的任务在于指明有限者和无限者的绝对统一体。"鉴于这个基于对立的"统一体"(Einheit)显然应当表示"等同"(Gleichheit),我向莱茵霍尔德先生保证,至少他在提到斯宾诺莎和我的名字的时候,误会了我们的意思。关于有限者必须从属于无限者,还有哪个说法比斯宾诺莎的那个说法更明确的呢?活着的人千万不要以诋毁的方式对待已故的人,正如我们同样不希望那些在我们身后活着的人也用这种方式对待我们。这里我只谈斯宾诺莎。我想请问莱茵霍尔德先生,如果人们根本就不了解一些体系,却在光天化日之下主张他们自己中意的东西,并且轻描淡写地把这些或那些东西附会在那些体系上,这是几个意思?在通常的伦理社会里,这种做法叫作**没良心**。——在同一页书的另一个地方,莱茵霍尔德先生认为,整个近代哲学和古代哲学的基本错误在于,没有区分"统一体"(同一性)和"联系"(联结),或者说混淆了"差异性"(多样性)和"区别"。这不是莱茵霍尔德先生第一次干这样的事,即把他自己犯下的错误强塞给他的论敌。看起来,他自己迫切需要服用一些Medicina mentis[镇静剂],因为我们经常看到这样的例子,有些人看着别人服用药片之后,他们自己的躁狂想象力就被治愈了。因为,无论是就古代哲学(转下页)

VII, 343

现在，或许上述论断的辩护者会说，泛神论的意思绝不是指"上帝是一切事物"（按照人们通常关于上帝的性质的观念，这一点是不可避免的），而是指"事物根本不存在"，而且这个体系扬弃了一切个体性。然而这个新的规定看起来和之前的规定是相互矛盾的，因为，如果事物根本不存在，上帝又怎么可能与它们

VII, 344

混淆起来呢？毋宁说在那种情况下，除了那个纯粹的、纯净的神性之外，根本不存在任何别的东西。或者说，如果在上帝"之外"——这里不仅指 **extra** Deum［位于上帝之外］，而且指 **praeter** Deum［除了上帝］——没有任何东西存在，那么"上帝是一切事物"岂非成了一句彻头彻尾的空话？这样一来，整个概念似乎就完全消解并且消逝于虚无之中了。问题始终在于，这样一些普遍名称的咸鱼翻身究竟能够给我们带来多大好处。或许这些名称能够在异教徒的历史中得到尊重，但对于精神的产物——这些产物和那些最柔弱的自然现象一样，在它们那里，任何细微的规定都会造成根本上的变化——而言，它们看起来仍然是一些太过于粗暴的手段。人们甚至可以怀疑，最后提到的那个规定究竟能不能用在斯宾诺莎身上，因为虽然他除了

（接上页）还是就近代哲学而言，还有谁比莱因霍尔德先生本人更明确地犯了混淆的错误，把"统一体"和"同一回事"混为一谈呢？也就是说，按照他的解释，斯宾诺莎宣称事物被包揽在上帝之内，就是主张事物等同于上帝，而且他把（实体或本质意义上的）"无差异性"（Nichtverschiedenheit）通通看作（形式或逻辑概念意义上的）"无区别"（Nichtunterschied）。假若斯宾诺莎真的就是莱茵霍尔德先生解释的那个意思，那么那个著名的命题，"事物和事物的概念是合为一体的（eins）"，就必须在这种意义上来理解，仿佛人们可以不用一支军队，而是用一支军队的概念来打败敌人。对于这样一些结论，这位严肃而慎思的人士一定会感到满意。——谢林原注

(praeter)实体之外仅仅承认实体的单纯"情状"(Affektionen)，并且把这些情状称之为事物，但这个概念无疑是一个纯粹否定的概念，并没有表达出任何本质性东西或肯定东西。再者，这个概念的首要用途仅仅在于规定事物和上帝的关系，而不是规定事物单独看来是什么情形。尽管缺乏这个规定，但人们绝不能由此得出，情状或事物一定没有包含着任何肯定东西（哪怕这些东西始终是派生出来的）。斯宾诺莎最强硬的表述大概是这个表述："从实体的某一个样态亦即后果来看，个别事物是实体本身。"现在我们不妨把无限实体看作A，把位于某一个后果中的实体看作A/a，那么A/a中的肯定东西当然是A；但这并不意味着A/a因此就是A，也就是说，这并不意味着位于后果中的无限实体和无限实体自身是"**同一回事**"；换言之，尽管A/a是A的一个后果，但它仍然是一个自足的特殊实体。当然，斯宾诺莎本人没有说过这些话，但首先，这里谈论的是一般意义上的泛神论，其次，问题的关键仅仅在于，上述观点和斯宾诺莎主义在根本上是不是不可调和的？人们当然不能说这是不可调和的，因为他们已经承认，莱布尼茨的单子完全就是刚才所说的A/a，这个东西不是用来反对斯宾诺莎主义的决定性手段。尽管如此，如果没有这类补充，那么斯宾诺莎的某些说法仍然是一个谜，比如"人类灵魂的本质是上帝的一个活生生的概念，这个概念被解释为永恒的（而不是暂时性的）"。也就是说，哪怕实体在它的另外一些后果（A/b、A/c……）中只是暂时性地居住，但在人类灵魂（a）这个后果中，它却会永恒地居住，因此它作为A/a的实体，以

VII, 345

一个永恒的不变的方式与作为 A 的实体自身区分开来。

现在,假若有人希望进一步把"对自由的否定"(而非"对个体性的否定")解释为泛神论的真正特性,那么许多在本质上完全不同于泛神论的体系也会一起归入这个概念了。因为,直到唯心主义做出揭示之前,近代的所有体系,无论是莱布尼茨的体系还是斯宾诺莎的体系,都缺失真正的"自由"概念。我们中间的许多人都想到了一种自由,并且自诩对这种自由具有一种最为生动的感受,而在他们看来,自由仅仅意味着智性本原(das intelligente Princip)统治感性本原和欲望,而且他们不是以救急的方式,而是以一种非常轻松,甚至更为明确的方式从斯宾诺莎的体系中推导出这种自由。由此看来,是否定还是主张自由,一般说来并不取决于是接受还是拒斥泛神论(一种主张事物内在于上帝的学说)。诚然,乍看起来,同一性在这里取代了那种不可能与上帝相抗衡的自由,但人们对此可以说,这个假象只不过是来源于一个不完满的、空洞的"同一律"观念。这个原则所表达出的并不是那样一个统一体,它在"同一回事"的圈子里打转,不能向前推进,因此本身是无知觉的、无生命力的。毋宁说,同一律表达出的统一体是一个直接进行创造的统一体。之前我们已经指出,主词和谓词的关系相当于根据和后果的关系,因此根据律和同一律具有同样的原初性。正因如此,当永恒者存在于自身之内的时候,必定也是根据。它通过自己的本质就是另一个东西的根据,就此而言,后者是一个有所依赖的东西,并且从内在性的观点来看,是一个包揽在根据之内的东西。然而依赖性没有扬弃独立性,更没有扬弃自由。依赖性并未规定本质,它仅仅意味着,有所依赖的东西(不管它究竟是什么东西)只能是它所依赖的那个东西的一个后果;依赖性并未规定这个有所依赖的东西是什么或不是什么。每一个有机个体都是仅仅通过别的东西而生成的,就此而言,它的依赖性是生成(Werden)意义上的依赖性,但绝不是存在(Seyn)意义上的依赖性。莱布尼茨指出,说上帝作为上帝同时也是儿子,或反过来说,上帝作为儿子同时也是上帝,这些话并不是胡说八道;同样,说儿子作为某个人的儿子,自身也是人,这也不是一个矛盾。反之,假若有所依赖的东西或后继者不是一个独立的东西,这反而是一个矛盾。因为这将意味着一种缺乏有所依赖的东西的依赖性,一个缺乏后继者的后果(Consequentia absque Consequente),而这就不是一个现实的后果,也就是说,整个概念将会扬弃自身。同样的情形也适用于一个东西之包揽在另一个东西之内的存在。个别的器官,比如眼睛,只有在一个完整的有机体中才是可能的;但与此同时,个别器官仍然具有一种独特的生命,甚至具有一种自由,而这显然是通过它能够生病而得到证明的。假若那个包揽在其他东西之内的东西本身不是独立的,那么这将是一种缺乏包揽东西的包揽性,也就是说,根本没有任何东西被包揽进来。通过考察神性本质自身,我们可以上升到一个高超得多的立场,因为按照神性本质的理念,任何一个后果都意味着生殖(Zeugung)或设定一个独立的东西。上帝不是死物的上帝,而是活物的上帝。我们实在想象不出,那个最最完满的本质怎么会对一台机器产生兴趣,哪怕这是一台尽可能完美的机器。无论人们怎么想象上帝派生出万物的方式,它都绝不可能是一个机械的方式,绝不可能是一种单纯的制造或摆放,以至于被制造出来的东西不具有一种独立性;同样,这绝不可能是一种流溢(Emanation),以至于流溢出来的东西和它的源头仍然是同一个东西,也就是说,没有成为一个自足的、独立的东西。上帝派生万物意味着上帝的自身启示。然而上帝只能在一个与他相似的东西那里,在一些自由的、出于自身而行动的本质那里,启示自身;这些本质的存在仅仅以上帝为根据,只要上帝存在着,它们也就存在着。上帝一说话,它们就存在于那里。假若世间万物同样仅仅是神性心灵的思想,那么它们必定已经是一些活生生的东西。诚然,思想是由灵魂生产出来的,但生产出来的思想是一个独立的势力,它独自继续发挥作用,甚至在人的灵魂里生长到这种程度,竟然能够强制和使唤它自己的母亲。关键在于,上帝的想象(Imagination)不同于人的想象,前者是千差万别的世间万物的原因,反之后者仅仅赋予其创造物一种观念上的现实性。神性的表象物(Repräsentationen)只能是一些独立的本质,而我们的表象物(Vorstellungen)之所以是受到限制的,原因岂非恰恰在于,我们看到的是一些不独立的东西?上帝直观到自在的东西。然而自在的东西只能是永恒者、反求诸己者、意志、自由。"派生的绝对性"或"派生的神性"之类概念绝不是自相矛盾的,毋宁说,这是整个哲学的核心概念。自然界就具有这种派生的神性。同理,"内在于上帝"也和"自由"不矛盾,毋宁说,正因为自由东西是自由的,所以它位于上帝之内,正因为不自由的东西是不自由的,所以它必定位于上帝之外。

尽管这个泛泛的演绎本身不能令一个具有更深洞见的人感到满意,但它毕竟已经表明,对于形式上的自由的否定并非必定与泛神论联系在一起。我们不希望人们把我们和斯宾诺莎主义对立起来。只有一个心智不健全的人才会宣称,某人头脑中拼凑起来的体系是一个 κατ' ἐξοχήν [真正意义上的] 理性体系或一个永恒不变的体系。这些人心目中的"斯宾诺莎主义"究竟是什么东西呢?难道是斯宾诺莎的著作中呈现出来的全部学说,因此也包括他的机械论物理学之类东西?或者人们希望依据怎样一个原则,去分割和划分一切本来已经具有超乎寻常的、独一无二的连贯性的东西?在德国的精神发展史里总是有一个引人注目的现象,即每隔一段时间就有人跳出来主张,那个把上帝和事物、把受造物和造物主混为一谈的体系(人们就是这样理解它的),那个把一切事物置于一种盲目的、无思想的必然性之下的体系,乃是理性的唯一可能的体系——是一个能够从纯粹理性中发展起来的体系!为了理解这一主张,人们必须回想早先一个时代的主导精神。当时,那种在法国无神论里粗俗得无以复加的机械论思维方式几乎已经控制了每一个人的头脑;甚至在德国也开始有人宣称,这种观察事物和解释事物的方式是真正的、唯一的哲学。尽管如此,由于德国人的心灵在骨子里绝不可能接受机械论的各种结论,所以首先产生出一个对近代哲学文献来说具有典型意义的分裂,即头脑与心灵的分裂:人们厌恶那

VII, 348

些结论,却不能摆脱这种思维方式的根据,或者说不能上升到一种更好的思维方式。人们希望说出这些结论,但由于德国精神只能借助于一个(误以为的)最高表述来理解机械论哲学,于是通过这个方式说出了一个可怕的真理:"一切哲学,只要她是纯粹合乎理性的,就是或将是斯宾诺莎主义,绝对没有例外!"现在,我们要提醒每一个人注意那个深渊,那个横亘在每一个人眼前的深渊;人们已经采用了看起来唯一可用的手段;那句大胆的断言可能会带来一场危机,让德国人在一种极端败坏人心的哲学面前畏惧不前,转而回到心灵、内在情感和信仰。今天,由于那种思维方式早已成为过往云烟,现在是唯心主义的上界之光照耀着我们,所以同样的主张既不可能在同样的程度上得到理解,也不可能许诺同样的结论。①

现在应当斩钉截铁地说出我们关于斯宾诺莎主义的明确观点了! 这个体系并不是因为主张万物包揽在上帝之内而成为宿命论,因为正如我们已经指出的,泛神论至少没有否认一种形式上的自由的可能性。既然如此,斯宾诺莎之所以成为宿命论者,必定是出于一个完全不同的理由,一个与前述理由无关的理

---

① 弗利德里希·施莱格尔先生在《海德堡文学年鉴》(第一卷,第6册,第139页)发表的一篇关于费希特最新著作的评论中,向后者建议,在进行论战的时候最好是完全诉诸斯宾诺莎,因为唯有在斯宾诺莎那里才能够找到一个就形式和连贯性而言绝对完满的泛神论体系——按照刚才提到的那个观点,泛神论同时也是纯粹理性的体系——。这个建议或许在某些方面能够提供教益,但令人惊讶的地方在于,费希特先生无疑认为自己早就已经通过知识学斥了(严格意义上的)斯宾诺莎主义,而且他的这个观点是完全正确的。——难道唯心主义就不是理性的作品,难道"理性体系"这个被错认的可悲荣誉真的只能颁发给泛神论和斯宾诺莎主义?——谢林原注

由。斯宾诺莎体系的错误绝不是在于把事物设定在**上帝之内**,而是在于主张,**事物**存在于"世间万物"(Weltwesen)乃至"无限实体"等抽象概念之内,以至于无限实体在他看来也是一个事物。就此而言,斯宾诺莎为反对自由而做出的论证完全是出于决定论的立场,而不是出于泛神论的立场。他把意志也当作一个事物来对待,随之非常自然地证明,意志在每一个因果事件中都必定是受另一个事物规定的,而这个事物又是受另一个事物规定的,如此以至无穷。正因如此,他的体系是死气沉沉的,形式是呆板的,概念和表述是枯燥无味的,至于那些毫不妥协的、冷冰冰的规定,更是与他的抽象观察方式堪称珠联璧合;这样一来,他的机械论自然观也是一件完全顺理成章的事情。难道人们还会怀疑,一种动力学自然观必然已经在根本上改变了斯宾诺莎的基本观点?即使一种主张万物包揽在上帝之内的学说是整个体系的根据,但在它能够成为一个理性体系的本原之前,至少必须首先获得生命,祛除抽象。诸如"有限事物是上帝的样态或后果"之类说法是何其地空泛,这里需要填补怎样一个鸿沟,需要解决怎样一些问题!人们或许可以把僵硬的斯宾诺莎主义看作皮格马利翁①创作的雕像,它们只有通过温暖的爱的气息才会获得灵性;当然,这个比喻还不够贴切,因为它更像是一个仅仅具有最简略的轮廓的作品,只有当它获得灵性之后,人们才会在它那里注意到许多缺失的或未展开的特征。或许我们应当

VII, 350

---

① 皮格马利翁(Pygemalion),希腊神话中的塞浦路斯国王,擅长雕刻。他创作了一个美女雕像,爱它甚于爱真实的女人,所以爱神阿芙洛蒂忒赋予雕像以生命,让他们结成夫妻。——译者注

拿它和那些最古老的神像做比较,这些神像愈是透露出较少的个体生命特征,就愈是看起来神秘莫测。简言之,斯宾诺莎主义是一个片面的实在论体系,它的表述虽然听起来不像泛神论那样招人忌恨,但却以一种正确得多的方式标示出泛神论的独特之处,更何况这类表述直到现在都是人们闻所未闻的。关于这一点,我在最早的一些著作里面已经做出许多解释,现在真没有心情去复述这些东西。众所周知,我的努力目标在于让实在论和唯心主义达到相互融贯。斯宾诺莎的基本概念只需通过唯心主义的本原而获得精神(即在唯一的根本要点上做出改变),就会在一个更高层次的观察自然界的方式中,在已经认识到的动力学因素和心灵因素及精神因素的统一体中,获得一个活生生的基础,由此产生出自然哲学。诚然,自然哲学可以作为单纯的物理学而独立存在,但相对于哲学的整体而言,她在任何时候都只能被看作是哲学的两个部分之一,即实在性部分,并且只有通过以自由为主导的观念性部分的补充,才有能力提升为一个真正的理性体系。我们也曾经指出,自由包含着那个最终的潜能分化(potenzirende)行为,唯其如此,整个自然界才会升华为感觉,升华为智性(Intelligenz),最终升华为意志。——在那个最终和最高的场合,唯一的存在就是意欲(Wollen),此外无他。意欲是原初存在(Urseyn),而且原初存在的一切谓词,比如"非根据""永恒""不依赖于时间""自身肯定"等等,也仅仅适用于意欲。整个哲学唯一追求的目标就是要找到这个最高的表述。

通过唯心主义,我们这个时代的哲学已经提升到这个高度,

也只有站在这个高度上,我们才能够真正着手研究我们的对象, VII, 351
因为我们原本就不打算通盘考察每一个从片面的实在论体系或
独断论体系那里能够涌现出来并且早已涌现出来的针对"自由"
概念的责难。诚然,我们是通过唯心主义而提升到这个高度,而
且毫无疑问,是唯心主义给我们提供了第一个关于"形式上的自
由"的完满概念,但首先,唯心主义就其自身而言绝不能说是一
个完满的体系,其次,一旦我们想要深入到一些更具体和更确切
的东西里面,它仍然会让我们对于自由学说束手无策。针对第
一个情况,我们指出,那种已经形成为体系的唯心主义,包括费
希特的(自己误会自己的)主观唯心主义,都远远不够资格主张:
"唯有行动、生命和自由才是真正现实的东西",毋宁说,我们要
求它们反过来表明,一切现实的东西(自然界、物的世界)都以行
动、生命和自由为根据,或者借用费希特的术语来说,它们不仅
应当表明自我性是一切东西,而且应当反过来表明一切东西都
是自我性。"一定要把自由当作哲学的一和全"——这个思想不
仅把整个人类精神本身设定在自由之中,而且比任何一个早先
的革命都更为强有力地推动了科学的全方位发展。唯心主义概
念对于我们这个时代的更高层次的哲学,尤其是对于一种更高
层次的实在论而言,都是一个真正的洗礼。但愿那些对这种实
在论品头论足或企图据为己有的人明白,自由是这种实在论的
最内在的前提;假若是这样的话,他们将会带着多么焕然一新的
眼光来看待和理解它! 只有一个品尝到自由的滋味的人才会感
受到一种愿望,让一切东西都与自由相通,把自由扩散到整个宇

宙里面。反之,一个不是沿着这条道路走向哲学的人只能跟在别人身后亦步亦趋,却不知道自己为什么要做这些事情。在这里,康德始终都是一个值得注意的现象。他首先仅仅以否定的方式,即以"不依赖于时间"为理由,把自在之物和现象区分开,然后在其《实践理性批判》的形而上学辨析中真的把"不依赖于时间"和"自由"当作相互关联的概念来对待。然而即使到了这个地步,他都没有想到把自在体(An-sich)的这个唯一可能的肯定概念进而应用到事物身上。假若他这样做了,就会立即把自己提升到一个更高层次的观察立场,随之超越其理论哲学的否定特性。但从另一方面来看,如果只是一般地主张自由是自在体的肯定概念,那么对于人类自由的研究又会再度陷入泛泛之谈,因为智性东西(das Intelligible)作为自由的唯一根据,也是自在之物的本质。也就是说,单纯的唯心主义不足以揭示出人类自由和其他自由的属差,亦即人类自由的特殊规定性。同样,以为唯心主义已经扬弃并且消灭了泛神论,这也是一个错误,而这个想法的唯一源头在于混淆了泛神论和片面的实在论。因为对于严格意义上的泛神论来说,究竟是诸多个别事物包揽在一个绝对实体之内,抑或是诸多个别意志包揽在一个原初意志之内,都完全是同一回事。按照前一种理解,泛神论是实在论,按照后一种理解,泛神论是唯心主义,但它们的基本概念始终是同一个概念。正因如此,我们立即就会发现,无论是唯心主义还是其他任何一个局部性体系,都不可能单独解决那些包含在"自由"概念里面的最深层次的疑难。也就是说,唯心主义一方面仅仅给出最一般的"自由"概念,另一方面仅仅给出一个形式上的"自由"概念。然而那个实在的、活生生的"自由"概念却是说:自由是一种向善和从恶的能力(Vermögen)。

这是整个自由学说的最深层次的疑难之所在。人们早就觉察到了这个疑难,它不是仅仅涉及这个或那个体系,而是或多或少涉及整个体系。① 当然,看起来最受其影响的还是"内在性"(Immanenz)概念。因为,要么人们承认有一种现实的恶,这就不可避免会把恶合并到无限实体或原初意志自身之内,导致"最最完满的本质"这一概念被完全摧毁;要么人们不得不以某种方式否认恶的实在性,但这样一来,"自由"的实在概念同时也消失了。除此之外,假定上帝和世间万物之间只有一个最为遥远的联系,这也没有丝毫减轻困难。因为,即使这个联系仅仅局限于所谓的 concursus [协助]②,亦即上帝对于受造物的行动必然施加的那种协助(Mitwirkung)——由于受造物在根本上依赖于上帝,所以这种协助是不可避免的——,但如果人们还要在这种情况下主张自由,那么上帝看起来就不可否认成了恶的同谋(Miturheber),因为对于一个完完全全附庸性的东西而言,"容许它做什么"(Zulassen)并不比"协助它做什么"(Mitverursachen)好

VII, 353

---

① 弗利德里希·施莱格尔先生的贡献在于,在其《论印度人的宗教和语言》中的多处地方尤其指出了泛神论所面对的这个困难。唯一遗憾的是,这位思想敏锐的学者认为,最好不要向人们透露他本人关于恶的起源以及恶与善的关系的观点。——谢林原注
② "concursus"(协助)的完整说法为"concursus Dei"(上帝的协助),作为一种神学-哲学观点,其主张上帝在创世之后仍然发挥作用,维护着这个世界。与之相对立的观点则认为,上帝在创世之后不再介入世界的运转。近代以来,"上帝的协助"经常和神义论问题纠缠在一起,因为它必须解释这个世界上存在着的恶。——译者注

多少；要不然的话，人们必须以这个或那个方式否认恶的实在性。相应地，"受造物的一切肯定东西都来自于上帝"这一命题也必定是这个体系的主张。现在，如果人们假定恶里面有某种肯定东西，那么这种肯定东西也是来自于上帝。针对这一点，人们也可以反过来说：恶里面的肯定东西，就其是肯定的而言，是善的。但这个说法既没有消除恶，也没有解释恶。因为，如果恶里面的**存在者**是善的，那么这个存在者的**立足点**或**基础**（Basis），即那个真正造恶的东西，究竟是从何而来的呢？与这个主张完全不同的另一个主张（尽管二者经常被混为一谈，尤其是最近一段时间更是如此）认为，恶里面根本没有什么肯定东西，换言之，恶根本就不存在（既没有伴随着另一个肯定东西而存在，也不是依附于另一个肯定东西而存在），毋宁说，一切行动在某种程度上都是肯定的，它们相互之间的区别仅仅在于完满性的增加和减少，而这并不会造成对立，因此恶也完全消失了。以上所说大概就是"一切肯定东西都来自于上帝"这一命题的第二种可能的解释。按照这个观点，恶里面展现出来的力量虽然不如善里面展现出来的力量那么完满，但自在地看来，或者说如果不做比较的话，其本身仍然是一种完满性，因此它和所有别的完满性一样，必定是从上帝那里推导出来的。至于我们称之为"恶"的东西，只不过是较低程度的完美，只有当我们进行比较的时候，这个"较低程度"才显现为一个缺陷，但它在自然界里面却不是一个缺陷。不可否认，这是斯宾诺莎的真正观点。或许有人会试着通过如下答复来规避上述两难抉择："那个来自于上帝的肯定东西,是自由,它本身对于恶和善是无差别的。"问题在于,如果他不是仅仅以否定的方式思考这个无差别的自由,而是把它看作一种活生生的、肯定的向善和从恶的能力,那么就不能理解,上帝作为纯净的善,如何能够派生出一种从恶的能力。由此可见——这是我们目前已经认识到的情况——,如果自由真的是按这个概念来看必须所是的那个东西(它无疑就是那个东西),那么刚才那种尝试从上帝推导出自由的做法恐怕是不正确的;因为,如果自由是一种从恶的能力,它就必须具有一个不依赖于上帝的根源(Wurzel)。在这种情况下,人们可能会被迫投入二元论的怀抱。问题在于,如果二元论体系真的是一种主张有两个绝对不同的、相互独立的本原的学说,那么这个体系只能意味着理性的自身撕裂和绝望。认为恶的基本本质在某种意义上依赖于善的基本本质,这个观点虽然把"恶起源于善"的整个困难聚焦在唯一的一个本质上面,但这个困难与其说是减轻了,不如说是加重了。即使人们假定,这个第二本质刚开始是作为善而被创造出来,然后通过自己的罪责而从原初本质那里堕落,但这仍然不能解释,在迄今的所有体系里,那与上帝相抗的行为的最初能力是从何而来的。所以,即使人们到最后不仅企图取消世间万物与上帝的同一性,而且打算取消其中的每一个联系,把世间万物的整个当前实存,随之把世界的当前实存看作是对于上帝的疏离(Entfernung),这也只是把困难往外推开一点,但并没有解决困难。因为,为了能够从上帝那里流溢出来,它们必定已经以某种方式实存着,就此而言,流溢说和泛神论根本不可

VII, 355

能形成对立,因为流溢说以事物在上帝内部的原初实存为前提,随之显然以泛神论为前提。再者,为了解释那个疏离,人们必须假定如下情况:1)要么这个疏离从事物方面来说是不情愿的,但从上帝方面来说是情愿的,就此而言,事物是通过上帝而被驱逐到这个不幸而罪恶的状态中,而上帝就是这个状态的始作俑者;2)要么这个疏离是双方都不情愿的,就像某些人所说的那样,大概是通过本质的溢出而造成的——然而这是一个完全站不住脚的观点;3)要么疏离上帝、摆脱上帝从事物方面来说是情愿的,因此这是一个罪责造成的后果,进而导致愈来愈深的沉沦,但问题在于,这个最初的罪责本身恰恰已经是恶,并没有解释自己的起源。这个救急观念在解释世界里面的恶的时候,反过来把善完全消解了,相当于用一种泛妖论(Pandämonismus)取代了泛神论,但是如果没有这个救急思想,善和恶的每一个真正对立就恰恰在流溢体系里面消失了;最初的东西经过无穷多的中间层次以逐渐弱化的方式消失在那个不再具有善的外观的东西中,这大概就是柏罗丁①以细腻但又不充分的方式描述的原初善向着物质和恶过渡的情形。也就是说,通过持续的降级和疏离,出现一个再也不能继续演变的最末的东西,而这个没有能力继续进行创造的东西恰恰是恶。换言之:如果最初的东西后面有某个东西,那么必定也有一个最末的东西,它本身已经和最初的东西毫不相干,而这就是物质,就是恶的必然性。

从以上考察来看,把这个困难的全部重负仅仅压在唯一的

---

① 柏罗丁:《九章集》(Enneaden),第一卷,第八篇,第8章。——谢林原注

一个体系身上恐怕是不合适的,更何况那个号称位于更高层次,并且与这个体系相对立的体系同样不能令人满意。唯心主义的那些泛泛之谈在这里同样不能提供帮助。无论是古代哲学提出的"上帝作为 Actus purissimus［最纯粹的行动］"之类抽象概念,还是近代哲学一再炮制出的空洞主张,比如为上帝着想而让他彻底远离整个自然界,全都是毫无建树。上帝是某种比单纯的道德世界秩序更为实在的东西,而且,比起抽象的唯心主义者们归之于他的那种寒碜的柔弱品性,他在自身之内拥有一些完全不同的、更富生命的推动力。只要人们厌恶一切实在东西,以为精神性东西一旦和实在东西稍加接触就遭到玷污,必定会很自然地对恶的起源视而不见。唯心主义如果没有把一种活生生的实在论当作自己的基础,就会成为一个空洞而抽象的体系,好比莱布尼茨体系、斯宾诺莎体系或其他独断论体系那样。笛卡尔以来的整个近代欧洲哲学有一个共同的缺陷,即无视自然界的存在,从而缺乏一个活生生的根据。正因如此,斯宾诺莎的实在论和莱布尼茨的唯心主义是同样抽象的东西。唯心主义是哲学的灵魂;实在论是哲学的肉体;只有二者的结合才构成一个活生生的整体。实在论绝不可能提供本原,但是它必须成为唯心主义的根据、手段、立足点,使唯心主义得以实现,获得血肉。如果一种哲学缺乏这个活生生的基础——这种情况的标志是,就连观念性本原在其中也仅仅在源头上发挥着微弱的作用——,她就会迷失在那样一些体系里面,这些体系只懂得"由自性"

（Aseität）①、"样态"（Modificationen）②之类抽象概念,而这与现实中的生命力和丰盈状态形成最为鲜明的对比。但是,如果观念性本原真的在极大的程度上发挥着强劲的作用,却又找不到一个提供调解和中介的基础,它就会制造出一种浑浊而粗野的躁狂,这种躁狂以自残的形式爆发出来,或者像在那些伺奉弗里吉亚女神③的祭司那里一样,以挥刀自宫（Selbstentmannung）的形式爆发出来,而在哲学里面,自宫的终极表现就是放弃理性和科学。④

看起来,这篇著述有必要以纠正某些根本重要的概念为出发点,这些概念长久以来(尤其是最近一段时间以来)已经变得混乱不堪。就此而言,迄今为止的评述可以被看作是我们的真正研究工作的单纯导论。我们已经指出：只有从一种真正的自然哲学的基本原理出发,才能够发展出一个观点,完满解决当前的任务。因此我们并不否认,这个正确的观点早就已经包含在个别杰出人物的思想中。也正是这些人,作为（两种意义上的）"自然哲学家",毫不畏惧人们长久以来针对一切实在论哲学而惯用的"唯物主义""泛神论"之类骂名,勇于探索自然界的活生

---

① 费希特常用术语,源于拉丁文的"A se"（由于自己、从自身出发）。——译者注
② 斯宾诺莎常用术语。——译者注
③ 弗里吉亚（Phrygien）是小亚细亚中西部的一个古国,其宗教崇拜的主神为号称"众神之母"（Magna Mater）的库柏勒（Kybele）,其身份相当于希腊神话中的盖亚（Gaia）。——译者注
④ 谢林一向把哲学的地位置于宗教之上,尤其反对某些哲学家以"自宫"的方式放弃理性和哲学（科学）,在宗教面前主动俯首称臣。详参先刚：《哲学与宗教的永恒同盟》,北京大学出版社,2015年,第47—75页。——译者注

生的根据,并且与那些把他们当作"神秘主义者"而加以排斥的独断论者和抽象唯心主义者相抗衡。

我们这个时代的自然哲学首先在科学里区分了两种本质,一种是"实存者"(sofern es existiert),另一种是"实存的单纯根据"(sofern es bloß Grund von Existenz ist)。① 这个区分和自然哲学的第一次科学阐述是同时出现的。② 正是这个区分促使自然哲学和斯宾诺莎哲学彻底分道扬镳,而在德国,那些对此懵然无知的人直到今天都还在宣称,自然哲学的形而上学原理和斯宾诺莎的形而上学原理是同一回事。哪怕正是这个区分同时导致自然界和上帝之间最为明确的区分,也仍然没有堵住那些人的嘴巴,继续控诉自然哲学把自然界和上帝混为一谈。由于当前的这篇研究就是以这个区分为基础,所以接下来有必要对此做出阐明。

既然上帝之先或之外没有任何东西,那么上帝必定是在自身内拥有他的实存的根据。这也是所有哲学的主张。然而她们把这个"根据"当作一个单纯的概念来讨论,并没有把它当作某种实在的、现实的东西。上帝在自身内拥有他的实存的根据,这个根据并不是绝对地看来的上帝,也就是说,并不是实存着的上

VII, 358

---

① 这个区分通常被简述为"存在者"和"存在的根据"的区分。需要指出的是,在本书里面,谢林是把"Seyn"(存在)、"Existenz"(实存)、"Daseyn"(实存)当作同义词来使用的。——译者注
② 参阅《思辨物理学杂志》第二卷,第 2 册,第 54 节之注释(IV, 146),以及第 93 节注释一(IV, 163)和第 114 页的说明(IV, 203)。——谢林原注。译者按,谢林这里所说的"自然哲学的第一次科学阐述"指他 1801 年发表于《思辨物理学杂志》第二卷第 2 册的《对我的哲学体系的阐述》(*Darstellung meines Systems der Philosophie*)。

帝，因为它仅仅是上帝的实存的根据，仅仅是上帝内部的**自然界**，一个虽然与上帝不可分割，但毕竟与上帝有所不同的本质。我们可以用类比的方式通过自然界里面的重力与光的关系来阐明这个关系。重力先行于光，是光的永恒黑暗的根据，它本身不是一个现实的东西（actu），而是在光（实存者）冉冉上升的时候逃遁到黑夜之内。即使是光，也不能完全揭开那个遮蔽着重力的封印。① 正因如此，重力既不是绝对同一性的纯粹本质，也不是绝对同一性的现实存在，毋宁说，它仅仅是绝对同一性的自然界的后果②；换言之，只有从一个特定的潜能阶次来看，重力才**存在着**，因为除此之外，那个相对于重力而言显现为实存者的东西，自在地看来也是根据，所以一般意义上的"自然界"就是指一切超出于绝对同一性的绝对存在之外的东西。③ 至于刚才所说

---

① 参阅《思辨物理学杂志》第二卷，第2册，第59—60页（IV, 163）。——谢林原注。译者按，谢林的相关原文为："虽然我们在重力那里必定认识到作为本质的绝对同一性，但这里的绝对同一性并不是一个**存在者**，因为它在重力中毋宁是重力的存在的根据。"（IV, 163）
② 参阅同上书，第41页（IV, 146）。——谢林原注。译者按，谢林的相关原文为："绝对同一性并非自在地看来，而是通过那等同于它的 A 和 B，成为'第一存在者'（primum Existens）的直接根据。——反过来，它绝对直接地、**自在地**就是 A 和 B 的**实在存在**（Reellseyn）的根据，但正因如此，绝对同一性在重力中还不是一个**存在者**。因为只有当 A 和 B 被设定为存在者，绝对同一性才是存在者。"（IV, 146）
③ 参阅同上书，第114页（IV, 203）。——谢林原注。译者按，谢林的相关原文为："通过重力，绝对同一性作为 A^2 成为自然界的存在的根据，通过凝聚性和光，绝对同一性作为 A^3 又成为自然界的存在的根据，由于绝对同一性作为 A^3 或许又是自然界的（一个更高潜能阶次上的）存在的根据，所以我们一般地可以说：我们把'自然界'理解为一般意义上的绝对同一性，这时它不是被看作存在着，而是被看作自然界的存在的根据，由此我们也可以预言，任何东西只要超出于绝对同一性的绝对存在之外，我们就会把它称作'自然界'。"（IV, 203-204）

的那个"先行",既不能被看作是时间上的先行,也不能被看作是本质上的优先性。在一个产生出万物的圆圈中,说那个产生出某物的东西,本身又是被该物产生出来的,这并不是一个矛盾。这里既没有第一位的东西,也没有最末位的东西,因为一切东西都互为前提,没有哪一个东西是他者,也没有哪一个东西能够无需他者而存在。上帝在自身内拥有他的实存的内在根据,就此而言,这个根据先行于作为实存者的上帝;然而上帝同样也是根据的Prius[先行者],因为,假若上帝没有现实地实存着,那么根据本身也不可能存在。

从事物出发的考察也会走向同样的区分。如果"内在性"是指万物的一种僵死的包揽在上帝之内的存在,那么这个概念必须首先被完全抛在一边。按照我们的认识,"生成"(Werden)概念才是唯一适合于事物的本性的概念。然而绝对地看来,事物不可能在上帝内部生成,因为它们toto genere[从根本上]不同于上帝,或更准确地说,因为它们无限地不同于上帝。为了和上帝分离,它们必须在一个不同于上帝的根据之内生成。但由于上帝之外不可能有任何东西,所以这个矛盾的唯一解决办法,就是让事物以那个在上帝自身之内、却不是**上帝自身**的东西① 为根据,亦即以上帝的实存的根据为根据。如果我们打算以属人

---

① 这是唯一正确的二元论,即一种同时兼容统一体的二元论。前面曾经谈到一种变形的二元论,它主张,恶的本原不是与善的本原并驾齐驱,而是从属于善的本原。我们根本不用害怕有人会把这里提出的关系与那种二元论混为一谈,因为在这种二元论里,那个居于从属地位的东西始终是一个本质上恶的本原,正因如此,它从上帝那里的起源始终都是完全不可理解的。——谢林原注

的方式确切理解这个本质,那么我们可以说:"它是永恒的太一感受到的一种渴望(Sehnsucht),想要自己生育自己(sich selbst zu gebären)。"这种渴望不是太一自身,但和太一是同样永恒的。它想要生育上帝,也就是说,想要生育那个无根据的统一体,而这意味着,它在自身内还不是一个统一体。因此,就其自身来看,它也是一个意志,但却是一个无理智的意志,随之是一个不独立的、不完满的意志,因为真正说来,理智才是意志中的意志。尽管如此,它是一个指向理智的意志,亦即对于理智的渴望和欲求;它不是一个有意识的意志,而是一个带着憧憬的意志,而它所憧憬的东西就是理智。我们在这里谈论的,是自在且自为地看来的渴望的本质,我们必须紧盯着这个东西,哪怕它早就已经被一个从它那里自行提升上来的更高东西排斥,哪怕我们不能以感性的方式,而只能通过精神和思想来理解把握它。在"自身启示"这一永恒的行为之后,我们眼前的这个世界里面,一切东西都有着规则、秩序和形式;然而在根据里面始终有某种无规则的东西,仿佛有朝一日会重新爆发出来,而且无论在什么地方,秩序和形式看起来都不是原初的东西,毋宁仅仅意味着一种最初无规则的东西获得了秩序。在事物那里,这种无规则的东西是实在性的捉摸不定的基础,一种永不露面的残余物,一种即使通过最大的努力也不可能消解在理智中,而是永恒地保留在根据里面的东西。从真正的意义上来说,理智就诞生于这种无理智的东西。没有这种先行的黑暗东西,就没有受造物的实在性;晦暗性是受造物的必然的遗传因素。唯有上帝——实存着的上帝自身——栖居于纯粹的光明之内,因为唯有他是自己依靠自己。有些自命不凡的人拒不承认这个来自于根据的起源,甚至拿出各种道德理由来加以反对。然而除了那种对于深沉黑夜的意识之外,我们不知道还有什么东西能够更强烈地驱使人们动用全部力量去追求光明,把自己从黑夜提升到实存。至于那些妇道人家的抱怨,比如"这样一来,无理智的东西就成了理智的根基,黑夜就成了光明的开端",虽然在某种程度上是基于对事情的误解——因为人们搞不懂,按照这个观点,理智和本质在概念上的优先性如何还能够成立——,但也表达出当今一些哲学家的真实体系,这些哲学家很想 fumum ex fulgore [从火光中提取烟雾]①,然而即使是最粗暴的费希特式颠倒黑白也做不到这一点。一切诞生都是从黑暗诞生到光明中;种子必须深埋在土壤之内,在黑暗中死去,以便让一个更美丽的光明形态破土而出,在阳光下轻轻舒展开。人在母体中成形;只有从黑暗的无理智的东西那里(从情感、渴望、知识的庄严母亲那里)才会生长出明朗的思想。因此我们必须这样设想"原初渴望":诚然,它向往着它尚未认识到的理智,正如我们在渴望中追求着一个未知而无名的珍宝;它在憧憬中活动着,如同一片波涛汹涌的大海,如同柏拉图所说的物质,遵循着一条莫名其妙的法则,却没

---

① 古罗马诗人贺拉斯在《诗艺》(Ars Poetica)第143-144行指出,技艺娴熟的作家或诗人"不是从火光中提取烟雾,而是从烟雾中提取火光"(Non fumum ex fulgore, sed ex fumo dare lucum Cogitat),也就是说,只有遵循事情本身的秩序,才会取得良好的效果。谢林在这里借用这个典故,批评那些哲学家(包括费希特)企图颠倒事情本身的秩序。——译者注

有能力独自塑造出某种常驻的东西。渴望作为一个黑暗的根据，是神性实存的最初躁动，与之相对应，上帝自身之内自行产生出一个内在的映射观念，由于这个观念仅仅以上帝为对象，所以通过它，上帝在一幅逼真的肖像里面看到他自己。正是通过这个观念，上帝（绝对地看来的上帝）第一次得以实现，尽管只是在他自身之内得以实现；这个观念起初就和上帝在一起，它是上帝**内部**生产出来的上帝自身。这个观念同时也是理智——是那个说出渴望的**话语**（Wort）①，是永恒的精神，当这个精神在自身内感受到话语，同时也感受到无限的渴望，并在爱的推动之下（它自身就是爱），说出话语，从现在起，理智和渴望就合并为一个自由创造的、万能的意志，把起初无规则的自然界当作自己的元素或工具，在其中进行塑造。理智在自然界中的第一个作用就是使各种力量分离，因为只有通过这个方式，它才能够把那个无意识地，但又必然地包含在自然界里面（如同在一粒种子里面）的统一体展现出来；好比在人那里，全部思想原本都联系在一起，每一个思想都阻止着另一个思想的显露，只有当思想在这个混乱芜杂的状态里相互分离，只有当那个隐蔽在根据里、把全部思想都统摄在自身之下的统一体从此凸显出来，光才会投射到那个想要创造点什么东西的黑暗渴望里面；或者说，好比在植物那里，只有当各种力量处于展现和扩散的状态，重力的黑暗纽带才会解开，那个隐蔽在已分离的质料里的统一体才会发展起来。也就是说，正因为（原初自然界的）这个本质无非是上帝的

---

① 和人们所说的"谜之话语"是同一个意思。——谢林原注

实存的永恒根据,所以它必须在自身之内——尽管是以封闭的方式——包含着上帝的本质,仿佛这是一幅在黑暗深处闪闪发光的生命图景(Lebensblick)。自从渴望受到理智的激励,就致力于保留那幅坚守在自身内的生命图景,自己把自己封闭起来,以便永远保持为一个根据。因此,一旦那个退缩回自身的渴望受到理智或投射在原初自然界里面的光的激励,它就使各种力量分离(放弃黑暗),而恰恰通过这个分离,那个封闭在已分离的东西里面的统一体就把隐蔽的生命图景召唤出来,首先产生出某种可把握的东西和个别东西。确切地说,这一切不是借助外在的观念,而是借助真正的**内化塑造**(Ein-Bildung),因为产生出来的东西已经内化到自然界之内;或更正确地说,这一切是借助唤醒,因为理智使那个隐蔽在已分离的根据里的统一体或理念凸显出来。通过这个分离,各种分开的(但不是完全离散的)力量就是后来形成身体的质料;与此同时,那个出于自然根据的深处,作为各种力量的中心点而产生出来的生命纽带,则是灵魂。原初理智使灵魂从一个独立于理智的根据那里作为内核而凸显出来,正因如此,灵魂自身始终独立于理智,始终是一个特殊的、独自屹立着的本质。

VII, 362

不难看出,渴望做出的抵抗对于完满的诞生来说是必不可少的,各种力量的最内在的纽带只有在一个逐级发生的展现中才会解开。每当各种力量在一个程度上发生分离,就会有一个新的本质从自然界里产生出来,它愈是在自身内以分离的方式包含着那些在其他本质那里尚未分离的东西,它的灵魂就愈是完满。一种完满的自然哲学的任务,就是要指出,每一个后继的演进过程如何更加接近自然界的本质,直到那个最内在的核心在各种力量的最高程度的分离中冉冉升起。对于当前的目的来说,只有如下情况是事关根本的:每一个以上述方式在自然界里产生出来的本质都在自身内具有一个双重的本原,这个本原在根本上仅仅是同一个本原,只不过可以从两个方面来考察。第一个方面的本原是这样一个东西,事物通过它而与上帝分离,或者说事物通过它而存在于单纯的根据里,但由于根据里的事物和理智里的原型之间始终有一个原初的统一体,而创世的过程只是为了让起初的黑暗本原以内在的方式蜕变为光或升华为光(因为理智或那个投射到自然界里面的光在根本上仅仅寻找着一个类似于理智的、向内返回的光),所以那个天性即黑暗的本原恰恰也升华为光,并且二者——尽管只是在一个特定的程度上——在每一个自然事物那里都是合为一体的。就这个本原来自于根据并且是黑暗的而言,它是受造物的私己意志(Eigenwille),而就这个意志尚未与光(理智的本原)形成完满的统一体(尚未把握光)而言,它是单纯的渴求或欲望,亦即一个盲目的意志。理智作为普遍意志(Universalwille)与受造物的私己意志相对立,它利用后者,将其作为单纯的工具而统摄在自身之下。但是,通过全部力量的持续转化和分离,原初黑暗的那个最内在、最深处的点最终在一个本质那里完全升华为光,尽管就这个本质是个别东西而言,它的意志同样是一个局部意志(Partikularwille),但自在地看来,或者说就这个意志是所有别的局部意志的核心而言,它和原初意志(Urwille)或理智又是合为一体的,以至于二者如今成为一个联合的整体。最深处的核心升华为光——这件事情仅仅发生在人里面,而不是发生在任何别的可见的受造物里面。人里面不但有晦暗本原的全部势力,同时有光明的全部力量。人里面有最深的深渊和最高的天空,或者说有两个核心。人的意志是一个隐蔽在永恒渴望里的萌芽,而这个萌芽则是来自于那个仍然隐身在根据里的上帝;人的意志是那个封闭在深处的神性生命图景,是上帝在把握到自然界的意志时洞察到的东西。唯有在人那里,上帝才爱过世界;而且,当渴望与光形成对立,恰恰是上帝的这幅逼真肖像紧紧抓住了位于核心处的渴望。人来自于根据(是一个受造物),因此在自身内拥有一个独立于上帝的本原,但由于这个本原已经升华为光——尽管它并没有因此不再是一个就根据而言的黑暗东西——,所以同时有一个更高东西,即**精神**,在人里面冉冉升起。永恒精神把统一体或话语谓述在自然界里面。但这个被谓述的(实在的)话语仅仅存在于光和黑暗(元音和辅音)的统一体之中。虽然全部事物都包含着两个本原,但它们并没有达到完全的和谐,因为其中缺失了从根据那里提升上来的东西。因此只有在人那里,那个在所有别的事物里面仍然被压抑、仍然不完整的话语才被完全谓述出来。而在被谓述出来的话语里,精神启示自身,也就是说,**上帝**显现为一个现实的实存者。就灵魂是两个本原的活生生的同一性而言,它就是精神;而精神在上帝之内。现在,假若在人的精神里,两个本原的同一性也像在上帝之内一样,是不可瓦解的，那么[人和上帝]就没有区别了，也就是说，上帝作为精神就不会启示出来了。因此，那在上帝之内不可分拆的统一体，在人那里必定是可分拆的，——而这就是善和恶的可能性。

请注意，我们说的是"恶的可能性"，而且首先也只是试着去理解把握两个本原的可分拆性。至于恶的现实性，则是一个完全不同的研究对象。通过一个从自然界的根据崛起的本原，人与上帝分离。这个本原就是人里面的自主性（Selbstheit），它与观念性本原统一之后，就成为**精神**。自主性**本身**就是精神，换言之，人作为一个自主的、特殊的（与上帝分离的）本质，就是精神，而这个联合恰恰构成了人格性。自主性是精神，在这种情况下，它就从受造物提升为一个超越于受造物的东西；它是一个发现自己具有完全自由的意志，因此不再是那个在自然界里进行创造的普遍意志的工具，而是超越整个自然界，位于整个自然界之外。精神凌驾于光之上，正如它在自然界里面也是凌驾于光和黑暗本原的统一体之上。自主性既然是精神，也就不受两个本原的约束。关键在于，只有当自主性或私己意志现实地转化为原初意志（光），它才是精神，随之不受自然界约束或凌驾于自然界之上，而在这种情况下，虽然它（作为私己意志）仍然保留在根据里（因为一个根据始终是必要的）——正如在透明的物体里，物质虽然达到了与光的同一性，但并没有因此不再是物质（晦暗本原）——，但仅仅作为更高的光明本原的承载者或容器。由于自主性具有一个精神（因为精神支配着光和晦暗）——这个精神不是永恒的爱的精神——，所以它能够脱离光，换言之，私己意志能够追求这个目标,即一方面维持着和普遍意志的同一性,另一方面作为局部意志而存在,一方面保留在核心里(正如自然界的寂静根据里的那个安静意志,正因为它保留在根据里,所以也是一个普遍意志),另一方面在圆周边缘或作为受造物而存在(也就是说,受造物的意志当然是位于根据之外,但它在这种情况下就是一个单纯的局部意志,不是自由的,而是受约束的)。这样一来,人的意志里面就出现了一个分裂,亦即那个已经精神化的自主性(因为精神凌驾于光之上)与光的分裂,也就是说,两个在上帝之内不可分拆的本原在人的意志里面分拆开了。反过来,如果人的私己意志作为核心意志(Centralwille)保留在根据里,以至于本原的神性关系继续存在(好比自然界的核心意志从未凌驾于光之上,而是作为光的基础保留在根据里),如果意志不是由那个分裂精神(它企图让自己的本原与普遍本原分离)掌控,而是由爱的精神掌控,就会处于一种神性状态和神性秩序之中。——接下来将会表明,私己意志的提升恰恰是恶。当意志摆脱自己的超自然性,以便让自己既是一个普遍意志,同时也是一个局部意志和受造物意志,它就致力于颠倒本原之间的关系,把根据提升于原因之上,把它仅仅为着核心而获得的精神放到核心之外,用来反对受造物,而这些做法的后果就是意志的内外交困。人的意志可以被看作是各种活生生的力量的一个纽带;只要这个意志维持着与普遍意志的统一体,那些力量也会处于一种神性的尺度和平衡状态之中。但是一旦私己意志脱离核心,离开自己的位置,那么诸力量的纽带也松弛下来了;从现在起，一个单纯的局部意志占据统治地位，它再也不能像原初意志那样，把各种力量统摄在自身之下，使其联合起来，因此它必定会努力从那些纷乱交错的力量里，从一大堆欲望和肉欲里（因为每一个个别的力量也是一个渴求和肉欲），塑造或拼凑出一个私己的、孤零零的生命。这个生命是可能的，因为即使在恶里面，诸力量的最初纽带，即自然界的根据，仍然始终存在着。但它毕竟不可能是真实的生命（因为真实的生命只能立足于一种神性关系），所以这里虽然出现了一个私己的生命，但却是虚假的生命，一个充斥着谎言的生命，一个由骚乱和腐败构成的赘瘤。对于这一点，疾病提供了一个最为贴切的例子，因为疾病是一种由于滥用自由而进入自然界的无秩序，是恶或罪（Sünde）的真正摹本。只要根据的那些隐蔽着的力量没有显露出来，就绝不会有一种普遍的疾病；但是，如果那个躁狂的本原——它本来应当作为诸力量的最内在的纽带而守护着深处的寂静——亲自活动起来，换言之，如果那个被煽动起来的主导精神离开它在核心里的安静居所，四处游荡，就会导致一种普遍的疾病。反过来，正如一切原初治疗的措施都是重建边缘和核心的关系，同样，为了从疾病过渡到健康，真正的措施只能是逆向而行，即把分裂的、个别的生命重新纳入到本质的内在的生命图景之内，而这会再次导致一种分离或大分化（Krisis）。即使是局部的疾病，其之所以产生出来，也是因为那个只有在整体里才获得自由或生命的东西，却追求一种自顾自的存在。当然，疾病根本不是什么本质性的东西，真正说来，它仅仅是生命的一幅虚假肖像，仅仅是生命的昙花一现的现象,或者说一个摇摆在存在和非存在之间的东西。尽管如此,对于感觉而言,疾病仍然呈现为一种极为实在的东西,而恶同样也是如此。

这是"恶"的唯一正确的概念,也就是说,恶立足于本原关系的一种积极的颠倒或反转。近代以来,尤其弗朗茨·巴德尔①不但重新强调这个概念,而且通过一些深刻的自然类比(恶与疾病的类比)对此加以阐明。② 所有别的对于恶的解释都既不能让

---

① 弗朗茨·冯·巴德尔(Franz von Baader, 1765—1841),德国医生和神智论哲学家,他既是谢林的论敌,也在一定程度上影响了谢林的哲学思考。——译者注
② 参阅论文《论"不可能存在对于理性的滥用"这一断言》(刊于《晨报》,1807,第197号),以及《论凝固的东西和流动的东西》(刊于《作为科学的医学年鉴》第三卷,第2册)。作为参照和进一步的阐明,这篇论文结尾处(第203页)还有如下一些相关评论:"在这个地方,通常的火(作为野生的、吞噬一切的、难忍的炙热)与所谓有机的、令人舒适的生命炙热相对立,提供了一个富于教益的启发,因为在生命炙热**这里**,火和水会合在同一个(生长性的)根据里,或者说联合起来,而在普通的火**那里**,火和水是处于外在的分离状态。现在,无论是单纯的火还是单纯的水,即作为两个分离层面的火和水,都没有处在一个有机的演进过程中,毋宁说,在那个演进过程里,火已经是核心(玄奥的东西),水已经是一个敞开的东西,亦即圆周,而疾病和死亡之所以出现,就是因为前者被开启、提升和点燃,同时后者被封闭起来。一般说来,自我性和个体性当然是每一个受造物生命的基础、根基或自然核心;然而一旦这个核心不再是一个服务性的核心,反而在圆周占据支配地位,它就会在其中燃烧起来,成为一种充满自私和利己主义(被点燃的自我性)的坦塔洛斯式暴怒。⊙现在变成了○,而这意味着,那个晦暗的自然核心被封闭在行星体系的唯一的地方,潜伏在那里,并且恰恰因此作为光的承载者而服务于一个更高体系(观念性东西的照射或启示)的来临。正因如此,这个位置是体系里的开放点(太阳—心脏—眼睛)——而且,假若晦暗的自然核心在那里提升起来或展现出来,闪光点就会 eo ipso［亲自］封闭自身,而光也会在体系里转变为晦暗,换言之,太阳就会熄灭!"——谢林原注。译者按,坦塔洛斯(Tantalos)是希腊神话中的大恶人之一,他把自己的儿子切碎之后宴请众神,并因此在阴间遭到那个著名的惩罚:永远站在一个水池里,旁边是一棵果树,每当他饥饿时想要吃果子,树枝就会升高到他的手够不着的地方,每当他口渴时想要喝水,水面同样会降低到他的嘴唇够不着的位置。

理智感到满意,也不能让道德意识感到满意。从根本上说,它们全都致力于消灭作为一个积极对立面的恶,并且把恶归咎于所谓的 malum metaphysicum[形而上的恶],亦即受造物的"非完满性"这一否定概念。莱布尼茨说,上帝不可能把全部完满性赋予人,否则人本身也是上帝了;同样的道理也适用于一切被创造出来的事物;因此必定有不同程度的完满性,以及各种各样的对于完满性的限制。如果人们问:"恶从哪里来?"答复就是:来自于受造物的观念性自然界,因为这个自然界虽然依赖于那些包含在神性理智中的永恒真理,而并不依赖于上帝的意志。永恒真理的领域是恶和善的观念性原因,这个东西必须取代古人所说的物质。① 在另一处地方,莱布尼茨说,确实有两个本原,即理智和意志,但二者都在上帝之内。理智提供了恶的本原,尽管它并没有因此本身变成恶的;理智设想自然事物按照永恒真理而存在的样子,它在自身内包含着容许恶的根据,但意志仅仅以善为目标。②上帝并未制造这个唯一的可能性,因为理智并不是上帝自己的原因。③如果上帝内部的两个本原(理智和意志)的区分——这个区分使恶的最初可能性不再依赖于神性意志——符合这位人士的意味深长的说话方式,如果理智(神性智慧)的设想——在这个地方,上帝的处境与其说是主动的,不如说是被动的——具有更深层次的意味,那么恶作为一种只能起源于那个单纯观念性根据的东西,就会反过来归咎为某种单纯被动的

---

① 莱布尼茨:《神义论》,《莱布尼茨著作集》,第一卷,第136页。——谢林原注
② 同上书,第240页。——谢林原注
③ 同上书,第387页。——谢林原注

东西,比如"限制""缺陷"或"褫夺"等等。然而这些概念完全不符合恶的真正本性。因为我们只需简单考虑一下就会发现,既然人是一切可见的受造物中最完满者,既然唯有人有能力作恶,那么恶的根据就绝不可能在于缺陷或褫夺。按照基督教的观点,魔鬼并非最受限制的受造物,毋宁说,他是最不受限制的受造物。① 一般的形而上学意义上的"非完满"并不是恶的通常特性,因为我们发现,恶经常和一些卓越的个别力量联手,而这种情况在善那里是非常稀罕的。因此,恶的根据不是仅仅位于一般意义上的某种肯定东西之内,而是必定位于自然界包含着的最高肯定东西之内。从我们的观点来看,事实就是这样,因为恶的根据就包含在第一根据的已经显露出来的核心或原初意志里。莱布尼茨费尽心思想要让我们理解,恶如何能够从一个自然的缺陷那里产生出来。他说,意志追求普遍的善,而且必定会

VII, 369

---

① 就这个问题而言,引人注目的是,并非从经院哲学家才开始,毋宁说在早期的教父里面,已经有很多人(尤其是奥古斯丁)认为恶起源于一种单纯的褫夺。尤其值得注意的是奥古斯丁在《驳佩拉纠主义者朱利安》(*Conta Julianum Pelagianum*)第一篇,第三章里的这段话:"Quaerunt ex nobis, unde sit malum? Respondemus ex bono, sed non summo, ex bonis igitur orta sunt mala. Mala enim omnia participant ex bono, merum enim et ex omni parte tale dari repugnat. — Haud vero difficulter omnia expediet, qui conceptum mali semel recte formaverit, **eumque semper defectum aliquem involvere attenderit**, perfectionem autem omnimodam incommunicabiliter possidere Deum; neque magis possibile esse, creaturam illimitatam adeoque independentem creari, quam creari alium Deum. [我们中的一些人问:恶从哪里来? 我们的答复是:来自于善,但不是来自于最高善,因此一切恶的东西都是来自于善的东西。也就是说,一切恶的东西都分有善,因为说纯粹的恶无处不在,这有违事实。——如果一个人已经具有'恶'的正确概念,并且注意到,**恶始终包含着一个缺陷**,且唯有上帝以一种不可告知的方式掌握着每一方面的善,就不难解释这一切。此外,上帝也不可能创造出一个不受限制的、独立的受造物,正如他不可能创造出另一个上帝。]——谢林原注

要求完满性,而完满性的最高尺度在上帝那里;但是,如果意志耽于感官淫乐,同时失去了更高的善,失去了一种更高的追求,这恰恰就是褫夺,就是恶的容身之处。此外他还认为,恶就像冷或晦暗一样,并不需要一个特殊的本原。至于恶包含着的肯定东西,只不过是以附带的方式进入到恶里面,好比力量和作用以附带的方式进入到冷里面;结冰的水诚然可以撑破一个最坚固的紧密容器,但真正说来,冷仅仅基于运动的减少。①但是,正因为褫夺本身说来什么都不是,所以它为了让自己被觉察到,需要一个肯定东西,在这个东西身上显现出来。在这种情况下,出现了一个新的困难,即需要解释这个被断定必须包含在恶里面的肯定东西的来源。由于莱布尼茨只能从上帝那里推导出这个肯定东西,所以他不得不让上帝成为罪的质料因素的原因,并且把罪的形式因素归咎于受造物的原初限制。他试图通过开普勒发现的"物质的自然惰力"概念来阐明这个关系。他说,这个惰力是受造物的原初(先行于一切行动的)限制的完满形象。如果在同样的推力下,两个不同质量的物体以不同的速度运动,那么其中一个物体的"慢"的根据不在于推力,而是在于物质天然独有的惰性,亦即在于物质的内在限制或非完满性。②但这里需要指出的是,惰性本身不能被设想为一种单纯的褫夺,毋宁说它终归是某种肯定东西,亦即物体的内在自主性或力量的表现;通过惰性,物体试图坚持自己的独立性。我们并不否认,通过这个

---

① 莱布尼茨:《神义论》,第242页。——谢林原注
② 莱布尼茨:《神义论》,第一篇,第30节。——谢林原注 译者按,莱布尼茨在这里使用的比喻不是同样推力下的两个物体,而是同一条河流中的负重不同的船。

方式,形而上的有限性可以得到理解把握;我们否认的是,单纯的有限性本身就是恶。①

总的说来,这个解释方式起源于"肯定东西"的僵死概念,亦即把肯定东西视为一种只能与褫夺相对立的东西。然而还有一个居间概念,它和肯定东西形成一个实实在在的对立,同时远离那个单纯否定的概念。居间概念起源于整体与个别、统一体与多样性的关系。至于人们还喜欢用别的什么方式表示这种关系,这不重要。关键在于,肯定东西始终是一个整体或统一体;与之相对立的是整体的分裂,诸力量的紊乱和失调。在分裂的整体里,仍然是同样的因素,那些曾经统一起来的因素;在分裂和统一这两种情况下,质料因素都是一样的(从这个方面来看,恶并不是一种比善更受限制或更坏的东西),但其形式表现完全不同,而这个形式表现恰恰来自于本质或肯定东西本身。就此而言,无论是在恶里面还是在善里面,都必定有一个本质,只不过恶里面的本质是一个与善相对立的本质,这个东西把包含在善里面的热情颠转为冷漠。独断论哲学不可能认识到这个本质,因为它没有掌握"人格性"(亦即一种已经提升为精神性的自主性)概念,而是只知道"有限者""无限者"之类抽象概念。假如有人反驳道,紊乱恰恰是一种缺陷,亦即统一体的褫夺,那么我们的回应是,即使"褫夺"的普遍概念本身就意味着统一体的颠覆或分裂,但一个单纯的概念本身仍然是不充分的。因为自在

VII, 371

---

① 出于同样的理由,任何别的对于有限性的解释,比如从"关联"(Relationen)概念出发来解释有限性,都不可能充分地解释恶。恶不是来自于有限性本身,而是来自于那种已经提升为自主存在(Selbstseyn)的有限性。——谢林原注

地看来,紊乱不是指诸力量的分裂,而是指这些力量形成了一个虚假的统一体,这个统一体只是相对真正的统一体而言才叫作"分裂"。如果统一体被完全颠覆,那么在这种情况下,冲突也会被颠覆。疾病是通过死亡而终结的,任何个别的声音都不可能独自制造出杂音。关键在于,为了解释那个虚假的统一体,需要某种肯定东西,因此这个东西必须被假定包含在恶里面。但只要人们还没有认识到,自由的根基在于自然界的独立根据之内,这种肯定东西就始终是难以解释的。

至于柏拉图的观点,就我们能够评判的范围而言,最好是在追问恶的现实性的时候再提及。关于这个问题,我们这个时代一向是以轻描淡写的方式加以处理,甚至打着博爱主义的旗号否认恶的存在,而它的各种观点和如下想法并没有太大的距离。这些想法认为,恶的唯一根据在于"感性"或"动物性"之类尘世本原,而在这种情况下,本应与地狱相对立的天堂却与大地对立起来。这个观点是那样一种学说的自然结果,这种学说认为,自由仅仅在于让智性本原统治感性欲望和禀好,而善则是来自于纯粹理性;相应地不难理解,对恶来说不存在自由(因为恶意味着感性禀好占据了统治地位),或更确切地说,恶已经被完全取消了。诚然,当智性本原处于一种虚弱的或不起作用的状态,这可能会造成人们没有做出善的、合乎美德的行为,但这绝不是那些积极作恶的、与美德相抗的行为的根据。但是,假若感性或对于外在影响的被动表现必然会制造出恶的行为,那么人在这些行为里本身只能是被动的,也就是说,就人自身(亦即主观方面)而言,恶没有意义,而由于从客观方面来看,那个出自于天性规定的东西也不可能是恶的,所以整个说来,恶都是没有意义的。然而说理性本原在恶里面不起作用,这本身也不是一个理由。因为,理性本原究竟为什么不行使自己的权力呢? 如果它愿意不起作用,那么恶的根据就位于这个意愿之内,而不是位于感性之内。换言之,即使理性本原根本没有办法征服感性的对抗势力,这也仅仅意味着虚弱和缺陷,但绝不意味着恶。因此按照这个解释,只有单一的意志(如果它还能叫作"意志"的话),没有什么二重化的意志,而既然阿里乌斯主义者①使用的某些术语已经幸运地进入哲学批判里面,那么人们也可以借用一个同样来自于教会史的术语,取其另一种意思,把这种学说的追随者称之为"单一意志论者"②。正如那个在善里面发挥作用的东西绝非智性本原或光明本原本身,而是一个与自主性联系在一起,亦即已经提升为精神的本原,同样,恶也不是来自于有限性本原本身,而是来自于一个与核心融为一体的晦暗本原或自主本原;而且,正如存在着对于善的狂热,也存在着对于恶的亢奋。诚然,在禽兽以及所有别的自然事物那里,那个黑暗原则也

---

① 阿里乌斯(Arius, 260—336),亚历山大里亚的基督教教父。他主张圣子耶稣基督是圣父的纯粹造物,在本质上不同于圣父,低于圣父。这些观点在当时产生了巨大的影响,引发了激烈的争论。公元325年,君士坦丁大帝在尼西亚主持召开了基督教第一届全国代表大会,各个代表通过协商表决的方式,把圣父和圣子具有"相同的本质"(homoousios)写入基督教基本章程,同时宣布阿里乌斯主义为异端,开始迫害阿里乌斯及其追随者。——译者注
② "单一意志论"(Monotheletismus)主张耶稣基督有两种本性(神性和人性),但只有一个意志(神的意志)。公元680年于君士坦丁堡举办的基督教第三届全国代表大会宣布"单一意志论"为异端。——译者注

发挥着作用,但它在那些地方并没有像在人那里一样,已经诞生到光之中,因此它还不是**精神**和理智,而是盲目的渴求和欲望;简言之,在尚未有绝对统一体或人格统一体的地方,堕落、诸本原的分裂都是不可能的。在禽兽的本能里,无意识和意识仅仅以一个确定的、特定的方式联合在一起,正因如此,这个方式是不会改变的。也就是说,正因为无意识和意识仅仅是统一体的相对表现,所以它们从属于这个统一体,而那个在根据里发挥作用的力量则是始终按照同样的关系把持着它们获得的本原统一体。禽兽绝不可能摆脱统一体,反之人却能够肆意撕裂诸力量的永恒纽带。因此巴德尔先生说得对:"但愿人的败坏最多只是达到堪比禽兽的程度,但遗憾的是,人只能要么禽兽不如,要么超于禽兽之上。"①

我们已经做出的尝试,就是首先从一些最初根据推导出恶的概念和可能性,然后揭示出这个学说的普遍基础,即"实存者"和"实存的根据"的区分。② 但可能性尚未包含着现实性,而真正说来,恶的现实性才是最重大的研究对象。也就是说,现在需要解释的问题,不是个别人那里的恶如何成为现实的,而是恶为

---

① 参阅上述那篇刊于《晨报》(1807)的论文,第786页。——谢林原注
② 奥古斯丁在反对"流溢"时说道:"上帝的实体只能产生出上帝,此外无他;因此受造物是从'无'中创造出来的,这也是它们的朽坏性和缺陷性的来源。"(《论意志自由》,第一篇,第2章)长久以来,那个"无"都是理智打不开的一个死结。对于这个问题,《圣经》的某个表述提供了一个启发:"人是 ἐχ τῶν μὴ ὄντων [从'不存在的东西'],从那个并非实存者的东西那里,创造出来的。"同样,唯有通过上面提出的区分,古人的一些著名说法,比如 μὴ ὄν [非存在],"出自于'无'的创造"等等,才有可能首次获得一个肯定的意义。——谢林原注

什么普遍地发挥着作用,或者说,恶作为一个绝对普遍的、在每一个地方都与善相对抗的本原,如何能够从创世中爆发出来?不可否认,恶至少作为一个普遍的对立面,是现实的,因此我们从一开始就不用怀疑,它对于上帝的启示来说是必要的,而这恰恰是之前所述得出的结论。也就是说,既然上帝作为精神乃是两个本原的不可分割的统一体,而且这个统一体只能在人的精神里成为一个现实的东西,那么,假若这个统一体在人的精神里也是不可瓦解的,就和在上帝那里一样,那么人和上帝就会毫无区别了;人就会升华为上帝,随之不存在爱的启示和感动。问题在于,每一个本质都只能通过它的对立面而启示出来,爱只能通过恨、统一体只能通过冲突而启示出来。假若没有本原的分裂,统一体就不可能证实自己的全能;假若没有争吵,爱也不可能成 VII, 374
为一个现实的东西。人被置于那个巅峰之上,在那里,他在自身内同样拥有向善和从恶的自动源泉:诸本原的纽带在他那里不是一个必然的纽带,而是一个自由的纽带。他站在分界点上;不管他做何选择,这都是他自己的行为,但他不可能停留在未决断的状态,因为上帝必定启示自身,也因为在创世的时候,绝不会有任何东西停留在模棱两可的状态。当然,人似乎也可以不走出他的未决断的状态,因为"未决断"就是"不走出"。既然如此,必定有一个普遍的根据,诱导或诱惑着人走向恶,哪怕这个根据只是让两个本原在人那里活跃起来,亦即让人意识到这两个本原。现在看来,恶的诱导本身只能来自于一个恶的根据本质(Grundwesen)。而一旦我们假定这样一个根据本质,柏拉图关于物质的那个解释就是完全正确的,即物质是一个原初地与上帝相对抗,因而自在地即恶的本质。只要柏拉图的这部分学说直到今天仍然是晦涩不明的,① 我们就不可能对上述观点做出一个明确的判断。尽管如此,迄今的考察已经表明,我们能够在何种意义上说这是一个非理性的本原,即它虽然与理智、统一体和秩序相对抗,但并不能因此被看作是一个**恶的**根据本质。相应地,柏拉图的那句话,"**恶来自于古老的自然界**"②,也可以得到很好的解释,因为一切恶的东西都企求回到混沌,亦即回到最初的核心尚未被光照亮的那个状态,并在那里围绕着无理智的渴望而旋转。不管怎样,我们已经一劳永逸地证明,恶本身只能起源于受造物,因为只有在受造物这里,光和晦暗或两个本原才能够以可分拆的方式联合起来。自在地看来,最初的根据本质绝不可能是恶的,因为其中尚未出现本原的分裂。但我们也不能假定有一个被创造的精神,它自己首先堕落,然后诱导人走向堕落,因为这里的关键问题在于,恶如何第一次在受造物那里产生

---

① 但愿有朝一日,柏拉图的贴切诠释者,或者更早一点,那位精明能干的伯克,能够澄清这个问题。伯克在阐述柏拉图的谐音学说时顺带做出的一些评论,还有他为新版《蒂迈欧》做出的预告,已经给我们带来了最好的希望。——谢林原注。译者按,奥古斯特·伯克(August Boeckh, 1785—1867),德国古典学家。他1803年进入哈勒大学,跟随弗利德里希·奥古斯特·沃尔夫和弗利德里希·施莱尔马赫学习古典学和柏拉图哲学,1807年以一篇研究柏拉图谐音学说的论文获博士学位,1809年起任海德堡大学正教授。

② 参阅谢林:《自然哲学箴言录》(1806)第17条:"借用柏拉图的话来说,一切盲目的、无规矩的、向外发挥作用的力量,都是来自于古老的自然界,也就是说,来自于那个单纯外在的、无知觉的自然界;唯有这个自然界是事物的诞生地,而在这种情况下,事物也在其中拥有它们的纯粹外在的生命。"(VII, 201)谢林:《哲学与宗教》,先刚译,北京大学出版社,2017年,第264页。——译者注

出来。因此,除了上帝内部的两个本原之外,我们没有别的东西可以拿来解释恶。上帝作为精神(两个本原的永恒纽带)乃是最纯粹的爱,但在爱里面绝不可能有一个从恶的意志;同样,观念性本原里面也绝不可能有一个从恶的意志。但上帝为了让自己存在,需要一个根据,只不过这个根据不是在他之外,而是在他之内;也就是说,上帝在自身内有一个**自然界**,这个自然界虽然隶属于上帝自身,但毕竟不同于上帝。爱的意志和根据意志是两个不同的意志,各自存在着;爱的意志既不可能反抗,也不可能推翻根据意志,因为否则的话,它就必须自己反抗自己。也就是说,根据必须发挥作用,这样爱才会存在,而且根据必须独立于爱而发挥作用,这样爱才会实实在在地实存着。因此,假若爱想要摧毁根据意志,它就会陷入自身冲突,自己与自己不一致,而这样一来,它就不再是爱。"让根据发挥作用"乃是"容许"的唯一可设想的概念,但这个概念绝不可以像通常那样应用到人身上。当然,根据意志同样不可能摧毁爱,而且不可能提出这个要求,尽管它经常看起来有这个意图;因为只要脱离了爱,它就必定是一个私己的、特殊的意志,而在这种情况下,如果爱像光穿透晦暗那样穿透根据意志,就会显示出自己的全能。根据仅仅是一个追求启示的意志,但它必须召唤出私己性和对立,这样启示才会出现。爱的意志和根据意志之所以合为一体,原因恰恰在于,它们是分离的,并且从一开始就独自发挥着作用。所以,根据意志在第一次创世的时候就立即激发起受造物的私己意志,这样做的目的,是为了让精神在作为爱的意志冉冉升起的时候，能够找到一个反抗者，并且借助这个反抗者而实现自身。

整个自然界的面貌让我们对这场已经发生的骚动确信无疑，唯有通过这场骚动，一切生命才获得最高程度的敏锐性和规定性。事物尤其是有机物的形态分化已经展示出非理性东西或偶然东西与必然东西的联系，而这就证明，并非只有一种几何学必然性在这里发挥着作用，毋宁说，自由、精神和私己意志全都参与到这个游戏之中。诚然，自在地看来，任何有肉欲和欲望的地方，都有一种自由，而且没有人会相信，欲望（它构成了每一个自然生命的根据）和冲动（它不仅要一般地保存自身，而且要在这个特定的实存中保存自身）是后来才添附到已经被创造出来的受造物身上，毋宁说，它们本身已经是创造者。即使是那个通过经验而被揭示出来，且对于整个自然科学来说将会扮演重要角色的"基础"概念，作为一种配得上科学的东西，也必定会导向"自主性"和"自我性"概念。然而自然界里面有一些偶然的规定，它们只有通过受造物的非理性本原或晦暗本原在第一次创世时立即发生的骚动——只有通过一种已经激活的自主性，才会得到解释。如果恶的势力是通过人而变得蠢蠢欲动，那么在自然界里面，除了预先形成的道德关系之外，那些不可忽视的恶的征兆是从哪里来的呢？那些无论是否危害到人，都会激发起一种普遍的、自然的厌恶情绪的现象，又是从哪里来的呢？① 诚

---

① 在所有民族的想象里，尤其是在东方民族的寓言和宗教里，蛇都和恶紧密联系在一起，这肯定不是没有缘由的。那些在人那里达到极致的完满救助手段，已经暗示着意志对于欲望的独立性，或者说暗示着核心和边缘的唯一健康的关系，在这个关系里，核心已经退回到自己的自由状态和凝思状态，并且已经与单纯的工具性东西（边缘性东西）分离。反之，在救助手段没有发展起来或完全缺失的地方，核心就来到边缘，或者说这里是弗朗茨·巴德尔在前面（注释里）提到的一个没有圆心的圆。——谢林原注

然，一切有机物都会走向瓦解，但这件事情根本不可能显现为一种原初的必然性；生命是由各种力量构成的，而这些力量的纽带按其本性而言或许同样是不可瓦解的，只要某个东西（一个受造物）看上去是一个 Perpetuum mobile［永动机］，其职责在于用自己的力量去重新修补那个在自身内已经缺陷重重的东西。与此同时，恶在自然界里面仅仅通过它的作用而昭显出来；至于恶本身，只能在自然界的终点处暴露出自己的直接现象。正如在最初的创世（这无非是光的诞生）中，晦暗本原必须充当根据，这样光才能够从那里提升上来（好比从单纯的潜能走向现实），同样，精神的诞生也必须依靠另外一个根据或第二个晦暗本原，而且精神在多大程度上高于光，第二个晦暗本原也必须在多大程度上高于第一个晦暗本原。第二个晦暗本原就是在创世时通过晦暗的自然界根据的骚动而被唤醒的恶的精神，亦即那个促使光和晦暗**分裂**的精神；现在是它和爱的精神（一个更高的观念性东西）相对立，正如在此之前，是原初自然界的无规则运动与光相对立。因为，正如恶里面的自主性已经把光和话语据为己有，随之显现为一个更高层次的晦暗本原，同样，那个与恶相对立、被谓述到世界里的话语也必须采纳人性或自主性，随之本身成为一个人格性的东西。这件事情唯有通过一个最严格意义上的启示才会发生，这个启示和自然界的最初展示必须具有同样一些层次，也就是说，即使在这里，启示的最高峰同样也是人，但这是原型意义上的、神性的人，亦即那个在开端和上帝在一起的人，而正是在这个开端，一切别的事物和人本身才被创造出来。精

VII, 377

神的诞生开辟了历史王国,正如光的诞生开辟了自然界王国。创世中的同样一些时期,既在自然界王国里有所体现,也在历史王国里有所体现;其中一方是另一方的隐喻和解释。同一个本原,曾经在第一次创世的时候充当根据,如今只是在一个更高级的形态里,重新成为萌芽和种子,从中发展出一个更高层次的世界。至于恶,无非是实存的原初根据,也就是说,这个根据企图在受造物中成为一个现实的东西,因此实际上仅仅是那在自然界里发挥作用的根据的一个更高的潜能阶次。但是,正如根据永远只能是根据,不能亲自成为一个存在者,同样,恶绝不可能得到实现,而只能充当根据,以便善通过自己的力量从它那里脱颖而出,一方面依靠自己的根据而独立于上帝、与上帝分离,另一方面作为一个独立的东西存在于**上帝**之内,而上帝则是通过这个东西来掌握自身、认识自身。但是,正如最初根据的完整势力只有在人那里才被看作是一个个别东西的内核(基础或核心),同样,恶在历史里最初也是隐蔽在根据之内,无过错或对罪无意识的时代先行于过错和罪的时代。通过这个方式,自然界的最初根据或许早已独自发挥着作用,并且企图依靠它自身内的那些神性力量独自进行创世,但由于缺失了爱的纽带,所以这个创世总是一再地最终堕回到混沌之中(或许那一系列在现今创世之前已经沉沦的、一去不复返的种族就意味着这个状态),直到爱的话语被说出,才开始进行一个持久的创世。同样,爱的精神在历史里也没有匆忙启示自身,毋宁说,正因为上帝感受到根据意志是他的启示意志,并且通过他的神通而认识到,他的实存需要一个独立于他(作为精神)的根据,所以他让根据独立地发挥作用,换言之,上帝的活动仅仅依据他的自然界或本性,而不是依据他的心或爱。因为根据虽然在自身内也包含着整个神性本质,但这个本质还不是一个统一体,所以,当根据独自发挥作用的时候,只能是一些个别的神性本质在掌控着这件事情。因此这个远古时间开始于一个黄金世界时代,对于这个世界时代,现今的人类仅仅通过神话传说而保存着一点微弱的回忆;这个时期以极乐的未区分状态为标志,那时既没有善,也没有恶。随后是一个以诸神和英雄为主宰的时期,或者说自然界的全能时期,根据已经在其中表明它能够独自做点什么事情。当时的人们只能从一个至深之处获得理智和智慧;从大地流淌出来的神谕用自己的力量指引和塑造着人的生命;根据的全部神性力量统治着大地,作为强势的王公贵族盘踞在坚实的王座之上。在这个时期,对于自然界的最高礼赞表现为诸神的可见的美,表现为艺术和深奥科学的全部辉煌成就,直到那个在根据里发挥作用的本原最终作为一个称霸世界的本原而出现,企图统摄一切,并且建立一个坚实的、长久的世界王国。但因为根据的本质绝不可能独自产生出真正的、完满的统一体,所以另一个时期来临,摧毁了迄今为止的一切辉煌事物,而世界的美丽躯体仿佛通过一场可怕的疾病而崩溃了,最终导致混沌状态的复辟。其实,早在世界整个崩溃之前,那些掌控着整体的势力已经吸收了恶的魂灵的本性,好比同样一些力量,它们在健康的时期曾经是生命的慈善守护神,但在日益临近的瓦解过程中却具有了邪恶的、

VII, 379

狠毒的本性：对于诸神的信仰消失了，一种虚假的巫术企图用各种咒语和通灵手法召回已经消逝的魂灵，以降服恶的魂灵。根据的吸引作用愈来愈明确地展现出来，当根据预感到光即将来临，于是提前把全部力量从未区分状态释放出来，摆出一种严阵以待的迎战姿态。正如狂风暴雨的间接原因是太阳，而直接原因是大地的一个反作用力，同样，恶的精神（我们早先已经解释过它的昙花一现的本性）之所以通过善的临近而激发起来，并不是借助于力量的传递，而是借助于力量的划分。所以，只有伴随着善的彻底现身，恶才会完全彻底地，并且**作为**恶而现身（恶并不是仿佛刚刚产生出来的，毋宁说，只有当那个对立现在被给予了，恶才能够完完全全作为恶而显现出来）。反过来，当大地第二次变得荒芜空虚，在这个环节，精神的更高层次的光就诞生了，因为光虽然从一开始就在世界中，但并没有包揽在那个独自发挥作用的晦暗之内，而是位于一个仍然封闭的、受限制的启示之中；也就是说，为了与一种人格性的、精神性的恶相对抗，光同样出现在人格性的、人的形态中，显现为一个居间者，以便在最高层次上重建创世与上帝的联系。因为只有人格性的东西能够拯救人格性的东西，所以上帝必须转变为人，这样人才会重新走向上帝。通过重建根据与上帝的联系，才会重新出现救赎（拯救）的可能性。救赎的开端是一个通灵状态，一个通过上帝的咒罚而降临到个人身上的状态（在这里，个人成了被拣选的工具），一个充斥着征兆和奇迹的时期，在其中，神性力量与到处现身的精灵力量相对抗，那个发挥降服作用的统一体与力量的划分相对抗。最后的结果是一个基于 Turba gentium［天下大乱］的大分化,那些骚乱的族类淹没了古老世界的根据,如同从前的最初洪水淹没了原初时间的各种造物,以便第二次创世成为可能——这是诸民族和语言的一次新的分离,一个新的王国,在其中,活生生的话语作为一个坚实而持久的核心与混沌状态做斗争,善和恶也开始了一场公开的、一直持续到当今时代的尽头的冲突,而在这个过程中,上帝恰恰作为精神,亦即作为一个积极现实的东西,启示自身。①

因此有一种**普遍的**恶,只不过它不是一开始就有的,而是在上帝开始启示自身的时候,通过根据的反作用才被唤醒的。这种恶虽然绝不会得到实现,但一直都对此孜孜以求。只有认识到这种普遍的恶之后,我们才能够理解把握人里面的善和恶。也就是说,如果在第一次创世的时候,恶就已经被激发起来,并且通过根据独自发挥的作用而最终发展为一个普遍的本原,那么这看起来已经可以解释人之为恶的自然倾向,因为一旦受造物的私己意志被唤醒,就会导致诸力量的紊乱,而人在诞生的时候已经沾染上了这种紊乱。关键在于,根据在个别的人那里也是坚持不懈地发挥作用,不断挑起他的私己性和特殊意志,而这恰恰是为了让爱的意志在和特殊意志的对立中冉冉上升。上帝的意志是要把一切东西普遍化,使之与光形成一个统一体,或者说使一切东西得到光的维护;然而根据意志却是要把一切东西

---

① 请把这整段文字与我的《学术研究方法论》第八讲"论基督教的历史学建构"相对照。——谢林原注

个别化或使之具有受造物的本性。根据意志唯一想要的是不一致性,以便让一致性不但觉察到自己,而且觉察到根据意志。正因如此,根据意志必然会反过来作用于那个高高凌驾于受造物之上的自由,并且在自由那里唤醒一种对于受造物的乐趣,这就好比一个神秘的声音呼唤着一个头晕目眩站在悬崖绝壁上的人,使他纵身跳下,或者如同一个古老的传说描绘的那样,塞壬①的勾魂摄魄的歌声从海底深处传来,吸引经过的水手跳入漩涡。自在地看来,在人那里,普遍意志与某一个特殊意志的联合已经是一个矛盾,要统一这个矛盾,即使不是不可能的,也是非常困难的。生命的畏惧(Angst)本身驱使着人离开他所诞生其中的核心,因为这个核心作为一切意志的最纯净的本质,是一团吞噬任何特殊意志的火焰;为了能够在这团火焰中活下去,人必须消灭全部私己性,而在这种情况下,他几乎必定会企图离开核心,来到边缘,以便在那里让他的自主性得到片刻喘息。所以,罪和死亡是一种普遍必然的东西,它意味着私己性的现实消灭,而全部人类意志都必须经过这团火焰的锤炼,才会得到净化。如果不考虑这个必然性的话,那么恶永远都是人自己的选择;恶,就其自身而言,不可能是根据的作品,而且每一个受造物都是由于自己的过错而堕落。但现在的问题恰恰在于,个别的人是出于什么情况在恶或善中间做出抉择。这个问题仍然是完全晦涩不明的,看起来需要专门的研究。

---

① 塞壬(Siren)是希腊神话中人首鸟身的海妖,其歌喉极为婉转动听,总是使过往的水手陷入幻觉,导致船只触礁沉没,而水手则成为塞壬的美餐。奥德修斯在返乡经过塞壬所在地的时候,提前用蜡封住自己和水手的耳朵,方才幸免于难。——译者注

总的说来,我们迄今为止都没怎么关注自由的形式本质。但很显然,要认识这个形式本质,其难度丝毫不亚于去解释自由的实在概念。

按照人们通常关于自由的概念,自由被置于一种完全未规定的能力中,对于两个相互矛盾的对立面,它之所以欲求这一个或另一个,根本没有什么规定理由,而完全纯粹是因为这一个或另一个被欲求——这个概念虽然在单独的理念里包含着人类本质的原初未决断状态,但是一旦应用到个别行为上面,就会导致极大的荒谬。真正说来,在毫无动机的情况下就在 A 或非 A 之间做出抉择,仅仅是一个特权,即可以完全不按照理性而行动,而这恰恰没有以最恰当的方式把人和布里丹①的那个著名动物区分开来,也就是说,在那些捍卫"意愿选择"(Willkür)概念的人看来,一只站在两堆同样距离、同样分量和同样性质的干草之间的驴子,必定会饿死(因为它不具有意愿选择这一特权)。这个概念的唯一证据在于人们可以诉诸这样一类事实,比如每一个人都可以在无需理由的情况下随心所欲屈伸自己的手臂;当人们叫他通过伸直手臂来证明自己的意愿选择时,他同样可以通过弯曲手臂来证明自己的意愿选择;证明命题的兴趣只能规定他去做两种行为中的一种;因此在这里,[意愿的]平衡是显而易见的,如此等等。然而这是一个无论何时何地都十分糟糕的

---

① 布里丹(Johannes Buridan, 1300—1358),法国经院哲学家。他把自由界定为"在诸多可能性之间进行选择"(libertas oppositionis)。著名的"布里丹的驴子"是后人的杜撰(因为这个例子从未出现在布里丹的著作中),但它确实形象生动地刻画了布里丹的这个思想。——译者注

证明方式,即从"不知道规定理由"推出"规定理由不存在",但在这里,这个证明方式其实可以反过来使用,也就是说,只要出现"不知道规定理由"的情况,这就非常确定地意味着,它是被规定的。关键在于,这个概念给个别行为引入了一种完全的偶然性,并且在这个角度上已经被人很正确地拿来和原子的"偶然偏移"做比较,而伊壁鸠鲁之所以在物理学中提出这个理论,其目的同样也是为了规避命运。但偶然事件是不可能的,它不但与理性相冲突,而且与整体的必然统一体相冲突;而且,假若拯救自由的唯一办法就在于主张行为的完全偶然性,那么这样的自由根本就不值得拯救。针对这个主张意愿选择的平衡的体系,决定论(或按康德的说法,预定论)完全有理由提出自己的主张,既一切行为都具有经验上的必然性,因为每一个行为都是通过某些观念或其他原因而被规定的,这些观念或原因包含在已经过去的时间中,因此在行为自身之内是不受我们掌控的。这两个体系所处的立场是相同的,只不过,假若没有什么更高的立场,那么决定论无疑是更值得推崇的一方。这两个体系都没有认识到一种更高层次的必然性。这种必然性和偶然事件无关,同样也和强制或外在的被规定无关,毋宁说它是一种内在的、从行为者的本质自身流淌出来的必然性。至于人们为改良决定论而做出的一切尝试,比如莱布尼茨的那个改良理论(动机只能促使意志发生偏移,但不会规定意志),在主要方面都不能提供任何助益。

从根本上说,只有唯心主义才把自由学说提升到它唯一可能得到理解的那个领域。在唯心主义看来,每一个事物的智性本质,尤其是人的智性本质,不但位于全部因果关系之外,而且位于全部时间之外或之上。因此智性本质绝不可能通过某个先行的东西而被规定,毋宁说,它自身作为一个绝对统一体,不是在时间上,而是在概念上先行于所有别的在它之内存在或生成的东西;无论如何,只有当它已经完全而完整地存在着,个别行为或个别规定才有可能出现在它里面。在这里,我们没有用康德的原话来准确复述他的概念,但我们相信,只有按照我们这个表达方式,那个概念才能得到理解。然而一旦接受这个概念,那么如下推论显然也是正确的。自由的行为直接来自于人的智性本质。但它必定是一个已经被规定的行为,比如一个善的或恶的行为,这样才能够引发接下来的事情。但是,从绝对未规定的东西到已经规定的东西之间是没有过渡的。如果人们以为智性本质在没有任何理由的情况下就能够摆脱纯粹而纯净的未规定状态,自己规定自己,这就会回溯到刚才那个主张意愿选择的平衡的体系。为了能够自己规定自己,一个东西必须在自身内已经是被规定的,当然,这个规定既不是外来的(因为这与它的本性相矛盾),也不是在内部通过某种纯粹偶然的或经验的必然性而造成的(因为这一切东西,无论是心理意义上的还是物理意义上的东西,都从属于它)。毋宁说,它自身,作为它的本质,亦即作为它自己的本性,对它而言必定已经是一个规定。确实,它不是一个尚未规定的普遍者,而是规定着这个人的智性本质;这样一种规定性绝不能套用 Determinatio est negatio [规定即否定]这句名言,因为它和本质自身的肯定和概念是合为一体的,因此

VII, 384

真正说来，它是本质中的本质。既然智性本质是绝对自由的，并且绝对地去行动，那么它只能按照它自己的内在本性而行动，换言之，任何一个发端于智性本质的内核的行为都只能遵循同一律并且伴随着绝对必然性而被实施，而且唯有这种绝对必然性才是绝对自由；因为，所谓"自由"，就是指某个东西仅仅遵循自己的本质的法则而行动，不受任何别的（内在或外在于它的）东西所规定。

借助事情的这个观念，我们至少有一点收获，即已经把那些莫名其妙的偶然因素从个别行为里面清除出去。这一点是必须坚持的，哪怕在每一个更高层次的观点那里也是如此。也就是说，个别行为都是来自于自由存在者的内在必然性，随之本身是伴随着必然性而被实施的，只不过人们一定不能重蹈覆辙，把这种必然性和那种经验的、基于强制的必然性（其本身仅仅是一种掩饰起来的偶然性）混为一谈。问题在于，本质自身的那种内在必然性究竟是什么东西呢？这里有一个点，必须把必然性和自由统一起来，如果它们确实可以统一起来的话。假若那个本质是一个僵死的存在，并且对于人而言是一个单纯被给予的东西，那么，由于行为只能伴随着必然性而由人实施，所以责任能力和全部自由都被推翻了。关键在于，那个内在必然性本身恰恰就是自由，而人的本质从根本上来说是**他自己的行为**，因此必然性和自由相互贯穿，作为唯一的一个本质，仅仅从不同方面看来显现为前者或后者，也就是说，自在地看来，它是自由，而从形式上看，它是必然性。费希特说："自我就是它自己的行为。"意识是一个自己设定自己的行动——然而自我并不是一种有别于这个活动的东西,毋宁说,自我就是这个自己设定自己的行动本身。但是,如果这个意识仅仅被理解为自我的自身把握或自身认识,它就根本不是第一位的东西,而是和一切单纯的认识活动一样,已经以真正的存在为前提。反过来,如果不是一开始就有认识活动,也就没有一个按照推测而位于认识活动之前的存在;它是一个实在的自己设定自己的行动,是一个"原初的根据意愿"(Ur- und Grundwollen),它使自己成为某个东西,成为全部本质性(Wesenheit)的根据和基础。

然而在一个比普通意义明确得多的意义上,有些真理可以直接应用到人身上。正如之前指出的,人在原初的创世中是一个未决断的本质——(在神话里,这个本质可以描述为此生之前的一个无辜状态和起初的极乐状态)——;唯有人能够自己做出决断。但这个决断不可能出现在时间里;它位于全部时间之外,因此是和最初的创世一起发生的(当然,这个行为不同于创世)。人虽然是诞生在时间里,却是被安置在创世的开端(核心)。那个规定着他的时间生命的行为,本身并不隶属于时间,而是隶属于永恒性:同样,它不是在时间上先行于生命,而是贯穿时间(不受时间掌控),作为一个本性上的永恒行为而先行于生命。通过这个行为,人的生命一直延伸到创世的开端;同样,通过这个行为,人摆脱了受造物,获得自由,本身成为一个永恒的开端。或许这个理念对于普通的思维方式来说很难理解,但每一个人确实都有一个与之契合的感觉,仿佛他自全部永恒以来已经是他所是的那个人,绝不是在时间里才转变成这样。所以,即使不考虑一切行为的不可否认的必然性,每一个人只需要反身自问,就必定会承认,他绝不是偶然地或出于自己的意愿选择而成为一个恶人或善人。比如恶人就根本没有感觉到什么强制(因为强制只能在转变中,不能在存在中被感觉到),他是顺从自己的意志,而不是违背自己的意志而做出他的那些行为。犹大出卖基督,这件事情既不是他自己,也不是任何一个受造物能够改变的,尽管如此,他不是出于强制,而是自愿地、带着完全的自由去出卖基督。① 善人同样也是如此,也就是说,他既不是偶然地或出于意愿选择,也不是被强制着成为一个善人,毋宁说,任何强制,哪怕是地狱的大门,都不可能征服他的意念。如果意识仅仅是一种自身把握,仅仅是一种观念性的东西,那么那个转变为必然性的自由行为当然不可能出现在其中,因为这个行为不但先行于意识,而且先行于本质,只有它才**制造出**意识;尽管如此,人们对于这个行为绝不是毫无意识;当一个人为自己的错误行为道歉,说什么"下不为例"时,他确实意识到,他是由于自己的过错而成为这个样子,哪怕他可以辩解说,当时他根本不可能做出另外的行为。我们经常看到,只要一个人从幼年开始——根据经验观察,我们几乎不可能相信人在幼年时期就具有自由和深思熟虑的品性——展示出为恶的倾向,我们就可以预见到,没有什么训导和教育能够感化这个人,而且他在后来真的把我

---

① 路德在《论不自由的意志》(*De servo arbitrio*)中就是这个观点,而这是有道理的。当然,他并没有以正确的方式理解这种准确无误的必然性与行为的自由的统一。——谢林原注

们在其萌芽状态里已经预见到的那些恶果孕育成熟；与此同时，没有谁会怀疑这个人的责任能力，不但相信他是有过错的，而且相信，如果每一个个别行为都处于他的掌控之下，那么他始终只能做同样的事情。根据这个普遍的评判，即"一个按照其起源而言完全无意识的，甚至不可抗拒的为恶倾向是一个自由的行为"，我们看到一个行为，随之看到此生之前的一个生命，只不过这里的"之前"不能被看作是在时间上先行的，因为智性本质完全位于时间之外。因为如同我们必须呈现出的那样，在创世的时候，只有最高程度的和谐，并没有什么分裂的、前后相继的东西，毋宁说，先行的东西里面已经有后续的东西共同发挥着作用，一切东西都是在唯一的魔法瞬间里同时发生的。在这里，人显现为一个已经做出决断和已经被规定的东西，他在第一个创世中抓住一个特定的形态，作为他自永恒以来所是的那个人而诞生，因为通过那个行为，甚至他的具身化方式和状况也已经被规定。长久以来，自由学说遭遇的最大阻碍，就是无法解释人类行为的假定的偶然性与那个在神性理智里事先勾勒出的宇宙统一体的关系。由于人们既不能放弃上帝的预知（Präscienz），也不能放弃真正的天命（Fürsehung），所以只好假设一种命定论（Prädestination）。这个观点的各位创始人觉察到，人的行为必定是自永恒以来已经被规定的；然而他们不是在一个永恒的、和创世同时发生、构成了人自身的本质的行为里寻找这个规定，而是诉诸上帝的一个绝对的，亦即完全无理由的断念（Rathschluß），通过这个断念，有些人预先被规定为遭到咒罚，另一些人预先被规定为享受极乐。这样一来,他们就推翻了自由的根基。我们同样主张一种命定论,只不过这是一种完全不同意义上的命定论:也就是说,人在这里是怎么行动的,他自永恒以来在创世的开端就已经是怎么行动的。他的行动不会**转变**,正如他自身作为道德存在者也不会**转变**,而是在本性上即永恒的。这样一来,那个经常冒出来的棘手提问,"为什么恰恰是这个人被规定做出恶的、无耻的行为,而那个人却被规定做出虔敬的、公正的行为?"也迎刃而解了,因为这个提问已经假定:首先,人并非从一开始就是行动和行为;其次,人作为精神性本质具有一个先于并且独立于他的意志的存在。然而正如我们已经表明的,这些前提是不可能的。

  自从在创世的时候,通过根据对于启示的反作用,恶被普遍地激发起来之后,人已经自永恒以来固守于私己性和自利欲求,而且一切诞生出来的人都是伴随着那个挥之不去的、黑暗的恶本原而诞生,尽管这个恶只有通过对立的出现才会提升为他的自我意识。和人类现在的处境一样,只有从这个黑暗本原出发,通过一种神性的蜕变,善才能够作为光而凸显出来。只有那些对人的内在方面和外在方面仅仅拥有肤浅知识的人,才会否认人里面的这种原初恶。虽然就当前的经验生命而言,原初恶是完全独立于自由的,但就其起源而言,它无论如何都是人自己的行为,因此是唯一的原罪。反过来,诸力量在天下大乱之后作为传染病而持续蔓延的紊乱状态——这个紊乱状态当然同样是不可否认的——却不能说是原罪。因为自在地看来,各种激情并不是恶，我们唯一的斗争对象不是血肉之躯，而是我们内部和外部的一种作为精神的恶。所以，唯有那种虽然是通过自己的行为，但又与生俱来的恶，才能够叫作"根本恶"（das radikale Böse）。需要指出的是，康德虽然没有在理论上上升到一个先验的、规定着一切人类存在的行为，但按照他自己的说法，他在后期研究中仅仅凭借对于各种道德评判现象的忠实观察，就发现了一个主观的"人类行为根据"，这个根据先行于感官领域里的行为，而且它本身又必定是一个自由的行动。与此同时，费希特虽然在思辨中掌握了这样一种行为的概念，但在其伦理学里面仍然陷入当时流行的博爱主义的泥淖，只愿意把那种先行于一切经验行动的恶归咎于人类本性的惰性。

VII, 389

针对这个观点，人们看起来只能提出唯一的一个反对理由，即这个观点把人类从恶到善，或反过来从善到恶的转向，至少对于此生而言，彻底切断了。现在，即使人的救助或上帝的救助——人总是需要一种救助——规定了人向着善的转化，但关键在于，一个人之所以接受善精神的影响，而不是在面对它时积极地封闭自己，这一点同样取决于当初的那个原初行为，而他正是通过这个行为而成为这一个人而非另一个人。因此，如果一个人虽然尚未经历那种蜕变，但内心的善本原也没有完全寂灭，那么他自己的，相对现在的他而言更好的本质就会永不间断地发出内在的声音，要求他做到那种蜕变。同样，只有当他实施一个现实的、已决断的转向之后，他才会在自己的内心找到平静，仿佛直到现在才终于满足了最初的理想，发现自己与守护神达成了和解。这是一个最为严格意义上的真理：无论一个人处于怎样的情形，都不是他自己在行动，而是他内心的善精神或恶精神在行动；尽管如此，这丝毫没有损害他的自由。因为，容许善本原或恶本原在自身内行动（das in-sich-handeln-Lassen）恰恰是智性行为的一个后果，它规定了人的本质和生命。

至此我们已经阐述了恶的开端和产生，一直到恶在个别人那里的实现。看起来下面唯一需要做的事情，就是去描述恶在人那里的现象。

正如之前指出的，恶的一般可能性在于，人不是致力于把他的私己性当作一个基础或工具，而是企图将其提升为一个统治性的最高意志，反过来把自身内的精神性东西当作一个手段。如果在人那里，私己性和私己意志的黑暗本原完全被光照亮，与之合为一体，那么上帝，作为永恒的爱，或者说作为现实的实存者，就是人里面的诸力量的纽带。但是，如果两个本原相互冲突，另一个精神就会篡夺那个本来属于上帝的位置，成为一个颠倒的上帝；这就是那个通过上帝的启示而被激活的本质，那个绝不可能从潜能过渡到现实的本质，那个虽然绝不可能存在着，但始终想要存在着的东西，所以它就像古人所说的物质，不能借助完满的理智，而是只能通过"虚假的想象"（λογισμῷ νόθῳ①）——这个想象恰恰是罪——而被理解为（激活为）一个现实的东西。

---

① 这是柏拉图在《蒂迈欧》（双桥版第九卷，第349页）里的说法。更早的出处在《罗克里人蒂迈欧论宇宙灵魂》（同上书，第5页）。——谢林原注。译者按，此处参阅柏拉图《蒂迈欧》(*Tim.* 52b)中关于物质本原的论述，谢林引用的"虚假的想象"在柏拉图原文中的意思为"杂交的思想"。

正因如此,通过一些镜像式的观念,它虽然本身并非存在着,但就像蛇从光那里借来色彩一样,从真正的存在那里借来假象,企图让人陷入无意识的状态,因为唯有在无意识的状态中,它才能够被人接受和把握。所以人们有理由不但把它看作是一切受造物的敌人(因为受造物只有通过爱的纽带才会持存),尤其是人类的敌人,而且把它看作是人类的诱惑者,也就是说,它引诱人类走向虚假的淫乐,把"非存在者"纳入自己的想象中,并且在其中得到人类自己的为恶倾向的支持,至于人类的眼睛,已经没有能力仰望神性东西和真理的光辉,只好始终注视着"非存在者"。也就是说,罪的开端意味着,人从真正的存在转移到非存在,从真理转移到谎言,从光转移到黑暗,以便成为一个亲自进行创造的根据,同时借助他自身内的核心的势力,统治全部事物。即使一个人已经离开核心,也始终具有一种感觉,即他曾经是全部事物,亦即曾经在上帝之内,和上帝在一起;所以他企图再次达到这个状态,只不过是希望依靠自己,而不是在上帝之内做到这一点。从这里产生出一种饥渴的自利欲求,由于它摆脱了整体和统一体,所以变得愈来愈穷困和贫乏,但恰恰因此愈来愈贪婪、饥渴和恶毒。恶里面有一个吞噬自身、不断消灭自身的矛盾,也就是说,它一方面企图成为受造物,另一方面又消灭了那个把受造物维系起来的纽带;一方面骄傲地以为自己是一切东西,另一方面又堕落到非存在里面。除此之外,暴露出来的罪不是像单纯的虚弱和无能那样充满遗憾,而是充满恐怖和惊恐——之所以有这种感觉,唯一的原因在于,这种罪企图破坏话语,冒犯创世的根据,并且把奥秘世俗化。关键在于,奥秘也应当被启示出来,因为只有在和罪的对立中,那个维系万物的最内在的纽带和上帝的本质才会启示自身,这个本质仿佛**先于**全部实存(尚未通过实存而变得柔和),因此是一种恐怖的东西。上帝把这个本原笼罩在受造物身上,然后用爱覆盖它,在这样做的时候,他使这个本原成为根据,仿佛是万物的承载者。现在,如果有人滥用那个已经提升为自主存在的私己意志,借此煽动这个本原,它就会在行动中支持或反对私己意志。因为实存着的上帝既不会被打扰,更不会被推翻,所以按照上帝与他的基础之间的必然对应关系,那个即使在黑暗深处也仍然在每一个人内心里闪耀着的生命图景也会被点燃,成为一团吞噬罪人的火焰,正如在活生生的有机体里,只要个别器官或者个别系统脱离整体,与统一体和共同体相对立,就会感觉到后者作为一团火焰(即发烧),在内部引发炙热的炎症。

我们已经看到,人的精神如何通过虚假的内化塑造和一种以"非存在者"为准绳的知识,为谎言和虚伪的精神敞开心扉,并在其蛊惑之下,很快失去了起初的自由。由此可知,反过来,为了制造出真正的善,只能依靠一种神性的魔法,亦即依靠存在者在意识和知识中的直接临在。无论是一种出于意愿选择的善,抑或是一种出于意愿选择的恶,都是不可能的。真正的自由意味着与神圣的必然性和谐一致,而我们是在一种根本重要的知识中感受到这种自由,在那里,精神和心灵仅仅在自己的法则约束之下,自愿肯定那些必然的东西。如果说恶是立足于两个本原的相互冲突,那么善只能立足于两个本原的完满和谐,至于那个把两个本原联系起来的纽带,必定是一个神性的纽带,因为二者不是以有条件的方式,而是以完满的、无条件的方式合为一体。就此而言,两个本原之间的关系不能被看作是一种自行其是的道德或一种产生于自身规定的道德。这个"道德"概念假定,两个本原不是自在地合为一体的;问题在于,如果它们不是原本合为一体的,又怎么可能转而合为一体呢?不仅如此,这个概念又回溯到一个主张意愿选择的平衡的荒谬体系。[实际上,]两个本原之间的关系是一种约束关系,也就是说,黑暗本原(自主性)受光的约束。既然如此,我们不妨按照"宗教性"(Religiosität)① 这个词的原本意思,用它来表述这个关系。我们对于这个词语的理解根本不是一个病态时代所说的"宗教性",比如闲散的苦思冥想、灵修式憧憬,或对于神性东西的感知欲等等。因为上帝在我们内心里是一种清澈的知识,或者说是精神之光本身,只有在它那里,所有别的东西才变得清澈透明,因此它自身绝不可能是一种混浊不清的东西;而且真正说来,一个具有这种知识的人,绝不会因此变得闲散,更不会为闲散而得意洋洋。无论这种知识出现在哪里,它都是一种深层次的东西,其深刻程度远远超出我们的"情感哲学家们"的想象。按照我们对"宗教性"之原本的、实践的词义的理解,它就是**"致良知"**(Gewissenhaftigkeit),换言之,它的意思是:一个人按照自己的知识而行动,不与

---

① "宗教"(Religion)一词的拉丁文词源为"re-ligare",意为"重新建立联系",特指上帝与人之间的一种带有约束性的联系。因此谢林在这里把"宗教性"的原本意思回溯到"约束性"。——译者注

他的行动中的知识之光相矛盾。如果一个人的言行一致不是出于一个属人的、物理的或心理的原因,而是出于一个神性的原因,人们就在词语的最高意义上称他为"宗教性的"或"有良知的"。反之,如果一个人在面对某件事情的时候还需要参照义务诫命,以便出于对义务诫命的敬重而决心做出正确的行动,那么他就算不上"致良知"。单是从词义来看,"宗教性"这个词已经不容许在对立双方中间做出选择,不容许 aequilibrium arbitrii [意愿选择的平衡]——这是败坏全部道德的瘟疫——,而是只容许一种对于正当行为的最高决断,毫无选择可言。"致良知"既非必然,亦非总是显现为一种狂热劲头或一种不同寻常的自我拔高,因为在一种自行其是的、狂妄自大的道德遭到压制之后,另一种糟糕得多的骄傲精神也很想标榜这种自我拔高。"致良知"能够显现为一种完全形式上的东西,即严格履行义务,而在这种情况下,它甚至和铁石心肠、生硬等性格结合起来,比如在老加图①的灵魂里就是如此。在一位古人看来,老加图具有那种内在的、几乎神性的行动必然性,他之所以和美德最相似,绝不是因为他出于对诫命的敬重而做出正当的行为,而是因为他根本不可能做出别的行为。这种严肃的意念,正如自然界里的严肃的生命,是一粒种子,只有从它那里,真正的优雅和神性才作为花儿绽放出来;至于那种自以为更高尚的道德性,那种自信可以咒骂这粒种子的道德性,只不过是一朵结不出果实的败

---

① 老加图(Marcus Porcius Cato 或 Cato Maior,前234—前149),罗马政治家和演说家,曾任执政官。——译者注

花。① 最高的东西,正因为是最高的,所以并非总是普遍有效的;有一类人堪称"精神性放荡不羁者",他们恰恰认为,科学和情感等最高东西必须服务于最放纵的精神淫乱,用来超越通常所谓的合乎义务的行为;谁如果曾经和这类人打过交道,恐怕会想想,他们是否配得上这个名称。我们已经可以预见到,如果早先的每一个人都宁愿是一个优美灵魂而非合乎理性的灵魂,宁愿被称为高贵的而非公正的,那么循着这条道路,伦理学还会被归结为"**趣味**"(Geschmack)这一普遍概念,而在这种伦理学看来,恶行只不过是基于一种糟糕的或败坏的趣味。② 如果伦理学的神性本原本身是深深扎根于一个严肃的意念,美德就显现为一种狂热,显现为一种(与恶作斗争的)英雄主义,显现为人的一种优美而自由的气概,即遵照上帝的教导而行动,而不是在行动中偏移他在知识里已经认识到的东西。美德亦显现为一种信仰,在这里,信仰的意思不是指"认其为真"(Fürwahrhalten),不是指一种虽然卓有贡献,但缺失了确定性的东西——这个意思在应用到普通事物身上之后,已经附着在这个词语上面——,毋宁说,信仰按其原本意思而言是指对于神性东西的"信任"(Zutrauen)或"信心"(Zuversicht),它排除了任何选择。最后,如

VII,394

---

① 弗利德里希·施莱格尔先生在他那篇多次被引用的书评里(《海德堡文学年鉴》,第154页),非常正确地评论了当代这些以道德天才自居的人物。——谢林原注
② 有一位年轻人已经宣布,他要用美学来为道德奠基。他和现在的很多人一样,很可能是因为过于骄傲而不愿意走康德的诚实道路,同时又没有能力把自己提升到一种真正更好的东西,只好发表一些荒谬的美学言论。针对这样一些"进步",或许康德的那句戏谑之言,"欧几里得几何学对于素描来说是一个令人困惑的指导",也会包含着一些严肃的东西。——谢林原注

果一个坚定不移的严肃意念始终被当作前提,并且其中闪现出了神性之爱的一丝亮光,就会产生出一种最高程度的升华,也就是说,道德生命提升为优雅,提升为神性之美。

现在,我们已经尽可能研究了善恶对立之产生,以及二者在创世时交互作用的情形。然而这整个研究的最高问题还没有被触及。迄今为止,上帝仅仅被看作是一个启示自身的本质。然而他作为一个道德本质,和这个启示是什么关系呢?启示究竟是一个伴随着盲目而无意识的必然性而实施的行为呢,还是一个自由而自觉的行为?如果是后面这种情况,既然恶的可能性和现实性都是依赖于上帝的自身启示,那么上帝作为一个道德本质,和恶又是什么关系?如果上帝意愿启示,他也意愿恶吗?这个意愿又如何与上帝内部的神圣性和最高完满性达成一致,或者换个通俗的说法,有鉴于恶的存在,上帝如何得到辩护呢?

诚然,通过前面所述,关于上帝在自身启示中的自由,目前这个问题看起来已经有了明确的答案。假若上帝对我们来说是一个纯粹的逻辑抽象物,那么一切东西都必定是伴随着逻辑必然性从他那里派生出来;上帝本身仿佛仅仅是一个最高法则,从那里可以流溢出一切东西,唯独没有人格性和相关意识。但关键在于,我们已经宣称上帝是诸力量的一个活生生的统一体;按照我们早先的解释,人格性立足于一个独立东西与一个不依赖于它的基础的联合,在这种情况下,二者相互之间完全贯穿,仅仅是唯一的一个本质。既然如此,上帝就是最高意义上的人格性,因为在他那里,观念性本原与一个(相对这个本原而言的)独立根据联合起来,因此基础和实存者在上帝那里必然联合为唯一的一个绝对实存。如果说二者的活生生的统一体是精神,那么上帝作为二者的绝对纽带,就是卓越的、绝对的意义上的精神。无疑,只有通过上帝与自然界的纽带,上帝内部才奠定了人格性,否则的话,无论是纯粹唯心主义的上帝还是纯粹实在论的上帝,都必然是一个非人格的本质。对于这一点,费希特和斯宾诺莎的概念提供了最为清楚的证明。但是,因为上帝内部有一个不依赖于实在性的根据,随之其自身启示有两个同样永恒的开端,所以我们在看待上帝的时候,也必须参考他的自由与这二者的关系。创世的第一个开端是太一的渴望,想要生育自己,而这就是根据意志。第二个开端是爱的意志,通过这个意志,话语被谓述到自然界里面,上帝才使自己具有人格性。就此而言,根据意志的"自由"和爱的意志的"自由"不可能是同样的意思。根据意志既不是一个有意识的或与反思结合起来的意志,也不是一个完全无意识的、按照盲目的机械必然性而运动的意志,毋宁说它具有一种居间的本性,就和欲望或快乐一样,尤其和一个生生不息的自然界的美好冲动最为相似,这个自然界努力想要展开自身,虽然它的各种内部运动是不由自主(不可能被遏制住)的,但它在这些运动中并没有觉得自己受到强制。然而爱的意志却是一个绝对自由的、有意识的意志,因为它本身就是这样一个意志;它所派生出来的启示就是行动和行为。整个自然界都在告诉我们,它绝非借助一种单纯的几何学必然性而存在于那里;自然界里面没有纯净而纯粹的理性,只有人格性和精神(这和我们区分"有理性的作者"和"精神充沛的[机智的]作者"是同样的道理);否则的话,那种如此长久地占据统治地位的几何学知性恐怕早就已经彻底掌控自然界,并且必定比迄今以来的局面更加证实了它对于普遍而永恒的自然规律的痴迷,但实际上,它在日常生活中更频繁地认识到的,却是自然界自身的非理性关系。创世不是一件单纯的事情,而是一个行为。不存在什么普遍法则带来的成就,毋宁说,上帝,亦即上帝的人格,就是一个普遍法则,而且一切发生的事情都是借助上帝的人格性才发生的;不是按照一种抽象的必然性——就连**我们**在行动中都不可能忍受这种东西,更何况上帝。莱布尼茨哲学虽然过于受到抽象精神的支配,但它承认自然规律是一些并非出于意愿选择的法则,同时其必然性不是几何学意义上的东西,而是道德意义上的东西。这是其最令人喜悦的方面之一。莱布尼茨说:"我发现,那些在自然界里面确实可以得到证实(nachzuweisenden)的规律并不是绝对可明证的(demonstrabel),因此也不是必然的。即使它们能够以不同的方式得到证明(bewiesen),但始终必须有某个东西被当作前提,而这个东西并不具有纯粹几何学意义上的必然性。因此这些规律是一个证明,即相对于一个绝对必然性的体系,有一个最高的、智性的、自由的本质。自然规律虽然不是(在那种抽象的意义上)完全必然的,但也不是完全随意的,毋宁说,它们是一些处于居间位置的规律,其源头是一个凌驾于一切东西之上的完满智慧。"① 动力学解释方式的最高追

---

① 莱布尼茨:《神义论》,《著作集》第一卷,第365—366页。——谢林原注

求,无非就是把自然规律回溯到心灵、精神和意志。

当然,仅仅一般地认识到创世中的自由,还不足以规定上帝作为道德本质而与世界的关系。除此之外还有一个问题,即自身启示这一行为的"自由"是否意味着,它的全部后果已经在上帝内部被预见到?这个问题同样必须得到肯定的答复,因为,假若爱的意志不是与另一个向着本质的内核回归的意志相对立,它就不可能是一个活生生的意志。然而在这种自身坚持中产生出一个形象,它映射着一切以内聚的方式包含在本质之内的东西,而上帝在这个形象里以观念的方式实现自身,或者换个同样意思的说法,上帝在这个形象里预先认识到自己得以实现的样子。既然如此,由于上帝内部有一个与启示意志相对抗的趋势,所以爱和友善,或者说Communicativum sui [自身沟通],必须占据主导地位,这样才有一个启示;只有这个自身沟通,这个决断,才真正使启示(作为一个有意识的、道德上自由的行为)的概念达成完满。

即使不考虑这个概念,即使上帝内部的启示行为仅仅是道德上必然的,或者说仅仅在和友善和爱相关联的情况下是必然的,那样一种观念(认为上帝自己和自己进行磋商,或在诸多可能世界中间进行选择)仍然是无理由的、站不住脚的。反过来,只要给道德必然性补充一个更具体的规定,那么如下命题就是完全无可辩驳的:"一切东西都是伴随着绝对必然性而从神性本性派生出来的;凡是借助于神性本性而可能的东西,必定也是现实地存在着,而凡是没有现实地存在着的东西,必定也是道德上不可能的。"斯宾诺莎主义的错误绝不是在于主张上帝内部有这样一种牢不可破的必然性，而是在于把这种必然性看作是一种无生命的、非人格的东西。总的说来，由于这个体系仅仅理解把握了绝对者的一个方面——即实在的方面（从这方面看，上帝仅仅在根据里发挥作用），所以那些命题无论如何都会导致一种盲目的、无理智的必然性。但是，如果上帝在本质上是爱和友善，那么在他内部凡是道德上必然的东西，也是伴随着一种真正形而上的必然性派生出来的。假若上帝内部的自由需要一种真正意义上的选择，这样才会达到完满，那么这里必定还有一段无比漫长的路程。也就是说，除非上帝在动用一切可能条件之后仍然有可能创造出一个不太完满的世界，否则根本谈不上曾经有一个完满的选择自由。最荒唐的地方在于，有些人居然煞有介事地、严肃地主张一件从来就没有发生过的事情（这不仅仅是卡斯蒂利亚国王阿方索的主张，而他的著名言论仅仅针对当时占据主导地位的托勒密体系）："假若上帝愿意，他本来可以创造一个比当前世界更好的世界。"相应地，人们依据一个完全流于形式的"可能性"概念——凡是不自相矛盾的，都是可能的——，从中找出各种理由来反对可能性和现实性在上帝内部的统一。比如，按照那个著名的抗辩，一切虚构出来的传奇故事只要是合情合理的，就必定是现实发生的事情。就连斯宾诺莎都不主张这个纯粹流于形式的概念，在他看来，一切可能性只有在与上帝的完满性相关联的时候才是如此，而莱布尼茨之所以采纳这个概念，明显只是为了在上帝内部捣鼓出一个选择，以便通过这个方式尽可能远离斯宾诺莎。他说:"上帝在各种可能性中间进行选择,因此他的选择是自由的,不受强制;因为,假若只有唯一的一个可能性,那就没有选择,没有自由。"如果自由唯一缺乏的就是这样一个空洞的可能性,那么我们不妨承认,纯粹从形式上看,或者说在不考虑神性本质性的情况下,过去和现在都有无穷多的东西是可能的;然而这意味着用一个本身就错误的概念来规定上帝的自由,这个概念仅仅在我们的理智里是可能的,但在上帝那里则并非如此,因为我们在思考上帝的时候不可能无视他的本质或他的各种完满性。至于可能世界的多样性,乍看起来,一个自在地无规则东西——按照我们的解释,这个东西就是根据的原初运动,好比一个尚未具有形式、但可以接受一切形式的质料——确实提供了无穷多的可能性,而且,如果多个世界的可能性就是以这个东西为基础,那么唯一需要指出的是,就此事涉及上帝而言,从这个东西那里并不能得出多个世界的可能性,因为根据不能被称作上帝,而且上帝按照其完满性只能意愿唯一的一个东西。关键在于,我们绝不能以这种方式思考那个无规则状态,仿佛根据没有包含着那个按照上帝的本质而言唯一可能的世界的原型,这个原型在现实的创世中,只有通过诸力量的分离和调节,并且把那个阻碍或遮挡着它的无规则东西排除出去,才从潜能提升到现实。然而上帝是在神性理智(即原初智慧)自身之内以观念的方式或原型的方式实现自身,既然其中只有唯一的一个上帝,那么也只有唯一的一个可能世界。

神性理智里面有一个体系,但上帝自身不是一个体系,而是一个生命。唯有这个生命包含着问题的答案,而为了获得这个答案,我们围绕着恶的可能性与上帝的关系,首先展开了以上阐述。一切实存都需要一个条件,以便成为一个现实的,亦即人格性的实存。假若缺乏这样一个条件,上帝也不可能具有一个人格性的实存,只不过他是在自身**之内**,而不是在自身之外拥有这个条件。他不可能取消条件,除非他想推翻他自己;他只能通过爱而掌控条件,使之服务于他的荣耀。假若上帝不把条件改造为他**自己**,让自己和条件合为一体,成为一个绝对的人格性,那么他的内部也会有一个黑暗根据。人永远不可能掌控条件,哪怕他在恶中一直都在追求这个目标;对人来说,条件仅仅是一个借来的、不依赖于他的东西;正因如此,他的人格性和自主性永远都不可能提升到一种完满的现实性。这是全部有限生命都挣脱不掉的悲哀,如果说上帝内部也有一个至少是相对独立的条件,那么有限生命自身之内则是有一个悲哀的源泉,但这种悲哀绝不会成为现实,毋宁说,它只是被拿来征服的,以便带来永恒的欢乐。正因如此,沉郁的面纱笼罩着整个自然界,所有生命都透露出一种深沉的、无从化解的忧愁。欢乐必须包含痛苦,痛苦必须升华为欢乐。那些单纯来自于条件或根据的东西,并不是来自于上帝,尽管它们对于上帝的实存来说是必要的。但人们也不能说,恶来自于根据,或根据意志是恶的始作俑者。因为恶始终只能在私己心的最内在的意志中产生,绝不会在无所作为的情况下被实现。根据的诱导,或者说根据对于超越受造物者的反作用,只会唤醒一种对于受造物的乐趣或私己意志,然而它之所以唤醒私己意志，仅仅是为了让善获得一个独立的根据，并且让善掌控和贯穿这个根据。自在地看来，激发起的自主性并不是恶，毋宁说，只有当它完全挣脱它的对立面，挣脱光和普遍意志，它才是恶。只有如此这般挣脱善，才是罪。已激活的自主性必然成为生命的锐利锋芒；没有这个东西，就将是完全的死亡，或善的一种安乐死；因为哪里没有斗争，那里就没有生命。也就是说，根据意志只是唤醒生命，并非直接地、自在地就是恶。如果人的意志把已激活的自主性和爱一起包揽在自身内，让它从属于作为普遍意志的光，就会从中产生出一种现实的，通过身处其中的锐利锋芒而变得可察觉的友善。因此根据的反作用在善里面造成善，而在恶里面则造成恶，如同《圣经》所说的那样："你在清洁的人里面是清洁的，在乖僻的人里面是弯曲的。"① 善的东西如果缺乏一种发挥作用的自主性，本身就是一个毫无效果的善。同一个东西，虽然通过受造物的意志而变成恶的（即为了独自存在着而挣脱了约束），但自在地看来，只要它是被善包裹着，并且停留在根据里，就仍然是善。只有那种被克服的，亦即从现实返回到潜能的自主性才是善，并且它按照潜能阶次，作为一个被善掌控的东西，永远停留在善里面。假若身体里面没有寒冷的根基，人就不会感觉到温暖。单独思考一种吸引力或一种排斥力都是不可能的，因为，如果排斥者不以吸引者为对象，它应当对什么东西发挥作用呢？换言之，如果吸引者不

VII, 400

---

① 参阅《旧约·诗篇》(18, 26)："清洁的人，你以清洁待他；乖僻的人，你以弯曲待他。"《旧约·撒母耳记下》(22, 26-27)："慈爱的人，你以慈爱待他；完全的人，你以完全待他；清洁的人，你以清洁待他；乖僻的人，你以弯曲待他。"——译者注

是同时在自身内包含着一个排斥者,它又应当对什么东西发挥作用呢?因此在辩证法的意义上,如下说法是完全正确的:"善和恶是同一个东西,只不过从不同的方面来看罢了,换言之,从自在的方面亦即恶的同一性的根基来看,恶就是善,反过来,从分裂的方面亦即非同一性来看,善就是恶。"基于这个理由,另一个说法也是完全正确的:"如果一个人在自身内不拥有作恶的素质和力量,那么他也没有能力去行善。"对于这一点,我们这个时代已经提供了足够多的例子。我们的否定式道德向激情宣战,殊不知激情是这样一些力量,它们中的每一个都和与之对应的美德具有一个共同的根基。一切仇恨的灵魂都是爱,最强烈的愤怒仅仅表现出一种在最深处的核心遭到袭击,并被挑逗起来的寂静。只要遵循着合适的尺度和有机体的平衡,这些激情就既是美德自身的强大表现,也是美德的直接工具。卓越的约翰·格奥尔格·哈曼① 说:"就算激情是造成耻辱的工具,难道它们就因此不再是男子汉的武器了吗?你们对于理性字符的理解,难道比亚历山大里亚教会那位谜一般的司库②,那个为了天国而亲自阉割自己的人,对于圣经字符的理解更聪明吗?——这个世代的王公侯爵(即魔鬼)把那些最大的自残恶棍当作他的宠幸——而魔鬼的宫廷弄臣们是美好自然界最凶狠的敌人,至于自然界

---

① 哈曼(Johann Georg Hamann, 1730—1788),德国哲学家和作家,其思想对于歌德、黑格尔、谢林、克尔凯郭尔都产生了深刻的影响。——译者注
② 指希腊教父奥利金(Orignes, 185—254),亚历山大里亚学派的主要代表。他为了证明自己已经遵循圣经的教导而与肉欲彻底决裂,毅然挥刀自宫,因为《新约·马太福音》第19章第12节这样说过:"因为有生来是阉人,也有被人阉的,并有为天国的缘故自阉的。这话谁能领受,就可以领受。"——译者注

采取的做法,则是使科吕班特人和高卢人成为大腹便便的牧师,使强大的魂灵成为真正的皈依者。"① 我们唯一的愿望是,那些在研究哲学时主要瞄着女人的闺房,而不是瞄着吕克昂②的学院或角斗场的人,千万不要在公众面前宣讲上述辩证法命题,因为他们自己和公众一样都不懂这些命题,都以为它们取消了正当和不正当、善和恶的一切区别。这些命题就和古代辩证法家(芝诺及埃利亚学派其他成员)的各种命题一样,既不适合那些闺房哲学家,也不适合充斥着肤浅的柔美灵魂的讲坛。

  私己意志之所以受到激发,只是为了让爱在人那里找到一个质料或对立面,并借助这个东西而实现自己。处于挣脱状态的自主性就是恶的本原,就此而言,根据确实会激发恶的可能本原,但既不会激发恶本身,也不会激发为恶的倾向。这个激发也不是遵循上帝的自由意志而发生的,因为上帝在根据里不是遵循他的自由意志或他的心,而是仅仅按照他的各种属性而活动。

  所以,谁主张上帝自己意愿恶,就必须在作为创世的自身启示这一行为里面寻找这个主张的理由,而很多人确实认为,上帝既然意愿世界,就必定也意愿恶。关键在于,通过把混沌的杂乱产物纳入秩序之中,随之把自己的永恒统一体谓述到自然界里面,上帝毋宁表现为黑暗的对立面,并且让话语作为一个恒久核心和永恒火炬去对抗无理智本原的无规则运动。因此在直接的意义上,创世意志只是一个想要生育光的意志,随之是一个想要

---

① 《希腊风三方通信集》(*Kleeblatt hellenistischer Briefe*),第二卷,第196页。——谢林原注
② 亚里士多德的逍遥学派所在地。——译者注

生育善的意志；但在这个意志里，恶既不能被看作是手段，也不能像莱布尼茨说的那样，被看作是一个尽可能完满的世界的 **Conditio sine qua non**[**必不可缺的条件**]。① 它不是一个神性的磋商的对象，更不是一个允许的对象。至于那个问题，"既然上帝必定已经预见到，恶至少会伴随着他的自身启示而产生出来，为什么他没有决定干脆就不要启示自身"，实际上根本不值一驳。因为它的意思无非是说，为了不让爱的对立面存在，爱本身也不应当存在，或者说，绝对肯定者应当为了那个只有作为对立面才具有一个实存的东西而牺牲掉，永恒者应当为了单纯时间性的东西而牺牲掉。我们已经指出，上帝内部的自身启示不应当被看作是一个完全出于意愿选择的行为，而是应当被看作是一个道德上必然的行为，在这个行为里，爱和友善克服了那种绝对的内在性。因此，假若上帝因为顾忌到恶而不启示自身，这就等于是恶战胜了善和爱。莱布尼茨的作为 **Conditio sine qua**

---

① 《神义论》，第139页："Ex bis concludendum est, Deum **antecedenter** velle omne bonum **in se**, velle **consequenter** optimum tanquam **finem**; indifferens et malum physicum tanquam **medium**; sed velle tantum permittere malum morale, tanquam **conditionem, sine qua non** obtineretur optimum, ita nimirum, ut malum nonnisi titulo necessitatis hypotheticae, id ipsum cum optimo connectentis, admittatur. [由此可以推知，上帝虽然以**先行的方式**意愿善**本身**，但却以**后续的方式**把至善的东西当作**目标**；他把无关紧要的东西和自然灾害当作**手段**；至于道德上的恶，他只愿意把它当作一个**必要条件**，因此他不会容许恶，除非在假定一种必然性的名义下，恶本身能够和至善的东西结合在一起。]" 第292页："Quod ad vitium attinet, superius ostensum est, illud non esse objectum decreti divini, **tanquam medium**, sed tanquam **conditionem sine qua non** — et ideo duntaxat **permitti**. [就恶行而言，正如之前指出的，它不是**作为一个手段**而成为神性的磋商的对象，而是作为一个**必要条件**——因此仅仅是**一种被容许**的东西。]"这两处文本包含着整个莱布尼茨神义论的核心。——谢林原注

non［必要条件］的恶的概念只能应用到根据上面,也就是说,根据激发受造物的意志(恶的可能本原),使之成为爱的意志能够得以实现的条件。至于上帝为什么既不禁止也不推翻根据意志,这是我们同样已经加以阐述的。因为否则的话,上帝就会推翻他的实存的条件,亦即取消他自己的人格性,或者说,为了不让恶存在,上帝也不得存在。

VII, 403

另一个反对意见——它不但针对我们的观点,而且针对每一种形而上学——是这样的:"虽然上帝不曾意愿恶,但他毕竟在罪人那里持续发挥作用,并且给罪人提供了作恶的能力。"如果这里有一个适当的区分,那么我们完全可以同意这个意见。实存的原初根据也在恶里面持续发挥作用,正如健康在疾病里面仍然持续发挥作用,而且,就上帝作为实存的根据而言,就连那种最错乱、最虚假的生命也仍然停留在上帝内部,在其中活动。但这种生命感到上帝是一团吞噬性的怒火,并且在根据自身的吸引之下,与统一体处于愈来愈紧张的关系中,竟至于走到自身消灭和最终的大分化(Krisis)。

即使经过所有这些阐述,仍然有一些问题遗留下来:"恶会终止吗?如何终止?创世真的有一个终极目的吗?如果有,为什么它没有直接实现,为什么完满的东西不是立即出现在开端?"对于这些问题,唯一的答案就是之前已经给出的那个答案:因为上帝是一个生命,而不仅仅是一个存在。然而全部生命都有一个命运,都要经受苦难和生成转变。上帝已经自愿经受命运,其第一个表现在于,为了成为一个人格性上帝,他把光明世界和黑暗世界分开。存在只有在生成转变中才会感受到自己。存在之内当然没有生成转变,毋宁说,存在在自身之内仍然被设定为永恒性;然而在通过对立面而实现自身的过程中,必然有一种生成转变。如果没有一个以人的方式受难的上帝——这个"上帝"概念是远古的全部神秘学和精神性宗教的共同财富——,那么整个历史永远都是不可理解把握的;《圣经》同样区分了启示的各个时期,并且断定,遥远的未来是那样一个时代,那时上帝将会成为一切中的一切,亦即完全实现自身。正如之前指出的,创世的第一个时期是光的诞生。光或观念性本原作为黑暗本原的一个永恒对立面,是创造性话语,它把那个隐蔽在根据里的生命从非存在那里解脱出来,把它从潜能提升到现实。话语之上冉冉升起的是精神,它是第一个本质,把黑暗世界和光明世界统一起来,使两个本原从属于实现过程和人格性。针对这个统一体,根据发挥着相反的作用,并且坚持着起初的二元性,但这些都只是为了达到愈来愈高的提升以及善和恶的最终分离。根据意志必须保持着自己的自由,直到一切东西都得到满足,一切东西都成为现实的。假若根据意志提前屈服了,善和恶就会始终隐蔽在它里面。然而善应当从黑暗上升到现实,以便长久地和上帝生活在一起,而恶应当和善分离,以便永恒地被放逐在非存在之内。也就是说,创世的终极目的在于,让那个不能独自存在的东西独自存在,为了做到这一点,必须让这个东西摆脱黑暗(这是一个不依赖于上帝的根据),上升到实存。因此诞生和死亡都是必然的。上帝首先把那些在他内部不具有独立生命的理念放置到自主性和"非存在者"里面,然后召唤它们摆脱"非存在者",进入生命,随之作为独立的实存者重新基于上帝而存在。① 因此根据通过自己的自由而造成了分离和审判([大分化]),并恰恰通过这个方式使上帝得到完满的实现。也就是说,如果恶和善完全分离,它就不再作为恶而**存在着**。恶仅仅通过(遭到误用的)善而发挥作用,同时不知道善就在它里面。它不但在生命中仍然享受着外部自然界的各种力量,企图借助这些力量而进行创造,而且仍然间接地分享上帝的友善。但在频死状态下,恶就和一切善分离,作为欲望以及对于现实性的永恒渴求而留存下来,再也不能走出潜能状态。因此在如今这个状态下,它是一种非存在,它的现实性被不断地吞噬,或者说它在非存在里面企图成为一个现实的东西。因此,为了实现一个最终的、全面的完满性的理念,根本没有必要把恶重新树立为善(没有必要重新创造出万物);因为恶只有在超越潜能状态的情况下才是恶的;反之,当恶回归非存在或潜能状态,它就恢复了自己的本来面目,成为基础、从属者,而这个东西本身已经不再与上帝的神圣性和爱相矛盾。因此启示的终点就是把恶从善那里剥离出去,宣称它根本不具有实在性。反过来,那个从根据中提升上来的善与原初善联合起来,成为永恒的统一体;那些从黑暗诞

VII, 405

---

① 《哲学与宗教》(图宾根,1804年),第73页(IV, 63)。——谢林原注。译者按,谢林的原话为:"当上帝靠着他的本性的永恒必然性而赋予直观对象以自主性,他就把直观对象本身置于有限性之内,仿佛把它当作一个牺牲品,以便让那些在上帝之内原本不具有自行给定的生命的理念获得生命,但恰恰通过这种方式,理念获得了一种能力,能够作为独立存在着的东西重新**基于**绝对性而存在。"谢林:《哲学与宗教》,先刚译,北京大学出版社,2017年,第84—85页。

生到光里的东西与观念性本原结合,成为后者的身体器官,而观念性本原则是借助这个身体而得到完满实现,从此成为一个完整的人格性本质。只要起初的二元性仍然在延续,创造性话语就仍然在根据里面占据统治地位。创世的这个时期贯穿所有时期,直到尽头。但是,如果二元性通过分离而被消灭,话语或观念性本原就会和那个已经和它合为一体的实在性本原一起归顺精神,而精神作为一种神性的意识,则是以同样的方式活在两个本原里面;好比《圣经》关于基督的说法:"他必须统治,直到他把全部敌人踩在脚下。"① 最终被推翻的敌人是死亡,因为死亡对于分离来说是必不可少的:善必须死去,以便让自己和恶分离,恶同样必须死去,以便让自己和善分离。但是,当一切东西臣服于圣子之后,圣子本人也会臣服于作为一切中的一切的上帝,因为是上帝让一切东西臣服于圣子。也就是说,就连精神[圣灵]也不是最高者,它仅仅是精神,或爱的气息。爱才是最高者。爱是一个先于根据和实存者(作为已分开的东西)而存在于那里的东西,但那时它还不是爱,而是——我们应当怎么称呼这个东西呢?

在这里,我们终于触及到整个研究的最高点。长久以来,我们已经听到这个问题:"那个最初的区分,亦即对于作为根据的本质和作为实存者的本质的区分,究竟有什么用处呢?"因为,要么"根据"和"实存者"没有一个共同的核心点,随之我们必须宣称自己是绝对的二元论;要么二者有这样一个核心点,随之二者

---

① 参阅《新约·哥林多前书》(15, 25-27):"因为基督必要作王,等上帝把一切仇敌都放在他的脚下。尽末了所毁灭的仇敌,就是死。因为经上说:'上帝叫万物都服在他的脚下。'"——译者注

从一个终极角度来看仍然是合为一体的。而在这种情况下,我们就得到了唯一的一个适合于全部对立的本质,得到了光和黑暗、善和恶的一种绝对同一性,以及每一个理性体系都必定深陷其中的全部荒谬结论,而且人们早就已经证实,这些结论的源头就是理性体系。

就前一种情况而言,我们已经指出,在全部根据和全部实存者**之先**,因此一般说来在全部二元性**之先**,必定有一个本质;除了把它称作"原初根据"(Urgrund),或更确切地称作"**非根据**"(Ungrund)之外,我们还能有什么别的称呼呢?这个东西先行于全部对立,所以这些对立在它里面既不可能区分开,也不可能以某种方式现成地摆在那里。就此而言,我们不能称它为根据和实存者的同一性,而是只能称它为二者的绝对**无差别**(Indifferenz)。绝大多数人,如果他们能够来到这个考察点,必定会在这里发现,全部对立已经消失了,但他们忘了这件事情,于是继续把对立当作无差别的谓词,问题在于,恰恰是这些人曾经主张,无差别是由于对立的完全终止而产生出来的。实际上,无差别不是对立的一个产物,对立也不是 implicite [以内聚的方式] 包含在无差别之内,毋宁说,无差别是一个自足的、与全部对立分离开的本质,全部对立都在它那里隐退,而它无非意味着对立的非存在,因此它唯一具有的谓词无非是"无谓词",但与此同时,它并不因此是一个无或一个莫名其妙的东西。因此,要么是某些对立在那个先行于全部根据的"非根据"里面现实地设定一个无差别,在这种情况下,它们既不是善的也不是恶的——(因为把善和恶的对立提升到这个立场的做法是根本不允许的，对此我们暂且不多谈）——，而且我们也不能把"善"或"恶"，更不能把二者同时当作"非根据"的谓词。要么是某些对立设定善和恶，在这种情况下，它们同时设定了二元性，随之不再设定"非根据"或无差别。关于后面这种情况，接下来解释一下！无论是"实在东西"和"观念东西"、"黑暗"和"光"，还是我们对于这两个本原的其他称呼，都绝不可能**作为对立面**而被当作"非根据"的谓词。但这并不妨碍它们中的每一个作为非对立的东西，亦即在选言形式中，**分别**被当作"非根据"的谓词，但这样一来，二元性（现实的两个本原）恰恰就被设定了。在"非根据"自身之内，没有什么东西会阻止这种情况。相对于对立双方而言，"非根据"表现为一个绝对的无差别，正因如此，它对于二者都是漠不关心的。假若"非根据"是二者的绝对同一性，它就只能**同时**是二者，也就是说，二者必须作为**对立面**而被当作它的谓词，随之二者就会重新成为同一个东西。因此二元性是通过"既不-也不"或无差别而直接显露出来的——须知"二元性"完全不同于"对立"，虽然到目前为止，我们由于没有到达这个研究点，基本上是把二者当作同义词来使用的——，而且，假若**没有**无差别，也就是说，假若**没有**一个"非根据"，就不可能有两个本原。因此"非根据"并不是如同人们曾经以为的那样，反过来取消了区分，毋宁恰恰设定和证实了区分。根据和存在者之间的区分绝不是一个单纯逻辑性的，或仅仅为了救急而被召唤过来，最终又被鉴定为赝品的区分，而是一个极为实在的区分，并且只有从最高立场出发才会得到公正的检验和完全的理解把握。

经过以上辩证的阐释,我们可以完全明确地通过以下方式解释我们的观点。无论是根据的本质,还是实存者的本质,都只能是那个**先行于**全部根据的东西,亦即绝对意义上的绝对者,"非根据"。但"非根据"(如同已经证明的那样)的唯一存在方式,就是分化为两个同样永恒的开端,这不是指它**同时**是二者,而是指它**以同样的方式**分别出现在二者那里,因此在每一个开端里都是整体或一个自足的本质。"非根据"之所以把自己划分为两个同样永恒的开端,唯一的目的是要让那两个在"非根据"里不可能同时存在或合为一体的东西,通过爱而合为一体,也就是说,它之所以划分自己,唯一的目的是要带来生命、爱和人格性实存。因为爱既不是位于无差别,也不是位于对立面结合起来的地方(对立面需要结合才能存在),毋宁说(这里不妨重复一句已经说过的话),爱的秘密在于,它把两个本来可以独自存在,然而并未独自存在,而且离开对方就不能存在的东西,联系在一起。① 因此,不但二元性是在"非根据"里生成的,那个把实存者

VII, 408

---

① 《自然哲学箴言录》,刊于《作为科学的医学年鉴》第一卷,第1册,箴言162、163(VII, 174)。——谢林原注。译者按,这段引文实出《自然哲学导论箴言录》(*Aphorismen zur Einleitung in die Naturphilosophie*),其相关原文为:"神圣的同一性与单纯有限的同一性之间的差别在于,在前者里面,相互对立的东西之所以联系在一起,并不是因为它们需要一个联系,毋宁说,每一方本来都可以独自存在着,但如果缺少另一方,又毕竟不能存在。这就是永恒的爱的秘密,即那种本来可以绝对地独自存在着的东西,一方面并不认为独自存在是一个过错,但另一方面又仅仅在其他东西之内,并且和其他东西一起,存在着。假若每一个东西不是一个整体,而仅仅是整体的一个部分,那么就不存在爱;之所以存在着爱,就是因为每一个东西都是一个整体,但如果没有其他东西,这个东西就不存在,而且不可能存在。"谢林:《哲学与宗教》,先刚译,北京大学出版社,2017年,第220—221页。

（观念东西）和实存的根据结合起来的爱也是在"非根据"里生成的。然而根据始终保留着自己的自由，不依赖于话语，直到最终的完全分离。在这之后，根据就瓦解了，正如在人里面，当他过渡到一种明澈状态，作为一个常驻的本质而奠定自己的基础，起初的渴望就瓦解了，因为在那个状态下，一切真和善都被提升到明亮的意识，而所有别的东西，亦即那些虚假的和不纯粹的东西，则是永远被封闭在黑暗之内，以便退缩为自主性的永恒晦暗的根据，退缩为他的生命进程的 Caput mortuum［枯骨］或一种绝不可能得到实现的潜能。随后的一切东西都归属于精神：在精神里面，实存者和实存的根据合为一体；在精神里面，二者同时是现实的，换言之，精神是二者的绝对同一性。然而精神之上还有起初的"非根据"，它虽然不再是无差别（平衡），但也不是两个本原的同一性，毋宁说，它是一个普遍的、对所有东西一视同仁，但又不被任何东西掌握的统一体，一种不依赖于所有东西，但又贯穿所有东西而发挥作用的善行，一言以蔽之，它是爱，爱是一切中的一切。

VII, 409　　因此，如果有人（仍然像之前那样）想说，这个体系里面有万物的唯一本原，唯一的同一个本质，它既掌控着黑暗的自然界根据，也掌控着永恒的明澈状态；同一个东西，既造成事物的强硬和支离破碎，也造成事物的统一体和温顺；这个东西凭借爱的意志在善里面统治，凭借愤怒的意志在恶里面统治，如此等等。哪怕他说的这一切都是完全正确的，也务必要记住，那个唯一的本质在它的两种作用方式里已经现实地分裂为两个本质：一个**完**

全是实存的根据,另一个完全是本质(因此仅仅是一个观念东西)。此外他还应当记住,只有作为**精神**的上帝才是两个本原的绝对同一性,但这里有一个前提,即两个本原已经**归顺于**他的人格性。再者,如果有人觉得,这个观点的最高立场最终会导致善和恶的一种绝对同一性,这只不过表明了他的全然无知,因为恶和善根本没有构成一个原初对立,更谈不上构成二元性。二元性只会出现在两个本质现实地相互对立的地方。关键在于,恶不是一个本质,而是一个非本质(Unwesen),一种仅仅在对立中获得实在性,而不是自在地具有实在性的东西。绝对同一性,爱的精神,正因如此也是先于恶就有的,而恶只有在和它的对立中才能够显现。就此而言,恶也不可能包揽在绝对同一性里面,而是永恒地被绝对同一性排除和排斥出去。①

最后,如果有人因为全部对立从绝对者的角度绝对地看来都消失了,就因此把这个体系称作泛神论,我们也只好悉听尊便了。②我们欢迎每一个人按照自己的方式去理解这个时代及其

---

① 由此可见,要求解释最初本原里一开始就有的善和恶的对立,这是一件多么奇怪的事情。很显然,有此高论的人必定把善和恶看作一种现实的二元性,并且把二元论看作是一个最完满的体系。——谢林原注
② 没有任何人比我更认同弗利德里希·施莱格尔先生在《海德堡文学年鉴》第二册第242页表达的那个愿望,期盼那个娘娘腔的泛神论骗局在德国尽早收场,特别是,既然施莱格尔先生把美学的幻梦和想象也算在该骗局之内,那么我们同时可以补充道,该骗局还包含着这样一个观点,即认为唯有斯宾诺莎主义才是合乎理性的。诚然,在德国这个地方,哲学体系已经成为批量文献生产的对象,许多人天生就不具备哪怕理解日常事物的能力,却相信自己的天职在于和我们一起进行哲学思考!在这样一个地方,错误观点乃至骗局都是很容易流行起来的。我唯一能够宽慰自己的,就是我本人从未对此推波助澜或通过亲自施加的鼎力支持而鼓动这个骗局,而是能够援引爱拉斯谟(虽然我们在别的地方和他毫无共同之处)的那句名言说道:"semper(转下页)

内涵。名称是没用的,关键在于事情本身。一种论战之所以是虚妄的,就是因为人们用各个哲学体系的各个单纯普遍概念来反对一个明确的东西,殊不知这个东西虽然和那些概念可能有沾边的地方,随之已经和它们全都混淆起来,但它在每一个个别点那里都具有自己的独特规定——这样一种虚妄的论战,我们在本书的开篇处就已经提到了。比如人们总是匆忙地断定,某一个体系主张万物内在于上帝,问题在于,如果我们从一开始就不清楚这个体系究竟是不是一个真实的体系,那么那个断言等于什么都没说。我们已经不厌其烦地表明,一切自然事物都在根据里,或者说在那个尚未与知性形成统一体的原初渴望里,具有一个单纯的存在,因此它们相对上帝而言仅仅是一些处于边缘的本质。只有人是在上帝之内,并且恰恰通过这种内在于上

(接上页)solus esse volui nihilque pejus odi quam juratos et factiosos[我愿意永远独处,最憎恨那些沉滓一气和忙于拉帮结派的人]。"我从未想过通过建立一个宗派而剥夺别人的研究自由,当然更不会以此剥夺我自己的研究自由,因为我一直主张,而且未来还会一直主张,我具有这种自由。就我在当前这篇论著里面采取的进程而言,虽然有些地方缺乏对话录的外在形式,但一切都是以对话录的方式产生出来的,而且我未来还会保留这个进程。在这里,有些东西本来可以得到更精确的规定和更严谨的论述,有些东西也可以更明确地规避误解。我在某种程度上是故意把这些东西存而不论。谁如果不能够或不愿意接受我的这个行文方式,那就不要从我这里接受任何东西,而是最好去寻找别的源泉。当然,或许这篇论著的不招自来的追随者或反对者能够像对待早先的类似著作《哲学与宗教》一样,通过完全的无视来表达他们对此的敬意,而在这件事情上,那些追随者肯定不是因为该书序言里的尖刻词句或阐述方式,而是因为其内容本身才这样做。——谢林原注。译者按,谢林在《哲学与宗教》序言里强调,虽然"通过对话录本身来传达思想无疑是最好的做法",但在论战的时候,这个写作形式就是不适合的,"因为它永远都不能被当作一个工具,而是本身就包含着自己的价值"(VI, 13);与此同时,所谓的"尖刻词句"是指他挖苦那些不招自来的追随者、模仿者和注释家为无性的"工蜂"和擅自触摸圣火的"山羊"(VI, 15)。详参先刚:《哲学与宗教的永恒同盟》,北京:北京大学出版社,2015年,第25—46页。

帝的存在而具有自由。唯有人是一个核心本质，并且因此应当停留在核心里面。万物都是在人里面被创造出来的，同样，上帝只有通过人而接纳自然界，并且将其与自己联系在一起。自然界是最初的或旧的约定(Testament)，因为事物尚且位于核心之外，随之从属于规律。人是新的联盟的开端，通过这个中介者（因为人本身是与上帝联系在一起的），上帝（在最终的分离之后）也接纳了自然界，使之成为他**自己**。因此人是自然界的拯救者，自然界的一切范型都以人为目的。那在人那里得到实现的话语，在自然界里是一种晦涩难懂的、先知式的（尚未完全谓述出来的）话语。因此那些预兆在自然界自身之内是不可理解的，只有通过人才得到解释。同样，各种原因的普遍目的性只有从这个立场出发才是可以理解的。因此谁如果抛弃或忽视所有这些中介规定，是很容易被反驳的。诚然，对于单纯的历史学批判来说，这是一件简单的事情。人们对此完全不需要亲自铤而走险，就能够清楚地发现，Caute, per Deos! incede, latet ignis sub cinere doloso.［经过诸神的时候一定要当心！火焰就潜伏在不动声色的灰烬下面。］① 但在这样做的时候，一些随意的、未经证明的前提是不可避免的。比如，人们为了证明只有两种解释恶的方式——其中一种是二元论，它假定有一个恶的根据本质，这个东西无论怎么变形，都是从属于善的根据本质或与之并列，另一种是犹太教喀巴拉派②，它用"流溢"和"疏远"来解释恶——，于

---

① 出自古罗马诗人贺拉斯《歌集》(*Carmina*, II, 1, 7.)。——译者注
② 喀巴拉派(Kabbala)是犹太教内部的一个神秘主义流派，其学说长期依赖于老师和学生之间的口头传承。——译者注

是宣称,任何别的体系都必定取消善和恶的区别。实际上,为了真正证明这一点,人们必须掌握一个深思熟虑的、透彻而全面的哲学的全部力量。在体系里面,每一个概念都有自己的明确位置,仅仅在那里有效,这个位置既规定了它的意义,也规定了它的局限性。如果一个人不深入到内核里面,而是仅仅从联系中抽取出一些最一般的概念,他怎么可能对整体做出正确的评判呢?正因如此,我们揭示出体系的一个明确的点,在那里,"无差别"确实是绝对者的唯一可能的概念。假若人们只是泛泛地理解这个概念,就会扭曲整体,随之得出一个结论,即这个体系取消了最高本质的人格性。不管是对于这个经常听到的责难,还是对于其他一些责难,我们迄今都是保持沉默的,但我们相信已经在这篇论著里提出了"人格性"的第一个清晰概念。"非根据"或无差别里面当然没有人格性;问题在于,出发点就等于整体吗?现在我们要求那些如此轻率地提出责难的人,反过来按照他们的观点,也给我们谈谈他们对于这个概念的理解,哪怕一点点都行。但实际上我们总是发现,他们宣称上帝的人格性是不可把握的、根本不能理解的。当然,他们在这个问题上的做法是完全合情合理的,因为他们恰恰把那些抽象体系——在其中,一切人格性都是根本不可能的——当作唯一合乎理性的体系。或许也是出于这个原因,他们坚定地认为,只要一个人不对科学和理性抱以蔑视的态度,就一定具有类似的体系。反之我们认为,恰恰是对于那些最高概念,一个清晰的理性观点必定是可能的,因为唯其如此,它们才能够真正被我们掌握,被我们接纳,并且永恒地立足于其中。是的,我们甚至走得更远,并且和莱辛一样认为,如果启示出来的真理能够帮助人类,那么它们无论如何必须被改造为理性真理。① 我们同样坚信,理性完全有能力揭示出(真正的精神性对象里面的)每一个可能的谬误,至于那种以对待异端的态度来审判哲学体系的做派,更是完全多余的。②
一种绝对的善恶二元论已经转移到历史里面,这种二元论认为,在人类精神的全部现象和成果里占据统治地位的,要么是这个本原,要么是那个本原,因此只有两个体系,两个宗教,一个绝对善的宗教和一个绝对恶的宗教。此外还有一个看法,认为万事万物都是开始于纯粹和纯净的东西,至于后来的全部发展过程——它们确实是必要的,以便把那些包含在最初统一体里的局部方面,随之把最初统一体自身完全启示出来——仅仅是败坏和扭曲:这整个观点虽然在进行批判的时候堪称一把锋利的亚历山大之剑,能够在任何地方毫不费劲地把戈尔狄奥绳结劈成两段③,但是它也把一个极为褊狭和极为片面的视角输入到历史里面。在那个分裂发生之前,曾经有一个时代,曾经有一个世界观和宗教,它虽然和绝对的世界观和宗教相对立,但却是发源于自

VII, 413

---

① 莱辛:《论人类的教育》(*Erziehung des Menschengeschlechts*),第76节。——谢林原注
② 特别是,在本应讨论那些唯一能够带来福祉的真理的地方,人们却站在另一方面,只愿意谈论一些**观点**。——谢林原注
③ 传说弗里吉亚国王戈尔狄奥(Gordios)在自己的战车车辕上用绳子打了一个死结,放在宙斯的神庙之内。根据一个神谕,解开这个绳结的人将会统治亚洲,于是许多人做出尝试,但全都失败了。直到亚历山大大帝(前356—前323)东征波斯的时候,看到这个绳结,他不是去解开它,而是直接挥剑将其劈成两段。此后"破解戈尔狄奥绳结"成为一个谚语,特指用一个粗暴而不落常规的手段解决一个长久以来棘手的问题,类似于今天所说的"哥伦布把鸡蛋竖起来"。——译者注

己的根据,而不是通过扭曲后者而产生出来。从历史学的角度来看,异教①和基督教具有同样的原初性,而且,虽然它仅仅是一个更高东西的根据和基础,但绝不是从别的东西那里派生出来的。

　　这些考察回溯到我们的出发点。倘若一个体系与最神圣的情感、心灵和道德意识相矛盾,那么至少就其具有这个属性而言,绝不可能被称作一个理性体系,毋宁只能称作一个非理性体系。反之,如果理性在一个体系里面真的认识到了自己,那么这个体系必定会把全部要求统一起来,无论这些要求是来自精神或心,还是来自最合乎道德的意识或最严格的理智。诚然,针对理性和科学的论战已经制造出某种傲慢的普遍性,让人们对各种精确概念视而不见,因此在这种情况下,相比揣测这种论战的明确意义,我们更容易猜到它的意图。不过我们担心的是,经过一番刨根究底之后,并没有发掘出什么非同寻常的东西。因为,即使我们把理性抬到很高的地位,但我们仍然不相信,某个人是出于纯粹理性而具有美德,成为一个英雄或一般意义上的伟人;我们更不会相信那个著名的说法,即人类是通过纯粹理性而繁衍下来。只有人格性里面才有生命;而且一切人格性都是基于一个黑暗的根据,而这个根据无论如何必定也是认识的根据。然而只有理智才把那些隐藏在这个根据里面、仅仅以潜在的方式包含在其中的东西凸显出来,并将其提升到现实。这件事情

---

① 《谢林全集》此处原文为"神庙"(Heiligthum),意思不通,应为"异教"(Heidenthum)的笔误,因此加以订正。——译者注

只能通过分离,亦即通过科学和辩证法而发生,而我们坚信,唯有科学和辩证法能够牢牢掌握那个经常比我们的思维更敏捷、虽然存在但却稍纵即逝、在我们每一个人眼前飘游、尚未被任何人完全抓住的体系,并且让我们永恒地认识到它。正如我们在生命中真正说来只信赖强有力的理智,而在那些总是在我们面前展示其情感的人那里,几乎看不出任何一丝真实的细腻情感,同样,在涉及真理和认识的地方,那种仅仅以情感为旨归的自主性也不可能赢得我们的信任。情感是美妙的,前提是它应当保持在根据里;但如果它来到光天化日之下,企图使自己成为本质并攫取统治地位,就不是什么美妙的东西。如果按照弗朗茨·巴德尔的中肯观点,认识冲动与生殖冲动具有最大的类似性①,那么在认识里面就既有某种类似于教养和廉耻的东西,反过来也有一种无教养和无廉耻,一种纵情声色的淫乐,它对一切东西都是浅尝辄止,而不是带着严肃和爱心去陶冶或塑造某个东西。我们的人格性以精神为纽带,如果唯有两个本原的积极联系才能够成为一种具有创造性和生殖能力的东西,那么真正意义上的激奋(Begeisterung)就是每一种具有生殖能力和陶冶能力的艺术或科学的推动本原。每一种激奋都以一个特定的方式表现出来;因此也存在着一种通过辩证法的艺术冲动而表现出来的激奋,即真正意义上的科学激奋。相应地,也存在着一种辩证哲学,它作为科学,明确区别于诗和宗教之类东西,并且是一种完

---

① 参阅《作为科学的医学年鉴》第三卷,第1册,第113页对于以上内容的论述。——谢林原注

全单独存在着的东西,而不是像某些人——这些人现在忙着通过奋笔疾书而把一切东西和一切东西混淆起来——宣称的那样,在一个序列中和所有可能的东西合为一体。据说反思是敌视理念的,殊不知真理的最高成就恰恰在于,经历了极端的分离和分裂之后,仍然胜利而回。人之内的理性就是神秘主义者所说的上帝内部的 Primum passivum [第一被动者]或原初智慧,全部事物一方面聚集在它那里,另一方面又是样态化的,一方面是合为一体的,另一方面各自都拥有独特的自由。理性并非如精神那样是一种行动,它不是两个认识本原的绝对同一性,而是无差别;理性是真理的尺度,仿佛是真理的普遍居所,一个在那里承受原初智慧的宁静场地,而当理智在凝视原初智慧的时候,就以之为原型进行塑造活动。"哲学"或"爱智慧"一方面得名于"爱"(这是一个造成全面激奋的本原),另一方面得名于它的真正目标,即这个"原初智慧"。

如果哲学不但缺失辩证本原,亦即那个虽然造成样态化、但恰恰因此带来有机秩序和有机形态的理智,而且缺失理智所遵循的原型,以至于她在自身内既没有尺度也没有规则,那么在这种情况下,她唯一能做的事情就是尝试以历史学的方式辨明方向,即把**传承**(Ueberlieferung)当作源泉和准绳,因为传承已经指明了早先的相同结果。随后的一段时间,人们以为可以通过熟知各个民族的诗作而为当代的诗奠定基础,因此也试图为哲学寻找一个历史规范和历史基础。我们虽然对于历史学研究的深刻意义抱有最大的敬意,但相信已经指出,那个**几乎**一统天下的观点,仿佛人类刚刚从迟钝的禽兽本能逐渐攀升到理性,并不是我们的观点。我们仍然相信,真理距离我们更近了,但在追溯那些如此遥远的源泉之前,我们应当首先在自己这里,并且立足于自己的根基,去寻找那些在当今时代已经迫在眉睫的问题的解决办法。只要直接知识的可能性被给予,单纯的历史学信仰的时代就过去了。我们拥有一个比所有成文启示更古老的启示,即自然界。自然界包含着一些尚未有人解释清楚的原型,而成文启示的各种原型早就已经获得实现和释义。假若那个未成文启示的意义有朝一日被揭示出来,宗教和科学的唯一真实的体系就不会出现在一个由哲学概念和批判概念搭建起来的简陋国家里,而是同时出现在真理和自然界的完满光辉之中。这个时代的任务不在于重新唤醒各种古老的对立,而是在于寻找那个位于全部对立之外和之上的东西。

当前这篇论著之后会有一系列其他论著,以此逐渐呈现出哲学的观念性部分的整体。

谢林著作集

斯图加特私人讲授录
来自一份手写遗稿

(1810)

F. W. J. Schelling, *Stuttgarter Privatvorlesungen*, in ders. *Sämtliche Werke*, Band VII, S. 417-484, Stuttgart und Augsburg, 1856-1861.

内容提要[1]

第一部分

体系本原作为实在东西和观念东西的绝对同一性　　421
　　体系本原的不同表述
从同一性到差异的过渡
　　a) 这个过渡的可能性　　425
　　b) 过渡的现实性，或上帝内部的分离　　428

第二部分

上帝内部一个更高东西和一个较低东西之间的区分　　431
通过"存在者—存在"或"存在者—非存在者"的概念指明上帝内部的两个本原的关系　　436
　　"非存在者"概念的演绎
上帝内部的两个本原的另一种演绎，作为自主性与爱的对立　　438
近代哲学图示　　443
自然哲学概要　　446

---

[1] 这个内容提要不是出自谢林本人之手，而是《谢林全集》的编者后加的。页码指原书（《谢林全集》第七卷）的页码，即本书边码。——译者注

第三部分

"人"和"人类自由"的概念	457
恶的起源	
人类重新沉沦在自然界中以及由此造成的后果	459
国家的演绎	461
"启示"和"教会"的概念	463
国家和教会的关系	
（个体的）人类精神——心理学——	
心灵、精神和灵魂的区分，作为人类精神的三个潜能阶次	
1）心灵	465
2）精神	466 VII, 420
3）灵魂	468
精神疾病；善和恶	
灵魂与艺术及哲学的联系	
（知性与理性）	
灵魂与道德及宗教的联系	
死亡以及死后的状态	474
关于一种魂灵世界哲学的构想	478
万物的最终发展	482

第一部分

　　一个体系究竟是如何可能的？答复是：在人类想到要制造出一个体系之前，早就已经存在着一个体系——世界的体系。因此真正的任务在于找到这个体系。真实的体系不可能是一个**发明**，它只能作为一个自在的（亦即包含在神性理智之内）、**现成已有的**体系而被发现。绝大多数哲学体系仅仅是其创作者的作品——以好的或者坏的方式冥想出来——，其表现形式和我们的历史小说没有什么区别（比如莱布尼茨主义就是如此）。主张这样一种体系——教科书体系——是唯一可能的体系，乃是一种极为狭隘的做法。我向你们保证，我从来没有想过要在这方面贡献半分力气。

　　尽管如此，那个真实的体系也不可能作为一个**经验意义上的**总体而被发现，因为要做到这一点，人们必须认识到一切事物，包括那些个别的中间环节。

　　如果那个应当被发现的东西是一个世界体系，那么，1) 它作为**世界体系**必须有一个本原，这个本原自己承载着自己，基于自身并且通过自身而持存着，并且在整体的每一个部分那里复制自身；2) 它不可以排斥任何东西（比如自然界），不可以片面地贬低乃至压制任何东西;3)它必须拥有一个发展和推进的方法,以便人们能够有把握说,没有任何一个事关本质的环节被忽视。

我的体系的本原是什么呢?——这个本原已经以不同的方式表达出来:

a)它表现为彻底的"绝对同一性",而这和那种绝对的"同一回事"(Einerleiheit)是有所不同的;这里所说的同一性是指万物的一个**有机统一体**。每一个有机体都包含着一个统一体,与此同时,这个有机体的每一个部分都不能被看作是"同一回事"。比如,在人的身体里,器官和功能的一切差异都消解在唯一的一个生命里面,当这个生命处于不可分的、和谐的状态,它的感受就是一种健康舒适的存在,但与此同时,各个部分和功能(它们构成了这个有机的整体)并不因此是"同一回事";比如胃就不会行使大脑的功能。

b)更确切地说,这个本原表现为"**实在东西和观念东西**的绝对同一性"。我的意思并不是说,实在东西和观念东西在数目上或在逻辑上是"同一回事",毋宁说,这是一个**本质上的**统一体;诚然,**同一个东西**被设定在这两个形式之内,但它在每一个形式里面都是一个自足的东西,因此两个本质并不是"同一回事"。比如,虽然**雅各**也叫作**以色列**①,但他始终是同一个个体,并没有因为名字不同而变成不同的个体。反之,实在东西和观

---

① 根据《旧约·创世记》(32: 24-28)记载,强悍的雅各和一个陌生人(实为上帝的使者)摔跤一整夜,不分胜负。后来陌生人摸了一把雅各的大腿窝,雅各就成了一个瘸子。临别的时候,陌生人给雅各祝福,让他改名为"以色列","因为你与神与人较力,都得了胜。"——译者注

念东西的同一性就不是这样的。当人们设定 A/B=C,这时 B 和 C 是同一的,因为它们在本质上都是 A,但从形式来看,或单就其自身而言,它们是彼此不同的。B 永远不可能成为 C,C 也永远不可能成为 B;同样,B 里面的 A 和 C 里面的 A 各自都是一个自足的本质。正因为每一个东西都包含着同一个本质,所以它们中间有一个**本质上的统一体**(也就是说,这不是一个单纯流于形式的、逻辑上的或名称上的统一体),同时也有一个现实的对立或二元论,因此它们不可能相互扬弃对方。也就是说,正因为 A 在 B 和 C 那里个体化,所以 B 和 C 有相同的权利去成为实存。

然而现在的问题是:这个最初的本原为什么被规定为实在东西和观念东西的同一性呢?——首先,这是为了暗示人们,无论是严格意义上的实在东西还是严格意义上的观念东西,都不是第一位的东西或绝对者,毋宁说,二者仅仅是那个真正的**原初本质**(Ur-Wesen)的从属形式。其次,不管怎样,最初的本原同样应当以肯定的方式表明,二者之内是同一个本质。为了解释我所说的这个本原,最好是以费希特主义为参照。费希特有这样一个推论:"大前提:唯有**自为的**东西是实存着的;小前提:唯有自我是自为的;结论:唯有自我是实存着的。"现在我不承认这个小前提。因为无论是在物质里面,还是在自我里面,主体和客体都是一个普遍的形式(从另一个方面来看,这里又包含着一个区别,接下来我会揭示这一点),比如在一个物体里面,阻力是客观东西,而吸引力是一个向着物体返回的力,亦即一个主观的力。换言之,费希特没有认识到那种和同一性联系在一起的二元论。

c）按照其第三个表现，我的哲学的本原被直接称作"**绝对者**"或"**上帝**"。在这里，绝对者是**整个**哲学的本原；这个哲学是独一无二的整体，是上帝之内的一个生机盎然的东西，相比之下，独断论体系或者说莱布尼茨—沃尔夫的体系，包括康德的体系，仅仅是**从后门**把上帝引入哲学之内。诚然，我的哲学以及一般意义上的哲学与神学有相似之处，但二者的区别在于，神学仅仅是哲学的一个抽象概括；也就是说，神学基本上是把上帝看作一个特殊的客体，而哲学则是同时把上帝看作万物的最高解释根据，随之也把上帝的理念推广到其他对象那里。这一点又和以下所说的情况有关系。

人们经常问道："如果哲学把上帝当作自己的根据，我们如何能够获得对于绝对者或上帝的认识呢？"——这个问题没有答案。因为，无条件者的实存不像有条件者的实存那样能够得到证明。无条件者是这样一个要素，唯有依据于它，一切证明才是可能的。正如几何学家在证明几何命题的时候，并没有首先去证明空间的存在，而是仅仅以空间为前提，同样，哲学家也不去证明上帝的存在，而是坦率承认，假若没有一个绝对者或上帝，就根本不会有哲学。——唯有在绝对者之内，一切东西才会呈现出来；反过来，无条件者的存在也不是先于哲学的存在，毋宁说，整个哲学都与这个存在打交道，整个哲学其实就是对于绝对者的一个持续证明，因此人们不可以在哲学的开端就要求这个证明。

现在我们从这个命题出发："原初本质按照自己的本性而言

必然是实在东西和观念东西的绝对同一性。"但这个命题尚未说出任何东西:我们仅仅拥有原初本质的概念,它对我们而言尚且不是一个**活动的**(aktuelles)、现实的本质。比如,当我们说"人的本质是自由和必然性的一种绝对同一性"或"一个自由的本原和一个必然的本原在人那里密切结合在一起",通过这个方式,我们仅仅拥有"人"的概念,但尚未认识到一个活生生的、现实的人;为了认识到一个现实的人,我们必须观察这两个本原在他那里如何表现出一种现实的对立或斗争。——换言之,原初本质作为实在东西和观念东西的绝对同一性,本身又仅仅被设定为一个主观东西,与此同时,我们必须同样把它看作是一个客观东西:原初本质必须不仅在**自身之内**,而且在**自身之外**也是实在东西和观念东西的绝对同一性,也就是说,它必须启示自身为绝对同一性,必须通过行动而使绝对同一性成为一个现实的东西——它必须在实存之内也展现为一个就本质而言是实在东西和观念东西的绝对同一性的东西。关键在于,一切东西都只能在自己的对立面中展现出来,因此同一性只能在非同一性、差异、本原的可区分性中展现出来。至于这种情况在上帝之内是**如何**可能的,这里我们暂时不予讨论;我们仅仅指出这样一个**事实**,即如果我们希望从本质过渡到实存,那么必须设定一个分裂或差异。

人们经常把这种从同一性到差异的过渡看作是**同一性遭到颠覆**,然而我马上就要指出,事情根本不是这样的。毋宁说,这仅仅是本质的二重化(Doublirung),亦即统一体的提升,而这件事情通过与我们自身做比较能够清楚地表现出来。意识之所以产生，原因在于，两个之前以内聚的方式包含在人里面的本原（比如理性本原和非理性本原）发生分离（Scheidung）。恰恰通过两个本原的冲突与和解，我们的人性应当经受考验。当我们具有意识——当光明和黑暗在我们内部发生分离——，我们并没有因此**超离于我们自身之外**，这两个本原仍然保留在我们自身之内，而我们是它们的统一体。我们的本质并没有遭受半点损失，毋宁说，我们现在只不过是在一个双重的形态中把持着自身，亦即有时在统一体中，有时在分裂中把持着自身。**上帝**也是如此。

如果我们把A=A设定为这样一个状态，即一个纠缠在自身之内的存在，那么我们必须在这个A=A里注意到三个东西：1)作为客体的A；2)作为主体的A；3)二者的同一性。尽管如此，这一切不可能实实在在地区分开来。现在，各个本原之间的差异应当被设定，于是可以区分作为主体的A和作为客体的A，A=A随之转化为A=B；与此同时，由于本质的统一体保持不变，所以A/A=A转变为代表着差异的A/A=B，亦即一和二；A=B代表着分裂，A代表着统一体，二者合并起来的整体，就是那个活生生的、行动着的原初本质，于是A在A=B那里获得一个客体或一面镜子。因此自在地看来，原初本质始终是统一体——**对立和分裂的统一体**。

只有到现在，我们才能够问："**上帝内部的这个分离是如何可能的？**"由于各个本原的纽带在上帝内部是绝对不会断裂的，所以乍看起来，分离是完全**不可能的**。然而分离又是启示的必要条件。这个矛盾如何解决呢?

如果原初本质在 A 和 B 那里仍然保持为一个整体,那么 A 和 B 就能够在发生分离的同时,并未割裂本原的绝对纽带。因此我们必须断定,原初本质在每一个分离出来的东西那里都保持为一个整体,也就是说,它必须把**自己**作为一个整体而设定在它们之内,比如在 B 之内重新设定 B(实在东西)、A(精神性东西)、以及二者的统一体。在 A 那里也是同样的情形。——但这样一来,是不是已经设定了一个**实实在在的**区别呢?绝非如此。在 A/A=A 这个公式里,上方的 A 代表着自在的本质。但是,由于同一个同一性也是 A=A(形式)里面的系词,所以这个同一性作为形式中的活生生的东西,代表着形式中的本质。这样一来,我们就拥有 1)自在的本质和 2)形式中的本质。鉴于形式中的本质就是 A=A(本原并没有发生差异化),所以它和自在的本质是同一个东西,不可区分。现在,通过形式分化为两个从属的形式,一种可区分性应当被设定下来,亦即通过如下方式:

$$\frac{A(自在的本质)}{A=A(绝对形式中的本质)}$$

$(A/A=B)^A \qquad\qquad (A/A=B)^B$

但是,由于这两个形式分别包含着同一个纽带(即绝对形式中的纽带),所以两个形式重新消解到**绝对形式的本质**之内,随之消解在**自在**的**本质**之内。

这样一来,我们又回到了之前所处的位置。**现在我们所掌握的,不是单纯的 A=B 这两个因素,而仅仅是两个统一体**,也就是说,我们仅仅拥有一个进一步发展的统一体,但没有掌握**差异**。

但无论如何,绝对形式已经转化为两个从属的形式,或者同样的意思换个说法,**整个**原初本质已经完全内化(Einbildung)在实在东西和观念东西之内,而这必然是一条走向有限的、现实的差异化的道路。

通过更具体的考察,我们发现,这两个统一体之间有一个现实的差异,尽管这个差别还没有**被设定为一个现实的东西**。实在的统一体(以 B 为代言人)表现为**存在**,观念的统一体(以 A 为代言人)表现为**存在的肯定**。现在,由于**存在**本身已经是一种肯定,所以存在的肯定就是**肯定的肯定**,亦即**第二个潜能阶次**的肯定。

我们在这里看到,那个对于整体来说极为重要的"**潜能阶次**"(Potenz)概念第一次产生出来。我们第一次掌握了一个更高东西和一个较低东西——掌握了**尊荣地位**的区分。从尊荣地位来看,观念东西高于实在东西。——如果用公式来表达,大概是如下情形:

a) B,或者说存在,不可能独自存在着。由于那个绝不断裂的纽带的力量,B 或 A 绝不可能独自存在着。也就是说,**实在的存在始终只是 B 里面的 A 或以 B 为代言人的 A**;因此我们可以把它表述为

$$A=B(第一个潜能阶次)$$

b）A 同样不可能独自存在着,毋宁说,它作为第一个潜能阶次的肯定,必须以观念的方式把第一个潜能阶次包含在自身之内;因此它是

$$A^2（第二个潜能阶次）$$

两个统一体或潜能阶次在绝对统一体之内重新合为一体,因此绝对统一体作为第一个和第二个潜能阶次的共同肯定,乃是 A^3。起初的 A=A 经过完满发展之后,其表述公式就是

$$A^3/A^2=(A=B)$$

但这样一来,除了单纯的尊荣地位的区分之外,同时还出现了更多的东西。第一个潜能阶次按其本性而言必须先行于第二个潜能阶次,因此这两个潜能阶次之间有一种**优先性**（Priorität）①和滞后性。实在东西是 natura prius[本性上在先的东西],观念东西是 posterius[本性上在后的东西]。诚然,通过这个方式,较低东西被设定在更高东西**之先**,但这不是就尊荣地位而言（否则这就会包含着一个矛盾）,而是就**实存**而言。

现在,第一个潜能阶次的优先性仅仅意味着,实在东西相对于观念东西而言具有一种观念上的或逻辑上的优先性,但这还不是一种现实的优先性。我们仅仅指出,一种差异化确实是**可能的**,以及如何是**可能的**。现在的问题是,我们如何达到这种差异化的现实性呢?

---

① 谢林后来多次明确谈到了"优先性"和"优越性"的区分。参阅谢林:《世界时代》,先刚译,北京:北京大学出版社,2018年,第32、235、439页。——译者注

无论如何,这种现实性的根据只能位于原初本质或上帝自身之内。正如我们看到的,即使在上帝内部绝对地看来,就**理念**而言,第一个潜能阶次也是先行于第二个潜能阶次——前者是natura prior[本性上优先的],后者是posterior[本性上滞后的]。因此,如果原初本质希望潜能阶次发生分裂,那么它必须把第一个潜能阶次的这种优先性设定为一种现实的优先性(把那种单纯观念上的或逻辑上的优先性转化为一种现实的优先性),也就是说,它必须心甘情愿地**把自身限定在第一个潜能阶次上面**,推翻各个本原起初在它自身内的那种同时性。关键在于,推翻同时性既不是意味着颠覆内在的或本质上的统一体(因为这个统一体并不基于同时性),也不是意味着割裂各个潜能阶次之间的**纽带**(因为只要第一个潜能阶次被设定,那么第二个乃至第三个潜能阶次也必须直接被设定)。即使第一个潜能阶次的优先性成为一种现实的优先性,绝对者内部的各个本原的同一性也没有被推翻,而是仅仅转化为各个本原的一个环环相扣的链条。在此之前,绝对者内部的各个本原是完全无差别的或不可区分的。同样,整个时间作为一个内敛的东西,作为统一体或**永恒性**,包含在绝对者之内。只有当上帝心甘情愿地把自己限定在第一个潜能阶次上面,——只有当上帝心甘情愿地成为**某一个东西**(因为他本来能够成为一切东西),他才造成时间的一个开端(注意,不是时间之内的一个开端)。上帝退回到第一个潜能阶次,于是首先在自身之内设定一个限制,但由于这个限制与他的本质相矛盾(因为他按本性而言是**全部潜能阶次**),所以产生出从第一个潜能阶次到第二个潜能阶次的推进,随之产生出时间。现在,各个潜能阶次同时被设定为上帝的自身启示的各个时期(Perioden)。

此节的一般注释

1) 确实,被动的限制意味着不完满,意味着力量的相对匮乏。然而自己限制自己,把自己封闭在**某一个**点里面,用全部力量紧抓着这个点,毫不松懈,直到它扩张为一个世界,这却是最高力量和最高完满性的表现。正如歌德说的那样:

> 谁若想做大事,必须凝神定气,
> 限制之中方显大师。

封闭性力量蕴含着真正的原创性和根本力量。在 A=B 里,B 本身恰恰是收缩性本原,而如果上帝把自身限定在第一个潜能阶次上面,我们更应当把这种情况称作"收缩"。收缩是一切实在性的开端。因此收缩的人(而非散漫的人)才是一种具有原初力量和根本力量的自然存在者(Naturen)。诚然,创世的开端意味着上帝的一种**屈尊**(Herablassung),他确实是屈尊进入实在东西,完全收缩为一个实在东西。但这件事情根本无损上帝的尊荣地位。基督教最伟大的地方恰恰在于展示出上帝的这种屈尊。反之,一个以形而上学的方式盘旋上升的上帝既不能打动我们的头脑,也不能打动我们的心灵。

2) 上帝的[自身]限制或屈尊这一行为是心甘情愿的。因此除了上帝的自由之外,世界没有别的解释根据。唯有上帝自己能够打破他的本质的绝对同一性,随之为一个启示留出空间。当然,一切真正的、亦即绝对的自由又是一种绝对的必然性。因为对于绝对自由做出的一个行为,不可能提出任何进一步的根据;它是这样的,因为它就是这样的,也就是说,它是一个绝对的、就此而言必然的行为。通常说来,人们仅仅认为,有选择的地方才有自由,亦即首先有一个怀疑的状态,然后最终做出一个决断。问题在于,如果一个人[真正]知道自己欲求的是什么东西,那么他会无需选择就抓住这个东西;如果他还要做出选择,这就说明他不知道自己欲求的是什么东西,随之没有欲求。一切选择都是一个尚未澄明的意志带来的后果。如果上帝是 ex ratione boni [出于一个好的理由]去行动,这恰恰意味着他仅仅拥有一个低级得多的自由。允许上帝在无穷多可能的世界里面选择一个最好的世界,恰恰意味着,仅仅让上帝拥有最低限度的自由。在我们这里,这样一个完全绝对的行为就是那个奠定了我们的性格的行为。性格同样也是起源于一种收缩,恰恰通过这个方式,我们给予自己一个规定性;这个规定性愈是透彻,我们就愈是有性格。没有谁会主张,一个人亲自选择了自己的性格;就此而言,性格并不是通常意义上的自由的产物——但它确实是一个不可估量的东西。因此性格同样包含着自由和必然性的这样一种同一性。

3)上帝的自身限制仅仅设定了**时间的**一个开端,而不是设定了**时间之内的**一个开端。因此上帝自己并没有被设定在时间之内。

时间被设定于实在东西里面。然而现在的问题是,实在东西不等于上帝自己,尽管它与上帝不可分割地联系在一起。也就是说,上帝内部的实在东西是**存在**(Seyn)或实存(Existenz),而观念东西是**实存者**(das Existirende),后者作为实在东西和观念东西的统一体,是现实–实存着的、活生生的上帝。

时间被设定于实在东西(上帝的存在)之内。但作为**整体**的实在东西本身却不是位于时间之内。只有实在东西之内的个别受限物才会向前推进,发展自身。人们可能会问:"但这样的话,实在东西之内的这个时间岂不是为着上帝而被设定的,于是上帝看起来确实和时间搅和在一起了?"对此的答复是:由于**差别**——随之时间——被设定于实在东西之内,所以上帝内部又被设定了这个差别的肯定,即 A^2,一切以永恒的方式同时包含在上帝内部的东西,在 A=B 里面以时间的方式发展自身。现在,从上帝内部绝对地看来,也就是说,就上帝既非单纯的实存(实在东西)亦非单纯的实存者(主体),而是作为 A^3 而言,由于 A^2 和 A=B 在他之内处于稳固的联系中,所以 A=B 在作为主体的上帝(A^2)里,或者说在上帝的意识里,直接地重新消解在他的本质的永恒性之中。

A^2(作为主体的上帝)是时间的焦点或统一体。

A^3 或绝对地看来的上帝既非永恒性亦非时间,而是永恒性和时间的绝对同一性。一切位于时间之内的东西,在作为主体的上帝之内是永恒的,反之,一切永恒地存在于作为主体的上帝之内的东西,在作为客体的上帝之内是时间性的。

问题一：自身差异化（Selbstdifferenziirung）这一行为位于时间之内吗？这个行为是发生在一个无限的时间之前呢，还是发生在一个特定的时间之前？——答复是：两个说法都不对。这个行为根本不在时间之内，毋宁说，它**凌驾**于全部时间**之上**，从本性来说就是永恒的。

问题二：宇宙有一个开端，抑或没有开端？答复是：宇宙有一个开端（因为它是有所依赖的），但这不是一个**时间之内**的开端。全部时间都在宇宙之内，宇宙之外没有时间。

真正说来，每一个事物（而不仅仅是宇宙）都在自身之内拥有时间。不存在什么外在的、普遍的时间；全部时间都是一种主观的、亦即内在的时间，每一个事物都是在自身之内而不是在自身之外拥有它。但是，因为每一个个别事物之前和之外还有其他事物，所以，尽管它仅仅拥有一种专属的主观时间，但它的时间还是能够和其他事物的时间做比较。通过这个方式，也就是说，只有通过比较和测量，才出现"时间"这一抽象东西。但自在地看来，根本没有时间。时间之内的实在东西仅仅是一个本质必须经历的各种限制。因此在真正的哲学意义上，我们只能说"某物经历了某一些限制"，而不能说"某物生活了**某一段时间**"。"某一段时间"这一规定只能通过比较而出现：但是，如果我是通过比较来考察一个事物，我就不是考察它**自在的本身**，亦即不是在哲学的意义上考察它。对于宇宙而言，这样一种错觉的全部可能性更是被完全摒弃了，原因在于，全部事物都包含在宇宙之内，宇宙之外没有任何事物，因此我们也不可能假定一个位于宇宙之前和之外的事物，用它的时间来测量宇宙。

第二部分

你们肯定会对"上帝内部的一个收缩"之类说法感到困惑。因此请容许我对此提出一个普遍的解释,而这个解释将会从一个新的角度揭示出我的观点本身的意义。

关于原初本质及其存在和生命,如果我们想要构想出一个理念,那么我们真正说来只能在两种观点之间进行选择。

a)第一种观点认为,原初本质是一个一次性完成的、不变的、现成已有的东西。这是通常的"上帝"概念——亦即所谓的理性宗教以及一切抽象体系关于"上帝"的概念。问题在于,我们愈是拔高这个"上帝"概念,上帝对我们而言就愈是失去活力,愈是不可能被理解为一个现实的、具有人格性的、真正意义上的(和我们一样的)活物。如果我们要求的是这样一个上帝,即能够把他看作是一个充满生命力的、具有人格性的本质,那么我们必须同样完全以属人的方式来看待他,而且我们必须断定,他的内部不但包含着一个永恒的存在,而且包含着一个永恒的生成,简言之,上帝除了不具有依赖性之外,在一切别的方面都和人具有共同点(这是希波克拉底的说法)。

以此为前提,现在我希望把那些迄今为止主要借助科学术

语来表述的观点,以一般的属人的方式告诉你们:

上帝是一个现实的本质,但没有什么东西位于他之前或之外。无论上帝是什么,都是通过他自己而成为这个东西;他开始于自身,只为最终纯粹地终结于自身之内。一言以蔽之:**上帝自己制造自己**,这件事情是如此之确定,因此他绝不是一个刚开始就完成的、现成已有的东西;因为否则的话,他就不需要自己制造自己。——既然如此,那个完完全全存在于自身之内、把一切东西包揽在自身之内的原初本质,是处于怎样一个原初状态呢?

一切活生生的实存都开始于无意识状态,在这个状态里,一切东西尚且浑然不分地聚集在一起,后来才以个别的方式展开自身;那时还没有一种关于分离和区分的意识。神性生命同样开始于这个状态。它在自身之内包含着一切东西,是一种无限的充实性,其中既有同类的东西,也有异类的东西,但一切都处于完全浑然不分的状态。上帝仅仅通过一种寂静的自身凝思而存在于那里——没有任何外化和启示。我们曾经指出,这个状态是上帝内部的各个潜能阶次的一个平衡。它在自身之内已经是主观东西和客观东西的绝对同一性,或者说实在东西和观念东西的绝对同一性,但它之所以如此,并不是**为着它自己**,而是仿佛为着一个旁观的第三者,而这类旁观者显然是没有的。现在我们可以预先指出,真正说来,整个创世过程,这个在自然界和历史里面仍然延续不断的生命过程,无非是上帝的意识生成(Bewußtwerdung)和人格化的完善过程。——以下是对这个引人注目的观点的解释。

VII, 433

我们内部有两个本原，一个是无意识的、黑暗的，另一个是有意识的。我们的自身塑造过程——无论我们是通过认识和科学，还是通过伦理道德，抑或完全无拘无束地通过生命和为着生命而塑造自己——，都包含着那样一个过程，即把我们内部无意识地现成已有的东西提升到意识，把我们内部天生的黑暗东西提升到光明，简言之，达到一种清晰性。上帝内部也有同样一个过程。黑暗东西先行于上帝，清晰性只能从他的本质的黑夜里绽放出来。

上帝自身之内同样有我们内部的那两个本原。一旦我们觉察到自身内的两个本原，一旦我们在自身内与自己分离，自己与自己相对立，借助我们的高级部分而超越我们的低级部分——意识就在这个瞬间**开始**了，但正因如此，它尚且不是一个完满的意识。真正说来，整个生命仅仅是一个不断提升的意识生成过程，然而绝大多数人都是处于最低级的阶段，他们即使付出很多努力，但在绝大多数情况下仍然不能达到清晰性；或许没有人能够在此生达到一种绝对的清晰性——始终有一些黑暗的残余物存留下来——（没有人能够上探他的善之顶峰，下及他的恶之深渊）。

同样的说法也适用于上帝。上帝内部的意识**开始**于他与自己分离，自己与自己相对立。也就是说，他在自身内有一个高级部分和一个低级部分——这是我们通过"潜能阶次"概念指出的情况。在仍然无意识的状态下，上帝虽然在自身内拥有两个本原，但并没有把自己设定为其中任何一方，亦即没有在其中任何一方那里认识到他自己。伴随着意识的开端,这个认识出现了,也就是说,上帝把自己(部分地)设定为第一个潜能阶次,设定为一个无意识的东西,但是,除非作为观念东西而扩张自身,否则上帝不可能作为实在东西而收缩自身,除非同时把自己设定为**主体**(这并不意味着观念东西成了一个自由的东西),否则上帝不可能把自己设定为实在东西或**客体**;二者是**同一个行为**,是绝对**同时的**;只要他的现实收缩被设定为实在东西,他的扩张就被设定为观念东西。

长久以来,上帝内部的更高东西和较低东西都处于一种无差别状态或混合状态。如今前者仿佛把后者从自己身边赶走,后者则是反过来通过它的收缩而自行脱离前者——无论在人里面还是在上帝内部,这都是他的意识或人格生成的**开端**。

但是,正如人在他的自身塑造过程或自我意识生成过程中,之所以把黑暗的、无意识的东西从自己那里排斥出去,自己与自己相对立,并不是为了让它永恒地停留在排斥状态或黑暗状态中,而是为了把这个被排斥的或黑暗的东西本身逐渐提升到清晰性,把它培育为他的意识,同样,上帝虽然把他的本质的较低东西从更高东西那里排斥出去,仿佛把它从自己身边驱逐出去,但这不是为了让它停留在非存在状态,而是为了提升它,从这个被他排斥的非神性东西那里——从这个正因为不是**他自己**,所以必须与之分离的东西那里,养育、培育并且创造出与上帝相似和等同的东西。就此而言,创世意味着从被排斥的东西里召唤出更高东西或真正的神性东西。

只不过,上帝的这个无意识东西当然和他自己一样,也是一个无限者,因此不可能一次穷尽。就此而言,创世的过程是绵延不断的。

接下来我再给你们开启一个新的视角:这个居于从属地位的本质,这个黑暗的、无意识的东西,上帝作为本质**试图**从他的真正内核里不断驱逐和排斥出去的东西,乃是**物质**(当然,不是那种已经成形的物质),因此物质无非是上帝的无意识部分。但是,上帝一方面试图把物质从自己那里排斥出去,另一方面试图把它重新吸引到自己身边,把它培育为他自己,让它——尽管居于从属地位——升华为他的更高本质,**从这个无意识的东西,即物质那里**,召唤出有意识的东西。就此而言,只有当意识走出无意识的东西,走出物质的深渊,在人那里被唤醒、被创造出来,创世的过程才会停止下来。当然,人那里仍然有大量无意识的东西应当被提升到一个更高层次,随后重新发生分解,为新的创世提供质料,但不管怎样,上帝在人那里第一次可以安息;他的主要目的已经在人那里达到了。

诚然,通常的抽象观察方式已经注意到,上帝内部应当有一个本原,这个本原不是上帝,而是一个无意识的、低于上帝自身的东西。如果一个人把上帝思考为一种空洞的同一性,当然不可能理解这一点。这个假设的必然性的证明包含在**对立原理**里面。没有对立就没有生命。在人那里,在全部实存那里,都是同样的情形。我们自身之内也有一个理性东西和一个非理性东西。任何一个物,为了展示自身,都需要某个东西,而这个东西并不是 sensu stricto [严格意义上的]**它自己**。(真正说来,这个理解仅仅针对那样一些人,他们把上帝当作 ens realissimum [最实在的本质]或 ens illimitatissimum [最不受限制的本质]之类抽象概念来理解。上帝当然不受外物限制,但在**自身之内**却是受限制的,正如他显然是一个已规定的本性。)

实在东西或无意识的东西,纯粹**就其自身而言**,乃是上帝的**存在**。关键在于,上帝的存在和上帝自己不是**同一回事**,而是现实不同的,正如在人那里一样。就此而言,观念东西乃是存在着的上帝或实存着的上帝,或者说 sensu eminenti [卓越意义上的]上帝。因为严格说来,我们所理解的上帝始终是指存在着的上帝。因此上帝内部的两个本原之间的关系也相当于存在者和存在之间的关系。观念东西或**有意识的东西**是存在的主体,而无意识的东西仅仅是这个主体或存在者的谓词,因此仅仅服务于存在者。

当上帝自己与自己分离,他就使自己作为**存在者**而与他的**存在**分离:在人那里,这同样是一个最高的道德行为。我们的存在仅仅是我们自身的一个手段或工具。如果一个人不能与他的存在分离(使自己摆脱并且独立于他的存在),他就和他的存在完全纠缠在一起,浑然不分,而在这种情况下,他就完全沉陷在他的私己性之中,不管在道德上还是在理智上,都没有能力在自身内提升自身。如果一个人不能与他的存在分离,他就以**存在**,而不是以他内在的、更高的、真正的本质为根本性的东西。假若上帝也是始终和他的存在纠缠不清,他就不是生命,不是提升。

因此上帝使自己与他的存在分离，仅仅把后者当作一个工具。

随后的第二种说法是，两个本原之间的关系相当于存在者和"**非存在者**"（Nichtseyendes）之间的关系。

真正的困难之处恰恰在于探究"非存在者"的本质，这也是全部哲学的一个死结。我们永远都在追寻"非存在者"，却始终没有办法把它牢牢抓在手里。

基于对这个概念的误解，产生出"出自于无的创世"这一观念。全部被创造出来的有限本质都出自于"非存在者"，而不是出自于"**无**"（Nichts）。无论是希腊人所说的οὐκ ὄν［非存在者］，还是《新约》所说的μὴ φαινόμενα［非显现者］，都不是指一个"**无**"，毋宁说，它仅仅指一个不是"**主观东西**"或"**存在者**"的东西，但正因如此，这个东西乃是**存在本身**。然而从另一个角度看来，"非存在者"又作为存在者频繁出现在我们面前。比如，什么是"疾病"呢？一个**违背本性**的状态；就此而言，这是一个本来不可能**存在**，但毕竟存在着的状态，它在根本上不是一种实在性，但又不可否认是一种可怕的实在性。形体世界里的疾病，相当于道德世界里的恶；从一个方面来看，它是最彻底的非本质（Nichtwesen），但它毕竟具有一种恐怖的实在性。

一切"非存在者"都**仅仅是相对的**，亦即与一个更高的存在者相关。但它在自身内确实又包含着一个存在者；因此 B 和 A 在任何东西里面都是不可分割的。

如果 B 是纯粹的"非存在者"，那么它不可能独自存在；它确实在自身内又包含着一个 A，因此它是 A=B；但这个整体（A=B）

相对于一个更高东西而言重新表现为"非存在者",表现为一个单纯的基质、单纯的质料、单纯的机能或工具,尽管它**在自身内**仍然是一个存在者。把这个情况应用到我们所说的上帝内部的**存在**上面,那么可以说,相对于上帝内部的存在者而言,这个东西确实是一个"非存在者",也就是说,它原本只是上帝内部的存在者的基质,一个并非独自**存在着**,而是仅仅作为真正的存在者的基础而存在着的东西。但无论如何,它在自身内仍然是一个存在者。

换句话说,或者借用我在别的地方采取的说法:上帝内部没有什么纯粹而单纯的**客观东西**,因为这种东西和"无"没有区别;毋宁说,那个相对于上帝内部的更高东西而言的客观东西,自在地看来又是主观东西和客观东西,它不是单纯的 B,而是 A+B。

还有另一个方面的考察。

上帝内部的**存在**也不是一种僵死的存在,而是一个在自身内活生生的东西,并且在自身内又包含着一个存在者和一个存在。上帝自身**凌驾于**自然界**之上**,自然界是他的王座,是他的从属者,但上帝内部的一切东西是如此充满活力,以至于这个从属者又表现为一个自足的生命,一个纯粹单独看来完整而完满的生命,尽管它相对于神性生命而言是一种"非生命"。因此菲迪亚斯①在他制作的朱庇特像的脚掌处描绘了拉皮特人和人马族的战争。正如在这里——或许仅仅在那个充斥于全部希腊作品中的神奇本能的指引之下——,艺术家仍然把强有力的生命画

---

① 菲迪亚斯(Phidias,前480—前430),古希腊雕塑家、画家、建筑师。——译者注

满上帝的脚掌,同样,那个仿佛最外在的、距离上帝最遥远的东西仍然是一种充实的、强有力的、基于自身的生命。

通过这种二元本原学说(上帝内部有两个本原,并且合为一体),我们避开了人们在谈论上帝时经常陷入的两条歧路。也就是说,当人们谈到上帝的理念时,通常在两个方面有所缺失。按照那个独断的、自居正统的观点,上帝是一个特殊的、割裂开的、完全独自存在着的本质,因此受造物被他完全排除在外。反之,普通泛神论的观点根本不承认上帝具有一种特殊的、自足的、单独的实存,而这意味着,上帝是一个普遍的实体,仅仅是万物的承载者。关键在于,这两种情况都是上帝;他首先是一切本质之本质,但作为这样一个东西,他必须独自存在着,也就是说,他作为一切本质之本质必须具有一个支撑点或一个单独的基础。简言之:上帝按其最高尊荣而言是全部事物的普遍本质,但这个普遍本质不是漂浮在空气中,而是有一个根据,仿佛以一个作为**个体**本质的上帝为承载者——**因此上帝内部的个体因素是普遍者的基础或基质。**

因此从这个观点来看,上帝内部也有两个本原。第一个本原或最初的原初力量使上帝成为一个特殊的、个别的、个体的本质。我们可以把这个力量称作上帝内部的**私己性**或利己主义(Egoismus)。假若这个力量是唯一的东西,那么上帝仅仅是一个个别的、割裂开的、特殊的本质,而任何受造物都不会存在。相应地,除了一种永恒的封闭性和自身内深化之外,没有别的东西,又因为上帝的这个私己力量始终是一个无限的力量,所以它是一团烈焰,任何受造物都不能在其中存活。(我们必须按照心灵力量的类比来设想这种情况,也就是说,当这种心灵力量在一个极度封闭的人那里表现出来,我们就说这人是"阴沉的",并且认为他具有一个黑暗的心灵。)然而自永恒以来,这个本原就与另一个本原相对立,后者是**爱**,她使上帝真正成为一切本质之本质。单纯的爱本身不可能**存在**,不可能持存,也就是说,正因为她在本性上是扩张的、无限可分享的,所以,如果她没有包含着一个收缩性原初力量,就会变得四分五裂。人不可能由单纯的爱构成,上帝同样也是如此。上帝内部既然有爱,也会有愤怒,而上帝内部的这个愤怒或私己力量就是那个给爱提供支撑点、根据和基地的东西。

VII, 439

实际上,我们在这里给两个本原贴上的标签,只不过是"观念东西"和"实在东西"这两个抽象概念的拟人化说法罢了。爱是上帝内部的观念东西,而利己主义是上帝内部的实在东西。

同样也可以说,爱是上帝自身,是真正意义上的上帝,**那个**通过另一个力量而存在着的上帝。反之,上帝的利己主义是这样一个力量,它不是为着自己而存在,毋宁说,它的存在仅仅是为了**确保**爱或真正的上帝能够存在。我们可以认为,刚开始的时候,两个本原在上帝内部处于某种平衡状态,但如果它们僵持在这个平衡状态中,那么无论上帝自身还是别的什么东西都不可能得到发展。上帝的真正实在性恰恰立足于这两个本原的积极活动和相互作用之中。

这里的第一个步伐同样也是分离,也就是说,上帝把自身内的爱,亦即他的真正的、本真的自主体(Selbst),和那个非本真的自主体分离开来。然而这个分离只能在那种情况下发生,即上帝把其中一个本原提升到另一个本原之上,并且反过来使后者归顺前者。上帝的利己主义归顺上帝的爱——这就是创世的开端。利己主义相当于第一个潜能阶次,爱相当于第二个潜能阶次或更高的潜能阶次。假若按照单纯的利己主义,是不会有受造物的。但是,当利己主义归顺爱,爱就征服了它,因此上帝的爱征服上帝的利己主义乃是创世的开端(自然界就是那个被征服的力量)。——上帝的利己主义是自然界的根据本质——我在这里并没有说,利己主义就是自然界,因为我们眼前的这个现实的、活生生的自然界已经是处于上帝的爱掌控和安抚之下的上帝的利己主义。因此严格说来,利己主义是自然界的根据本质,是万物的创生所依赖的质料。

VII, 440　　现在我们重新回到之前提到的上帝的"存在"——它和上帝自身的关系相当于"非存在者"和存在者的关系——的相关概念。

上帝内部的存在相当于上帝的利己主义,这个力量使上帝能够作为一个自足的本质而持存着。因此它是**整个上帝**,只不过处于"自私自利"(Egoität)的形式下。也就是说,自私自利仅仅是神性本质的一个潜能阶次或代言者。假若没有一个更高的潜能阶次与这个潜能阶次或代言者相对立,神性本质就会在它的支配之下僵持在永恒的封闭性和收缩状态中,好比在外在的自然界里,假若没有阳光里的另一个原初力量反过来对收缩的原初力量发挥作用,地球就会变成一个冰冷的、黑暗的、完全封闭的、寸草不生的地方。现在,当另一个潜能阶次亦即爱(A)与自私自利潜能阶次(B)相对立,B自身——它包含着**整个绝对者**,只不过处于内敛(封闭)的状态——内部**隐藏着的、尚未展现出来的对立**就被唤醒,而伴随着这个对立,神性东西同时也被唤醒。什么是神性东西呢?答复是:观念东西和实在东西的活生生的纽带(这个纽带在自身内包含着一个对立)。因此,如果B自身内又有一个A和B被唤醒,随之A和B从属于B(B/A=B),那么在这种情况下,B自身内的观念东西和实在东西的纽带(同一性),亦即神性东西,也被唤醒。因此这里有一个从非神性东西,从"非存在者"(B)那里发展出来的神性东西。B/A=B就是自然界。那些熟悉物理现象的人可以通过磁性划分的例子清楚地认识到自然界如何通过这个方式获得生命。

上帝把B从他自己(亦即A)那里排除出去;然而除非把A拿来与B相对立,否则他不可能把B排除出去,除非把B激活,否则他不可能把A拿来与B相对立,而这就出现了B/A=B。

这个包含在自然界里面的A不是后来才**进入**其中的,而是从一开始就位于其中,因为整个上帝都在自然界里面,只不过处于萌芽状态;自然界是处于内敛状态的上帝或潜在的上帝,而观念东西则是**现实的**上帝。

创世之所以是持续不断的,原因恰恰在于,B里面的那个内敛状态持续不断地被推翻,那个仿佛瘖瘂在其中的神性东西被唤醒,被展开。因此自然界是一个神性东西,只不过是一个较低类型的神性东西,一个仿佛从死亡中被唤醒,从非存在提升到存在的神性东西。就此而言,它当然始终不同于那个最初的神性东西,因为后者还需要被唤醒,以便从非存在提升到存在。

一言以蔽之,这个可见的自然界仅仅按其**形式**而言是自然界,但按其本质而言则是一个神性东西。它是一个神性本质,只不过这个神性不是在存在者(A)里面,而是在"非存在者"里面呈现出来。

通过这个方式,**自然界和上帝的关系**也得到澄清。人们指责我的体系把自然界当作上帝。只要人们不是假定B起初是一个绝对的非神性东西,随后被当作上帝,那么我必须接受这个指责。关键在于,B原初地已经是一个神性本原,仅仅相对地(相对于A而言)是一个非神性东西。然而就它摆脱这个相对的非神性,被提升到神性东西亦即存在者而言,是上帝自己(而非我们)把自然界当作上帝。

另一个指责是,我的体系把上帝等同于自然界。但这里需要一个细致的区分。——要么人们理解的自然界是单纯的B,即全部实存以之为根据的那个黑暗的原初力量,一个不能通过任何溶剂而被消解的东西。现在的问题是,**这样一个**B在我的体系里是真正意义上的**上帝**吗?绝对不是。毋宁说,它仅仅是上帝的存在,一个不同于存在者的东西;至于真正意义上的上帝,始终是指存在着的上帝。反过来,可以说B是一个神性东西吗?当然可以,因为它是一个神性的原初力量,但从严格的意义来说(也就是说,就它隶属于真正的神性主体,隶属于其内在的本质而言),我们不能把它称作神性东西。它是一个神性东西,因为它隶属于上帝，因为它在最初做出分离的时候仍然保留在上帝**内部**，正如在我们这里，这个黑暗的本原虽然不是我们的真正本质，但它同样可以被称作人性东西。——反过来，B里面的A无疑是一个神性东西，而且在一个更高的意义上比B更具有神性，因为B仅仅在一个宽泛的意义上被称作神性东西。尽管如此，B里面的A必须和绝对的A区分开，因为前者仅仅是一个**在B之内**，**在"非存在者"之内**被唤醒和被召唤出来的精神性东西。——要么人们理解的自然界既不是A也不是B，而是完整的A=B，那么我们在这里必须再一次首先区分由A和B**联合而成**的A=B，和意指二者的活生生的纽带的A-B（或者说发挥联合作用的A=B）。前者是作为产物或原初质料而把精神和形体绝对地联合起来的自然界，就此而言，恐怕没有任何人会指责我的体系把它等同于上帝，除非他根本不了解这个体系的基本要素。但是，如果我们专注于二者之间的纽带，那么这个纽带不但是一个神性东西，甚至可以说就是上帝；当然，纽带不是那个绝对地看来的上帝，而是一个在"非存在者"里生产出来的上帝，而他的生产者恰恰是那个绝对地看来的上帝或存在着的上帝。如果我们把A=B看作整个自然界，那么其中的纽带确实是上帝，但这是一个作为自行生产者的上帝，亦即作为儿子的上帝，又因为儿子是自然界的本质，所以《圣经》正确指出，一切东西都是通过儿子而被制造出来的，没有儿子，就没有任何东西被制造出来。《圣经》的这些理念后来被庸俗化了，因为人们不理解它们的意思，正如总的说来，瞎启蒙主义至少在绝大多数人那里造成一个神话，仿佛他们已经把自己的理智官能的缺陷改造为一个**美德**。此外需知，我不希望用这些说法来证明任何东西，更不希望把我的体系打造为一个正统的[神学]体系。这个纽带有一个极具表现力的名称，即"**话语**"（Wort），a) 因为一切可区分性第一次在它之内并且伴随着它而出现；b) 因为在它之内，自主存在（Selbstseyn）和非自主存在（Nichtselbstseyn）、元音和辅音第一次以有机的方式联合在一起（A 为元音，B 为辅音，后者作为一种本身缄默的存在，只有通过观念东西或 A 才上升为一种可以被理解的东西）。

我通过以下对于近代哲学的概观来解释我的体系：

笛卡尔的绝对二元论：

A	和	B
精神性东西或单纯东西，亦即非组合而成的东西（一个完全不知所云的概念）		质料性东西或形体东西，完全僵死的东西，机械论

斯宾诺莎：两个本原的绝对同一性（A=B）

假若人们仅仅坚持斯宾诺莎体系的普遍方面，那么他们完全有可能觉得，这个体系和最近的同一性体系在根本上完全是同一回事。这里我简单说说二者的区别：

a) 斯宾诺莎虽然提出了两个本原的绝对同一性，但这些本原相互之间处于完全闲置的状态,它们仅仅**存在着**,彼此之间无所作为——没有相互作用——;它们既没有形成一个活生生的对立,也没有达到一种活生生的相互渗透。(他仅仅把笛卡尔的两个实体拼凑在一起。)

b) 斯宾诺莎的物理学是彻底的机械论,单是这一点,就必定让每一个稍作反思的人认识到,自然哲学的原理和斯宾诺莎主义的原理之间必然有一个原初的差异。(简言之,斯宾诺莎体系的内部缺乏任何运动,缺乏心灵。)

c) 斯宾诺莎确实说过,思维实体和广延实体(即观念东西和实在东西)隶属于同一个实体,是这个实体的属性,但在这之后,他恰恰完全忽略了这个具有思维属性和广延属性的唯一实体,在根本上仅仅用一个空洞的(因为缺乏对立)"同一性"概念来规定它,不是把**唯一实体**当作主要对象,而是把它完全放在一边置之不理。也就是说,**恰恰**在这个地方,在斯宾诺莎无所追求的地方,存在着一个活生生的上帝(即一个作为最高人格性的上帝)的概念。毫无疑问,斯宾诺莎至少是忽略了最高本质的人格性,哪怕他没有明确否认这一点。

莱布尼茨在 A 和 B 里面仅仅主张 A;至于 B,即黑暗东西、存在、实存,则是被完全放弃了,完全消融在表象力里面。虽然这里也有一种同一性,但这是一种完全单方面的而非两方面的同一性。尽管如此,莱布尼茨毕竟在 A 下面重新提出了一个 A 和一个 B,也就是说,他虽然否认形体世界具有一种普遍而完整的实在性(因为他认为一切东西都是进行着表象活动的单子),但是，就我们所说的形体世界（比如一棵树）是由表象力构成的而言，其仍然具有一种实在性。

理智主义的**对立面**是一个更高层次的唯物主义，即**物活论**（这种学说诚然具有悠久的历史，但它主要是伴随着莱布尼茨而同时出现的）。物活论仅仅主张 B，然后在这个 B 下面重新提出一个 A 和一个 B。这么说来，物活论和自然哲学仿佛完全是同一回事。但二者的区别在于，物活论主张物质本身是一种**原初的**生命，反之我们主张，物质虽然包含着一种生命，但它不是 actu et explicite［以现实而展开的方式］，而是 potentia et implicite［以潜在而内敛的方式］包含着生命——物质里面的全部东西都带着"存在"或"死亡"的印记。（既然说到"死亡"这个词语，我要强调一下，人们必须承认死亡，一种在自身内包含着生命的死亡。）真正说来，物质仅仅被**唤醒**为一种展开的生命，仅仅通过观念东西或神性东西而获得生命。因此在某种意义上可以说，我的一般哲学终止的地方，就是物活论开始的地方。（这是莱布尼茨主义和物活论给物理学带来的最有益的影响。参看布鲁诺、开普勒等人的工作。）

就整体而言，分解过程（一个朝向更恶劣的东西的过程）已经发生了，这个过程在今天甚至处于一种更加堕落的局面。也就是说，本来 B 下面还有 A 和 B，如今人们把这个 A 也抛弃了，于是在任何地方都只剩下单纯的 B，一个僵死的实体，没有一丁点内在性。因此很自然地，这个实体又分解为原子，分解为尘埃一般的微小形体，它们仅仅通过自己的形状——这是某种外在的东西,而非一种原初的性质——而发挥作用;人们不但据此解释自然界,而且由此出发解释精神的实存和机能——这就是Systeme de la nature[《自然的体系》①],最低级的唯物主义或法国唯物主义。——与此针锋相对的,是康德和费希特在德国催生出来的唯心主义。尽管康德仍然容忍各种完全不同的解决方案,但费希特的解决方案则是在 A 下面的 A 和 B 里把 B 拿走,由此得出,我们之外根本没有一个理智东西,甚至没有任何东西,毋宁说,真正存在着的,只有一个主观的自我,只有一个人类。这就把自然界完全置于死地,在此唯一滑稽的是,费希特仍然不得不一再向我们保证,自然界虽然不存在,但始终被假定为存在着。(目的论的解释。自我对于自然界的作用。)

因此,当分解过程推进到最极端的地步,唯一剩下的办法,就是重新返回到全部近代哲学由之出发的那个基本对立,那个唯一没有被消解的对立,即同一性和二元性之间的对立。而这是我作出的探索。我已经反复指出,我所说的绝对同一性不是**单纯的**同一性,而是统一体和对立的同一性。因此,

a) 有两个不同的本原 A 和 B,因此有一种二元论;

b) 但如果不考虑两个本原的对立,那么它们是合为一体的。

至于我的自然观与我们这个时代占据支配地位的物理学和哲学的最切近的关系,那么可以说,根本的关键在于,我不承认一个完全而纯粹的客观自然界,不承认一个仅仅作为存在或"非

---

① 《自然的体系》是德裔法国唯物主义哲学家和启蒙思想家霍尔巴赫(Paul Heinrich Dietrich von Holbach, 1723—1789)的代表作,曾经被誉为"唯物主义的圣经"。——译者注

存在者"的自然界。针对这种情况——既没有什么单纯的主观东西,也没有什么单纯的客观东西,毋宁说在任何不同的情况下都有**两个东西**——,我也称之为单纯的**量**的差异。也就是说,在两个本原**自身**之间,在 A 和 B 之间,确实没有**单纯的量的**差异,这里只有一种最为决定性的质的差异;但是在一切**现实东西**(无论它属于哪个种类)里面,都有主观东西和客观东西,观念东西和实在东西始终是共在的,只不过处于不同的层次罢了。——我曾经在《思辨物理学杂志》第二卷第 2 册第 46 节①用一个(磁力)范式解释过这一点,而我接下来的叙述也与此相关。

关于一般的方面就谈这么多。现在我们进入自然界的特殊方面,但仅仅局限于一些最迫切的问题。

正如我们已经知道的,自然界的一般表述方式是 B/A=B;或者说,由于我们已经把 A=B 设定为第一个潜能阶次,使之等同于 B,所以自然界在与整个宇宙相关联的时候(自然界仅仅是整个宇宙的一个从属部分),相当于第一个潜能阶次,即 A=B。但这并不妨碍自然界在自身内重新包含着全部潜能阶次,并且如我们已经指出的那样,在自身内使它们分离(我们在这里姑且承认,一种分离是可能的)。我们发现,自然界最终消散在一些最具有形体性的事物(比如金属)里面。但是,因为每一个王国本身又形成一个整体,所以金属——它们一方面主要消散为形体性,另一方面成为一种更具有流动性的东西——甚至有可能消融在气态事物里面。通过这个方式,整个物质王国最终沿着两

---

① 《谢林全集》第六卷,第 137 页以下 (VI, 137 ff.)。——原编者注

个方向扩张自身,在其中一个方向上,形体性占据优势,而在另一个方向上,精神性占据优势。但是,在整个自然界**内部**,整个物质王国又与一个精神性王国相对立,后者包含着光、热、电以及其他许多现象。最后还有一个王国,精神性东西和身体性东西在其中完全相互渗透,这就是有机的自然王国,里面有植物和动物。

但是,如之前所述,从整体上来看,这里仅仅是第一个潜能阶次(A=B)。虽说 A^2 是从自然界自身那里提升上来的,但只有在作为自然界的边界的人那里,它才产生出来。也就是说,尽管**整个**自然界相当于第一个潜能阶次,但它毕竟把自己重新展开为三个潜能阶次。现在我们按照这三个潜能阶次非常简短地考察一下自然界。

第一个潜能阶次以**存在**或形体性为主导——但事情是这样的,即在这个最为外在的点这里,精神性东西、形体性东西以及二者的统一体,按顺序被设定。——众所周知,形体性是基于**三个维度**的存在。——这三个维度实际上无非是个别东西身上的三个潜能阶次:1)自私的维度(它使一个物把自己设定为自己),这就是长度、直线或**连贯性**(二者是同一个东西)。借助连贯性,每一个物都能够无限延伸,只要没有另一个维度对其加以限制;2)观念的维度(对自私的维度加以限制的维度),这就是宽度。3)无差别,相当于第三个维度。

从整体上来说,这个潜能阶次以 B 为主导,也就是说,A 和 B 一起重新被设定在 B 下面。这个 B 既然把 A 和 B 重新置于自身之下,就仿佛成了 B^2,一种强制和约束着一切东西的力量——即**重力**。自然界里面的重力,作为黑夜,作为一个黑暗本原,永恒地逃避着光,同时恰恰通过它的这个逃避而为光的创造物提供了一个持久的支撑点。(假若没有某种与光和思维完全相对立的东西,假若没有一种可以抓握的东西,那就绝不会有创造,一切东西也会消融在纯粹的思想里面。)

即使在物质内部,就其单纯处于存在这一潜能阶次而言,**存在**和**行动**也是联系在一起的(因为在这种情况下,我们也可以把观念东西称作行动),但是这两个东西(存在和行动)仍然纠缠在存在里面,起初的 B 是怎样对待精神性东西或观念东西的,A=B 或第一个潜能阶次的形体性东西就继续怎样对待它——也就是说,那企图分解精神性或观念东西,使之发生极端化和差异化的,乃是无差别。

只有通过这个差异化,才产生出各种性质的差异:由于这个差异在根本上是不可穷尽的,而且,哪怕是为了仅仅呈现出它的最邻近的分支,也需要一个独立的科学阐述,所以我希望在这里抓住一个最单纯的点,亦即那个最古老的、按照四个元素而做出的划分,更何况近代的化学也是一再地回溯到这四个元素。

在 A=B 里,B 是土元素——真正意义上的大地本原。因此,如果 A=B 这个整体沿着 B 的方向推进到极端,那里就出现一个以大地本原为主导的王国,而这个王国又具有两个方面(金属和土)。

与土相对立的元素或 A 是气,一个仿佛精神性的、观念性的元素。除了A和B之间的对立之外,我们还需要观察另一个对立。这就是纽带与被联结者之间的对立。前者表现为创造者,后者表现为产物,因此二者也相当于**主动东西**和**被动东西**,或观念东西和实在东西。

当创造者或纽带与产物合为一体,它实际上无非是一种内在的生命波动,一团温柔的、升腾的生命火苗,一团在每一个本质里面,甚至在貌似死亡的东西里面燃烧(那些有透视能力的人能看到它)的生命火苗:但是,当创造者或纽带与产物处于对立或矛盾的关系,它就是一团吞噬性的烈火。

火元素仇视事物的私己性或自主性。只要产物相对于它而言保持为一个"非存在者",亦即保持为一个居于从属地位的基础,火元素就是平静的。但是,只要产物企图在对立关系中成为一个现实的本质,只要"非存在者"企图作为存在者而崛起,愤怒之火就会被点燃。

那个寻找着火,把它当作自己的契合者,并且只有在其中才平静下来的元素,是**水**。因此火和水是两个最高的对立面,然而最为对立的东西始终也是最为密切相关的东西。水仅仅是一种**流动着的**火,而真正说来,真实具体的火,火苗,绝不可能脱离水的共同作用而产生,仅仅是一种炙热的、燃烧着的水。——二者的近亲是:1)含有水分的彗星;2)一种包含在水里面的吞噬性力量。进而言之,它一方面包含着一个可燃烧的本质,另一方面包含着一个 Menstruum universale [普遍的燃媒],即氧气。——活生生的水(大海里面的水)在任何地方都是和火共存的。

VII, 449　　　所有古人都不无道理地假定,还有一个第五元素或 quinta Essentia［第五个本质性］。① 这个东西不是别的,恰恰是原初物质自身,一种完全精神性和完全形体性的东西,亦即**身体性**元素（因为身体已经是 A 和 B 的同一性）。对于这个纯粹的东西,火不会使用任何暴力。它和火处于一种真正的同一性之中——这并不意味着,它和水一样,仅仅依靠否定,依靠对于全部属性的否定,毋宁说,它是依靠最高的肯定性或完满性。它是一种不会被火摧毁的身体性。至于那个与之最为接近的元素,那个直到今天仍然神秘莫测,但被近代化学标记为"氮气"的元素,乃是动物性自然王国的基础。无论多么炙热的火苗,都很难把氮气点燃;只有通过电火花,或者说通过与一种更恶劣的东西的混合（这个混合导致氮气的降格）,氮气才有可能被点燃。因为,一切能够在火里面燃烧的东西都在自身内包含着某种不完满的、恶劣的、已败坏的东西。——现在我们过渡到**第二个潜能阶次**。

　　那个之前仅仅以内敛的或潜在的方式被设定的行动,现在以展开的或现实的方式被设定:物质的**现实的**生命——动力学演进过程。

　　早先我们已经说过,第一个潜能阶次又会表现为**退化**（Involution）——这个退化的本原是重力。

　　那在 A=B 里面占据主导地位的重力,与 A² 相对立,后者与

---

① "第五元素"就是后面谈到的"以太"(αἰθήρ)。亚里士多德认为火、水、土、气这四个元素属于"尘世元素",它们是变动不居的,相互之间可以转化;除此之外,还有一个超越于月球之上的第五个元素,即"以太",它是一个纯净的、不变的、永恒的实体(vgl. *Meteora*（《论彗星》）I, 1, 339 b 20)。——译者注

重力的关系,同样相当于绝对存在者或绝对的A与起初的B(即自然界)的关系。正如起初的B在自然界里面唤醒了对立,随之唤醒了生命,同样,自然界的A^2在重力里面也唤醒了对立,随之唤醒了生命。这个A^2就是**以太**,即物质性东西**内部**的非物质性东西。早在物质的那些静态性质里面,对立就已经被唤醒了。关键在于,重力在这里并不是表现为一个被动东西,而是作为一个肯定的黑暗东西,积极地反抗进化。只有通过这个**现实的**冲突,物质里面才产生出一个现实的生命。这就是**动力学演进过程**。在这里,我同样把自己限定在**最一般的**方面。我们区分出两种东西:1)一些主要仍然包含在形体性东西或产物中的演进过程或行动形式;2)这些演进过程的精神性形态。第一类的三个基本演进过程分别是:a)"磁",相当于第一个维度,相当于自主性或自我性;b)"电",相当于创造者和产物之间、主动东西和被动东西之间的极端性或对立——在两个物体之间,其中一个始终是被动的,另一个是主动的。——通过这两个演进过程,地球的世界区域也被规定下来了;c)所有演进过程的总体,相当于"化学机理"或"流电机理"(真正说来,只有在活生生的化学机理那里,人们才认识到电也在共同发挥作用)。最后是一个燃烧演进过程。

至于这些演进过程的精神性形态,可以说,a)在实在东西里,那个与磁相对应的精神性演进过程是"声";b)作为观念东西,那个与电相对应的"光"的演进过程(光是一种精神性物质);c)当创造者与产物保持在**同一性**中时,那个与化学机理相对应的"热"的演进过程(一种无孔不入的热),而当创造者与产物处于一种决定性的冲突中,相对应的就是"火"(也就是说,火实际上是基本实体——即灶神,因此被算作诸元素之一)。

在所有这些演进过程里,都是精神性东西从物质自身的深处发展起来,而这恰恰是全部创世的意图。一切东西都是从黑暗本原自身那里,通过一个更高层次的创造性本原而被召唤出来的。我们把这个本原称作**以太**,它是自然界的真正的生命精神:由于我们已经指出,那个包含在产物**内部**的纽带,就其观念方面而言(也就是说,就其指向绝对观念东西而言),相当于光,所以真正说来,光是这个生命精神的直接现象。因此,光必须被解释为一个广施生命的东西,一个进化者,而且这是无可辩驳的,只要我们不是把以太和重力相互对立起来,而是把光和重力放在这个对立关系中。——现在要谈**第三个潜能阶次**。

迄今为止,重力仍然坚持自己的实体性,与光(A^2)相对立。但真正说来,由于重力和光一样,仅仅是一个从属于 A^3 的形式,而且,由于 A^3 同样以退化的方式包含在起初的 B 里面,所以自然界的最高潜能阶次必然是这样一个潜能阶次,在那里,**光和重力**(或者说物质,因为重力和物质是相互关联的)共同被设定在 A^3 之下,仅仅是 A^3 的共同从属形式。

这件事情是在有机体内部发生的,原因在于,只有在有机体内部,那个此前看起来是一个实体的物质才会从属于一个更伟大的东西——亦即从属于自在的生命,而这个东西恰恰是 A^3。由此可以证明,在有机体内部,物质绝不是按照它的实体而发挥作用,毋宁说,物质的**形式**在这里已经成了事关本质的东西,换言之,物质自身在本质上已经成为形式。

这个 A^3 是什么东西呢? 答案:它是 B 的最内在的实体自身,因此可以说,它以内敛的方式在自身内包含着全部潜能阶次。

A 的各个潜能阶次无非代表着"非存在者"(B)向着存在者(A)的持续提升。

因此自然界里面的 A^3 无非代表着一个从"非存在者"那里提升上来的最高存在者——即自然界的**最内在的东西**。

假若我想要制造出一个更复杂的程式,我同样可以借助各个潜能阶次来完整地标示出,B 如何在不同的程度上等同于 A(亦即成为存在者)。——通过如下方式。

自然界的基本表达式是 $A=B^+$,换言之,在自然界里面,起初占据主导地位的 B——起初占据主导地位的"非存在者"——成为**存在者**。在最低的层次上,存在者完全消失在形体性东西里面。① 因此在这里,"非存在者"具有最强大的威力,而我们可以用 $A^1=B^3$ 来表述这个情况(即自然界的第一个潜能阶次)。只要 B 在某个地方处于最高潜能阶次,A 在那里就必然处于最低潜能阶次。也就是说,$A^1=B^3$ 是重力的表达式。——在动力学演进过程里,此前沉寂的实体已经亲自赋予自己以生命迹象,因此实体本身**作为** B,亦即作为"非存在者",已经降了一个潜能阶次(等于 B^2),而存在者则是升了一个潜能阶次,因此在这种情况

---

① 原稿里是一个简化的句子:"在最低的层次上完全消失在形体性东西里面。"——原编者注

下，整体是 $A^2=B^2$。在这里，"非存在者"和存在者仍然保持着力量平衡——因此自然界里面的动力学演进过程是一个以斗争为标志的时期(Periode)——，不能得出任何稳固的产物(这些潜能阶次在时间里面也是自行延续的。潜能阶次=时期)。

在**有机体**内部，"非存在者"降到最低潜能阶次，反之存在者又升了一个潜能阶次。因此在这里，B 以 B^1 为代表，A 以 A^3 为代表，[$A^3=B^1$]。

有机的演进过程里的形式和动力学演进过程里的形式全都是同样的形式，只不过已经上升到一个高得多的层次。我在这里同样只是简要谈谈一些关键要点。**最关键的地方**在于，A^2 和 $A=B$ 是合为一体的。现在，光只能在**第一个**维度上与物质结合，而这意味着，至少一切东西都是从属于物质。这种情况就是再生(自私的、实在的维度)、生长(连贯)、发芽、抽条。如果这个结合也在**第二个**维度上发生(与电相对应,但电已经渗透到实体中，因此是一种实体性的电)，那么这种情况就是"激动性"，而在它那里，以下所有维度**再次**重复自身：a)血液循环；b)呼吸；c)随意的运动(最高秘密)。

当光和物质在**第三个**维度上也相互贯穿，在这里，此前表现为**被认识者**的整个**存在**现在已经成为**认识者**，而这种情况是"感受性"。

诚然，在第二个层次上，有机本质曾经面对一个敞开的外在世界，只不过二者仍然处在一种差异关系之中。当一个产物在自身内包含着其他事物的可能性，同时与它们不是处在一种差异关系之中,当产物在自身内直观到它们(感受性,动物的直观能力),这就是有机生命的第三个层次;在这里,那个曾经在开端,曾经在无机物质里面仍然体现出最高威力的B,被征服了,因此它作为此前的被认识者,现在转变为认识者。在感受性里,B一直上升到A^3。如今在这里,如果我们假定有五个感官,那么可以做出如下划分:1)观念的一极和实在的一极——视觉和触觉;2)与那三个基本演进过程相对应:a)磁的感官,即听觉,b)电的感官,即嗅觉,c)化学机理的感官,即味觉。

真正说来,自从A^3通过诸感官而出现之后,自然界就已经完结。只不过精神自身的praesagia[各种预兆],比如本能和艺术冲动,还会在向着魂灵世界的过渡中展现出来。在这之前,它们表现为有机自然界的产物。

已经上升到A^3的B重新分割自身,使自身差异化。现实的一极是植物,观念的一极是动物。植物和动物(在外在形态和内在结构上)的无差别,创世的王冠明珠,则是人(各个维度的塑造)。但是,即使在个别东西内部,同一个对立又通过**性**表现出来(女性=植物,男性=动物)。性别区分的秘密无非是把两个本原的原初关系呈现出来,在这两个本原里,每一个本原**本身**都是实实在在的,就此而言独立于对方,但假若没有对方,它又确实不存在,而且不可能存在。在这个并不排斥同一性的二元性和这个并不排斥二元性的同一性里,中介者是**爱**。上帝自身是通过一种自愿的爱而与自然界联系在一起,他**不需要**自然界,但又不愿意脱离自然界而存在。因为爱不是出现在两个本质相互需要的地方,而是出现在每一个本质本来能够独自存在的地方,比如上帝,他**自在地**——suapte natura［出于自己的本性］——已经是一个存在着的上帝,因此在这里,每一个东西本来能够独自存在,但是并不认为独自存在是一个斩获,也不愿意脱离对方而存在,因为这种做法是不道德的。这也是上帝和自然界的**真实**关系——而且不是一个**单方面的**关系。自然界同样通过爱而被吸引到上帝身边,因此孜孜不倦地致力于生产出神性的果实。

大地爱着天空,持续地渴求着天空,正如女性持续地渴求着男性。上帝像爱自己一样爱着那个低下而卑微的东西,即自然界,因为他只能从自然界那里生育出与**他自己**相似的东西——魂灵。

然而自然界的一个规定仍然没有进入我们的视野。也就是说,自然界的每一个产物都是一个 A 和一个 B,而且是二者的同一性,即原初的实在东西自身。这个东西被迫逐渐从黑暗进入光明,因此［在不同的形态下］,作为重力,作为内聚——作为声——作为光——作为热——最后作为火,最终甚至作为 A^3,作为有机体内部的真正**灵魂**,把自己逐一展现出来。

现在的问题是,既然这个纽带不是一个永恒的纽带,还会出现什么真正值得期待的东西呢?自然界里面的普遍的变动不居是出于什么原因呢?实际上,只有到了这里,这个问题才能够得到答复,而相关答复又要联系到向着魂灵世界的过渡。因此

1) 整个自然界仅仅是一个梯子,或者说仅仅是精神性世界的基础。尽管它在自身之内是一个极具生命力的存在者,但它

之所以存在,不是为着它自己,而是为了相对于魂灵世界而言重新表现为一个"非存在者"。因此,由于自然界仅仅为着一个更高东西——为着绝对的 A^2——而存在,所以它也需要通过更高东西而得到强化,而为了得到这个强化,它唯一的办法就是把自己整合到更高东西里面,成为后者的一个手段,使其作为存在者而达到实存和展现。

2) 然而自然界或"非存在者"只能逐渐地、按着层次得到提升,直到达到一个点,它在那里能够把绝对的 A^2 纳入到自身内,随之成为后者的直接展现,仿佛是后者的身体。

为了做到这一点,自然界唯一的办法只能是在自身内拥有一个与 A^2 相似的东西,也就是说,自然界的起初的 B 必须在一个点得到升华,在那里亲自成为(绝对意义上的)A^2。

现在的问题是,这件事情应当在自然界的哪一个点上面发生?换言之,自然界的升华之点在哪里?

迄今为止,我们已经到达一个点,在这里,自然界的起初的 B 已经提升到 A^3。但是,由于这个 A^3 是相对的,仍然始终是一个客观东西——亦即与整体相关联的时候——,所以现在的情况是,尽管它在与自然界相关联的时候表现为绝对的 A,但在与一个还要更高的 A 相关联的时候,则是重新表现为 B。这个还要更高的 A 不可能仍然位于自然界**之内**,因为当达到第三个潜能阶次,自然界里面的一切东西都已经完成了。因此它位于**自然界之上和之外**。如果我们想要把这些潜能阶次延续下来,那么可以把这个还要更高的 A 标记为 A^4,因为我们在自然界里面已

VII, 455

经有了 A^3。问题在于,我们的这个做法只不过表明,它相对于整个自然界而言是 A^2。因此这个绝对的 A^2——相对于它而言,就连自然界的 A^3(我们在直观能力那里已经找到它的最高行动)也重新表现为 B——位于自然界**之外**或**之上**,但它是在自然界**内部**发挥作用,而不是与自然界决裂,因为真正说来,它只有在和自然界的对立中才成为自然界的普遍激励因素。

现在,A^4 和自然界的 A^3 的第一个关系又相当于主观东西和客观东西、激励者和被激励者的关系。换言之:二者的第一个关系是**对立关系**。——现在的关键在于找到这个对立的**各种现象**。这些现象不是别的,恰恰是动物本能的各种现象,它们对于每一个反思着的人而言都属于最伟大的现象——这是真正的哲学的真正的试金石。

本能的独特之处在于:a)这是一些和理性行为非常相似的行为;b)但它们缺乏任何考虑、反思,或者说缺乏任何主观理性,与此同时,由于主观理性相当于知性,所以这些行为是完全脱离知性而进行的。**对此的解释**:笛卡尔的机械论把动物当作机器。莱布尼茨用模糊表象来解释本能——诚然,本能属于模糊表象的类型,但这个解释还是过于泛泛了。近代以来,人们要么认为本能是理性的类似物,要么认为本能是理性的一个较低层次。前一种说法等于什么都没说,后一种说法是荒谬的。真正的解释应当立足于 A^3(它在这里重新表现为 B,亦即表现为最高潜能阶次中的重力)和 A^4 或绝对的 A^2 之间的对立。A^3 对于 A^4 而言是一种质料,A^4 乐于在其中亲自唤醒一个 A^2(正如它此前在自然界里总是已经唤醒一个与它相似的东西），但它在动物那里尚且不能做到这一点。因为 A^3 被一个绝对精神性本原激励起来，所以它在行动的时候，**仿佛**它自身内部也有这样一个东西；一言以蔽之，A^4 是动物的知性；或者按照古人的一个完全正确的说法：Deus est anima brutorum［上帝是动物的灵魂］。神性东西赋予动物以灵魂，正因如此，动物，或者说动物里面的 A^3，已经遵循着精神性本原而行动，仿佛 A^3 自身就是一个精神性东西（虽然在内敛的或潜在的意义上，它确实已经是这样一个东西）。反之在人那里则不是如此。并非神性东西是他的灵魂，毋宁说，他自身就是他的灵魂。

我们必须区分本能的三个层次。1）作为个体和作为类的自身保存（对于幼崽的爱），——候鸟。2）艺术冲动——创生出某种位于自身之外的东西——（从某方面看来，这是为了抵消生殖冲动）。值得注意的是，本能里面恰恰包含着两种具有代表性的、非常相似的艺术，即建筑术和音乐，因此我们可以说，建筑术在造型艺术里面是真正与音乐相对应的（维特鲁威①）。3）预感。性格———一种静态的基于自身的存在——（这是根本不能否认的）。至于这些性格的片面性，应当在人类世界里遭到克服。

通过 A^4 对于 A^3 的作用，后者内部仿佛局部地激发起了一个 A^4，但这只是局部性的，因此它不是一个绝对的 A^4，——之所以

---

① 维特鲁威（Virtruv 或 Marcus Vitruvius Pollio），公元前 1 世纪的罗马建筑师、工程师和建筑学理论家。他曾经为凯撒设计武器，后服务于屋大维，为罗马城设计了排水系统。此外他在历史上第一次提出，声音产生于空气的振动。——译者注

说"局部性",因为它始终只是处于一个特定的关联中。本能本身总是和某些器官联系在一起,以之为中介;动物始终只有在某些特殊情况下是理智的,但这是一种全面的理智或知性。

只有在人那里,才会最终出现那个长久被寻求和长久被期盼的绝对的 A^2;它是从 B 那里提升上来的,因此自在地看来或 sua natura [按其本性而言],这是一个来自于"非存在者"的存在者。

这个 sua natura [按其本性而言的]存在者是精神,它从"非存在者"那里提升上来。就此而言,这个 natura sua [按其本性而言的]存在者是后来形成的,因此无论如何是一个**有限的精神**。(看起来这是一个极端的矛盾,但自然界恰恰充斥着这类矛盾。)首先,精神是人里面 natura sua [按其本性而言的]存在者,其次,精神毕竟来自于"非存在者",因此仅仅是一个被创造的、有限的精神,——这是它和上帝之间的永恒差别。

现在只剩下一个问题:"为什么绝对观念东西或绝对的 A^2 仅仅在人里面被设定为现实的,而在所有别的地方都被设定为潜在的?"这是一门独立的科学亦即人类学的课题,而人类学的概念因此被固定下来。——对此我仅做以下评论。

在自然界**内部**被唤醒的绝对的 A^2,它和这个自然界的**关系**,仍然相当于主观东西和客观东西、认识者和被认识者的关系。关键在于,只有当绝对客观东西(亦即达到完满和**总体性**的客观东西)出现,绝对主观东西才会出现。这件事情只会在**人**里面发生,正如一句古老的谚语所说的那样,人的身体是一个微观世界或小宇宙。同样的话仅仅适用于唯一的一类存在者,亦即那些伟大的整体,它们因为同时是形体和世界,所以被称作"世界形体"或"天体"。

第三部分

按其本性而言的**存在者**也是唯一自在地或按其概念而言的**自由东西**。一切依赖性都仅仅来自于存在。一个立足于自身、借助其自己的本性的存在者恰恰是这样一个东西,它绝不可能接受别的东西的规定(因为一切被规定都意味着一种被动,亦即一个非存在)。因此上帝作为绝对**存在者**也是绝对自由的东西,而人作为一种从"非存在者"那里提升上来的存在者,也通过他的本质的双重关联而获得了一种完全独特的自由。

也就是说,由于人是从"非存在者"那里提升上来的,所以他本身拥有一个独立于存在者的根基。虽然神性东西是人的精神的提升者和创造者,但人的根基毕竟不同于这个提升者。这个根基和上帝的关系相当于花儿和阳光的关系。花儿虽然只有通过阳光的作用才从黑暗的大地里破土而出,在光明里得到升华,但就根基而言,这里始终有一种独立于阳光的东西。假若人和上帝的关系不是这样一种关系,那么他相对于上帝而言就根本不会有任何自由,仿佛仅仅是阳光里的一丝光线,大火中的一粒火星。你们已经看到,那个基本原理——"上帝自身内部必定有某种不是**他自己**的东西"——如何在这个观察层面上再次作为一个绝对必然的原理出现在我们眼前。乍看起来,这个原理是令人抵触的,尤其是当涉及那些在所谓的"理性宗教"里占据主导地位的抽象概念的时候更是如此。但是,只要我们应当坚持自由,这个原理就是不可回避的。

通常说来,那些捍卫自由的人仅仅想到揭示出人相对于自然界的独立性,而这当然是一件轻松的工作。然而最困难的任务恰恰在于揭示出人相对于上帝而言的内在独立性,承认即使在与上帝相关联的时候,人也拥有自由。

由于人是夹在自然界的"非存在者"和绝对存在者(上帝)中间的一个东西,所以他相对于二者而言都是**自由的**。他之所以相对于上帝而言是自由的,因为他在自然界内部拥有一个独立的根基,而他之所以相对于自然界而言是自由的,因为他里面的神性东西——这个东西位于自然界的正中心,同时凌驾于自然界之上——被唤醒了。神性东西可以被称作人独有的(天然的)一个部分,它使人成为一个个体,成为一个人格性本质;这是人的神性部分。当人被置于无差别之点,他就是**自由的**——在人的意义上——。很显然,自然界的生命一直延伸到人,这是一个持续的提升序列或上升序列,直到在人那里达到一个点,精神性生命终于冉冉升起。——人是这样一种受造物,在他那里,身体性东西作为柔软的基础与精神性东西嵌合在一起,并恰恰因此被提升为一种具有持久性的东西,这种持久性不仅存在于人自身,也存在于自然界的其余部分(因为自然界的产物之间有一种持续联系)。正如人并不是让他的自然生命从属于精神生命,而是在自身内激活那个已经被规定为相对不作为的（自然的、自足的）本原，唤醒它的行动，同样，那个变得晦暗的升华之点也迫使自然界在自身内唤醒这个本原，nolens volens［既情愿也不情愿地］成为一个独立于精神世界的世界。

一切东西都让我们确信，类似的事情已经发生了。1）自然界现在的形态是：a）模糊不清的合规律性（否则一切东西都将是清楚显然的了）；b）偶然事件的从天而降的威力——无论在什么地方，自然界都根本没有显现为一个具有必然性的整体；c）封闭的自然界的焦躁不安，因为，假若它已经达到了最高统一体，必定会安静下来。2）尤其是恶的现实存在，亦即道德世界呈现出来的样子。也就是说，恶不是别的，恰恰是一种相对的"非存在者"，一种作为存在者而崛起，随之驱逐了真正的存在者的东西。恶从一方面来看是"无"，从另一方面来看是一个极为实在的本质。——自然界内部也有恶，比如**毒素**、疾病以及死亡，后者以最有力的方式证明，整个自然界（尤其是人）的这样一种回落是已经现实发生的。

通过以上观察，我们同时获得了一个新的自然观。到目前为止，我们已经把自然界称作第一个潜能阶次。但由于自然界没有赢得永恒性，而是陷入到时间中，所以它成为第一个**时期**（Periode）。真正说来，整个自然界，就其现在的样子而言，仅仅是第一个生命时期，仅仅是最高生命的前院而非最高生命本身。人自身虽然保持为精神，但却是处于潜能阶次 B 之下。人**作为精神**，作为一个居于更高秩序的本质，仍然被回置到存在的层次或第一个潜能阶次的层次。那在自然界里面已经开始的演进过程在人里面再一次从头开始。人同样必须首先让自己重新从"非存在者"那里崛起,驱除自身内的黑暗东西,从一个更高类型的晦暗状态里,从那个充斥着恶、谬误和颠倒的晦暗状态里,召唤出善、真、美的光。为了证明存在掌控着人,人已经回落到第一个潜能阶次,我们只需看看,外在东西在这个生命里施加在内在东西身上的那种**暴力**。一旦自然界的实存受到人的威胁,一旦自然界被迫把自己建构为一个**自足的**世界,现在的一切东西看起来就仅仅致力于维护生命的这个外在基础。一切东西,包括最高贵的东西,都和自然界一起进入冲突状态,走向根据[消灭在其中],而且最好的东西仿佛必须和这个外在的暴力结成联盟,这样才能得到容忍。当然,只要一个东西能够经历这个斗争而坚持下来,能够在外在东西的暴力压迫之下仍然坚持为一个神性东西,它就像经过大火的考验一样,必定在自身内真正具有一个完全神性的力量。

VII, 460

尽管如此,对于人之回落到自然界和第一个潜能阶次,最大的证明还是在于如下情况。

世界上不是只有单一的个人。存在着许多人,存在着一个**人类**,一个整全意义上的人。

正如自然界里面的事物的多样性追求着一个整体,仿佛只有在这个整体之内才达到自身完满并感到幸福,人类世界里面的多样性同样也是如此。

自然界的真正统一体本来应当是人,并且通过人而成为一种神性东西和永恒东西。问题在于,由于人的过错,自然界已经失去了这个温柔的统一体;现在它必须寻求一个自足的统一体。但由于真正的统一体不可能位于自然界之内,而是只能位于上帝之内,所以恰恰通过与上帝分离,自然界就在各种持续不断的斗争里面牺牲了。它寻求着统一体,却徒劳无获。假若自然界能够达到自己的统一之点和升华之点,它就会成为一种完全有机的东西,它就会把自己提升为存在者的最高等级,而那个在人里面被唤醒的精神也会倾注在它身上。现在,由于自然界不能达到这个有机的统一体,无机事物(Anorgismus)就扬起了自己的头颅。从类型来说,无机事物同样是一种已经提升为存在者的"非存在者"。"无机事物的**王国**"这个说法是一个矛盾,因为"王国"是一个统一体,而无机事物意味着非统一体。现在的关键在于,"非存在者"恰恰已经成为存在者,而且它必须、**不得不愿意**作为存在者而存在。

恰恰在这里,正如自然界已经失去了自己的真正统一之点,整全意义上的人也失去了这个点。对于整全意义上的人来说,统一之点仅仅出现在一种情况里,即人保持为一个无差别或中心点——这样的话,**上帝自身**就会成为人的统一体——,而且只有**上帝**能够是自由存在者的统一体。

现在,虽然始终有自由存在者,但他们和上帝是分离的。

现在,他们必须寻求自己的统一体,却不可能找到它。

上帝已经不可能是他们的统一体,所以他们必须寻求一个自然统一体,但因为这个统一体不可能是自由存在者的真正统一体,所以它和万物的纽带,和那个把无机自然界整合起来的纽带一样,仅仅是一个时间性的、随时消逝的纽带。

自然统一体,作为第一自然界之上的第二自然界(zweite Natur)①,作为人类无奈接受下来的统一体,就是**国家**。正因如此,坦白地说,国家就是那个压在人类头上的诅咒的一个后果。由于人类不可能把上帝当作统一体,所以他们必须从属于一个自然的统一体。

国家在自身内包含着一个矛盾。它是一个自然统一体,亦即一个只有借助自然手段而发挥作用的统一体。诚然,假若国家的统治是伴随着一些理性,它也会知道,它不可能单凭自然手段而建立起任何东西,而是必须采用一些更高层次的精神性动机。然而国家不可能提供这类动机,因为它们不受国家的掌控,与此同时,国家却吹嘘自己能够制造出一种伦理状态,亦即和自然界一样能够作为一种**权力**而存在。对于自由的魂灵来说,任何自然统一体都是不充分的;此外还需要一个更高层次的祥瑞之物(Talisman),因此每一个统一体,包括那些在国家里面产生出来的统一体,都始终只是一个脆弱的、时间性的统一体。

众所周知,人们已经绞尽脑汁想要表明——尤其是法国大革命和康德的那些概念出现以后更是如此——,诸多自由存在

---

① 在《哲学与宗教》(1804)里,谢林已经提出,国家作为"第二自然界",只能确保"一种外在的和法律上的统一体"(VI, 68),但要做到人类的"内在的统一体",还是必须依靠那些真正"内在的东西",亦即哲学和宗教。以此为中介,在国家秩序之上,还有作为"最高秩序的统一体"的上帝。参阅谢林:《哲学与宗教》,先刚译,北京:北京大学出版社,2017年,第86—87页。——译者注

者和统一体的联合是可能的,也就是说,一个国家是可能的,而真正说来,国家仅仅是个人的最大可能的自由的条件。然而这种意义上的国家是不可能的。要么国家权力被剥夺了应有的力量,要么被赋予这种力量,随之出现专制政体。(英格兰是一个岛屿。希腊从某方面来说也是一个岛屿国家。)因此很自然地,当一个人人奢谈自由的时代结束之后,有些最为坚韧不拔人物就遵循着一个完满国家的理念,在理论上主张一种最恶劣的专制政体(比如费希特的"封闭的商业国"就是如此)。

  我的观点是,国家**本身**根本不可能找到真正的、绝对的统一体,一切国家都仅仅是一些尝试,要么企图找到这样一个统一体,要么企图让自己成为有机的整体,而它们并不能真正做到这一点,或者说它们至少承担着每一个有机本质的命运,即首先蓬勃发展直至成熟,然后老去和最终死去。至于一个"理性国家"的理念,如果这是指一个理想中的国家,那么柏拉图已经展示其情形,虽然他并没有明确说出这个词语。真正的国家以大地上的天国为前提,真正的πολιτεία [理想国] 仅仅位于天国里面;"自由"和"无辜"是绝对国家的唯一条件。柏拉图的国家完全以这两个要素为前提。然而柏拉图并没有说,这样一个国家(如同我在这里描述的那样)会实现;他的意思是,假若有这样一个绝对完满的国家,那么它必定是如此这般,也就是说,他首先预设了"自由"和"无辜",然后再来考察,这样一个国家是否可能。

  通过国家相互之间的冲突而产生出来的最高纠缠状态,一个没有找到、也不可能找到的统一体的最高现象,就是**战争**,因此战争和自然界内部的各种元素之间的斗争一样,都是必然的。在这里,人们完全陷入到自然存在物相互之间的关系中。

如果我们再加上那些只有通过国家才发展起来的灾难——贫穷——大规模的、群体性的恶——,看看人类如何完全堕落为自然东西,甚至为着自己的生存而斗争,那么人类这方面的形象就算完满了。

迄今为止,我们考察的是人的堕落方面。现在我们也要考察他的**重新崛起**。人之所以堕落,在于 A^2 和 $A=B$ 之间的纽带被割断了,而人本身随之完全落入到外在世界里面。这个鸿沟不可能长久保留,否则它也会冒犯上帝自身的实存。然而这个鸿沟如何才能够被填平呢?这事不能指望处于现在这个状态下的人。因此只能指望**上帝自己**——只有上帝能够制造出精神世界和自然世界的纽带;也就是说,只能指望第二个**启示**,类似于起初的创世中的第一个启示。在这里,狭义上的"启示"概念作为一个哲学上必然的概念而出现。启示具有不同的层次;最高层次的启示意味着,神性东西亲自使自己成为一个有限者,一言以蔽之,它亲自成为**人**,并且仿佛作为第二个人或神性之人而重新成为上帝和人类之间的中介者,正如第一个人是上帝和自然界之间的中介者。——这个启示不可能制造出上帝和**存在**的世界的直接代言人。这是不可能的,除非把存在的世界作为一个**自足的**世界(现在它已经是这样一个世界)消灭掉。假若这就是上帝的愿望,那么他根本不需要作出任何启示。毋宁说,启示以世界的败坏状态为前提。人曾经被规定为自然界的中介者,但他

VII, 463

辜负了自然界。现在反而是人需要一个中介者。但是，一旦人重新获得精神性生命，他就有能力重新成为上帝和世界之间的中介者；基督的现象尤其表明，人在和自然界打交道的时候原本应当是什么样子。基督通过他的**纯粹**意志就成为自然界的主宰，**他和自然界的那种魔法一般的联系**，就是人原本应当置身其中的联系。

国家是一个企图创造出纯粹外在的统一体的尝试，与之相对立的是一个立足于启示的机构，即**教会**，它的目标是创造出一个内在的统一体或心灵统一体。教会是启示的必然后果，真正说来，它仅仅是对于启示的承认。问题在于，对于内在世界和外在世界之间已经出现的分裂而言，教会不可能成为一个**外在的暴力**，毋宁说，只要那个分裂存在着，外在东西的权力就会把教会日益挤压到内在方面。

在早先的教权等级制度时期，教会犯下的错误不是在于它介入到国家里面，而是正相反，它为国家提供一个入口，向其敞开，把国家的各种形式纳入到自身之内，而不是保持着它与一切外在东西无关的纯粹性。真实的东西和神性东西根本就不应当受惠于外在的暴力，而且，一旦教会开始迫害那些具有错误信仰的人，它就已经丢失了自己的真正理念。教会本来应当抱着宽宏大量的姿态，自觉地把它那些来自于天国的财富同样施舍给无信仰的人，而不是处处树敌，把他们看作敌人。

从根本上来说，近代历史是伴随着基督教抵达欧洲而开始的。只要人们观察这段历史，就会发现，人类必须坚持两个尝试,要么找到一个统一体,要么创造出一个统一体。人类必须首先通过教会而创造出一个内在的统一体,但由于教会企图让自己同时作为一个外在的统一体而发挥作用,所以这个尝试必定会失败。随后人类必须作出下一个尝试,即通过国家而创造出一个**外在的**统一体。只有当教权等级制度被颠覆之后,国家才获得这个意义,而且显而易见的是,当人们以为可以愈来愈摆脱那个内在的统一体的时候,相应地,政治独裁的压力也在不断增长,直到趋于极致。或许到了这个时候,经过这些片面的尝试之后,人类才会最终找到正确的东西。

不管最终的目标是什么样子,至少如下情况是确定的,即真正的统一体只有沿着宗教的道路才是可以达到的,而且,只有当人类中间的宗教认识得到最高的、最全面的发展,这些认识才有能力对国家施加影响(而不是把国家当作一个可有可无的东西而推翻),使国家逐渐摆脱盲目的暴力(国家也是这个东西的奴仆),升华为一种理智。这意味着,既不能让教会统治国家,也不能让国家统治教会,毋宁说,国家应当在自身内发展出宗教本原,而所有民族的伟大联盟则是以一些已经普遍化的宗教信念为基础。

VII, 465

不管地球上的族类的命运会是怎样的,个人至少具有一种可能性,即像起初的人对于整个地球已经采取的做法那样,现在就跑到族类前面,预先为自己抓取最高的东西。

这样一来,现在我们对于人类精神的考察可以不再局限于其外在命运和外在尝试,而是遵循其内在本质,遵循那些同样包含在个人里面的力量和潜能阶次。

人类精神自身之内同样有三个潜能阶次或三个方面。从第一个方面来看,人指向实在世界,不能从中摆脱出来。与之相对立的是观念方面,人在这里达到了最高的净化和最纯粹的精神性。从居中的方面或第二个方面来看,人出现在观念世界和实在世界之间,以便通过自由要么在自身内重新制造出两个世界的纽带,要么坚持二者的分裂。

一般说来,德语通过"心灵"(Gemüth)、"精神"(Geist)和"灵魂"(Seele)这三个词语贴切地标记出精神的这三个方面或潜能阶次。在这三个东西里面,每一个都在自身内又包含着三个潜能阶次,它们分别表现为心灵、精神和灵魂。

I. **心灵**是精神的黑暗本原(因为"精神"同时是一个普遍的表述),它使精神从实在方面出发与自然界建立联系,在观念方面与一个更高的世界建立联系,但这仅仅是一个黑暗的联系。

人的本性里面最黑暗,随之最深沉的东西是**渴慕**(Sehnsucht),它仿佛是心灵的内在重力,因此其最深沉的现象是**沉郁**(Schwermuth)。这个东西尤其促成了人和自然界的通感(Sympathie)。自然界的最深沉的东西也是沉郁;自然界也在哀悼着一个已失去的善,一切生命也萦绕着一种挥之不去的忧伤,因为它在自身**下面**拥有某种不依赖于自己的东西。(**上面的**东西要提升它,**下面的**东西要拉低它。)

心灵的下一个潜能阶次在心灵内部与精神相对应——因此一般说来与精神的性格相对应。精神是 natura sua［按其本性而言的]存在者,一团从自身出发而燃烧起来的火苗。但是,由于精神作为存在者而与存在相对立,所以精神真正说来无非是对于存在的寻求,正如火苗是对于物质的寻求。因此精神的最深沉的本质是寻求(Sucht)、欲望(Beigerde)、乐趣(Lust)。如果一个人希望按照精神的最深沉的根基来把握"精神"概念,那么他必须非常了解**欲望**的本质。欲望在自身内首先展现出某种完全基于自身的存在者,欲望是某种不可根除的东西;就每一种欲望而言,无辜只需一次就会被夺走。欲望是对于存在的渴求(Hunger),而且每一次满足都只会给予它新的力量,亦即造成一个更为强烈的渴求。唯其如此,人们才能够清楚看到精神的不可消融的因素。自从人亲自与存在决裂之后,他已经不再具有对于存在的任何影响,仿佛作为存在者完全赤裸裸地站在那里,在这种情况下,我们很容易猜想到,人内心的这种对于存在的欲望和渴求有可能攀升到何等程度。

心灵的第三个潜能阶次是**情感**(Gefühl)或感受性,正如在有机自然界里,先行的东西是激动性。情感是心灵的最高的、最美妙的东西,是每一个人应当在心灵里拥有,并且对其珍视超过其他一切东西。

真正说来,心灵是人的实在因素,只有伴随着它并且借助于它,人才能够对一切东西发挥作用。最伟大的精神如果不具有心灵,就始终是无用的,也不可能生产或创造出任何东西。——有些人企图把科学完全建立在情感上面,这个奠基行为虽然处于最高的潜能阶次,但属于最低的层次。

II. 精神的第二个潜能阶次，就是我们所说的狭义的**精神**（l'esprit），——它是人里面的真正的人格性东西，因此也是一个真正代表着意识的潜能阶次。

按照之前所述，精神的**普遍方面**在于，它是对于存在的欲望、寻求、渴求。在第一个潜能阶次亦即心灵里，精神尚且是人的无意识部分，尚且是**单纯的**欲望和乐趣，但它在这里已经是**自觉的**欲望，一言以蔽之，已经是**意志**。因此意志是精神真正意义上的最内在的东西。

然而意志又有两个方面：实在的方面与人的个体性相关联，是**私己意志**，普遍的或观念的方面是知性。

因此狭义的精神也有三个潜能阶次。a）第一个潜能阶次代表着私己意志和自私，一种缺乏**知性**的盲目东西。（私己意志**必须**存在。它并非自在地就是恶，而是只有当占据主导地位的时候才是恶。美德如果和积极的私己意志毫不沾边，就是一种徒劳无益的美德。因此人们可以说，善人在自身内包含着恶。如果一个善不是在自身包含着一个已经被克服的恶，它就不是真正的、活生生的善。因此一种最积极的、同时又居于从属地位的私己意志乃是最高的东西。）b）与之相对立的是最高潜能阶次，而这恰恰是知性。通过知性和私己意志的结合，居间的潜能阶次自行产生出来。c）这就是真正意义上的意志，它在这里重新显现为一个无差别之点。关键在于，意志之所以真正具有自由，不是因为**这个**关系——不是因为它处于知性和私己意志之间，而是因为它处于第一个（最低的）潜能阶次和第三个（最高的)潜能阶次之间。就此而言,为了完满地认识到自由的本质,我们必须首先考察第三个潜能阶次。

通常的看法是,精神是人里面的最高东西。然而事情根本不可能是这样的,因为精神有可能生病、犯错误、造孽或者作恶。由于疾病、谬误和恶的起因始终在于一个相对的"非存在者"凌驾于存在者之上,所以当人类精神在与一个更高东西相关联的时候,必定又是一个相对的"非存在者"。假若不是这样,实际上就不会有真理和谬误的区别了。从某种意义上来说,假若没有一个更高的、凌驾于精神之上的机构,那么每一个人都是有道理的,同时**没有任何人**是有道理的。也就是说,精神不可能是最高法官,因为它的各种言论不能保持自身一致。——同样,谬误并不是意味着真理的单纯**褫夺**。谬误是某种极为具有肯定意义的东西。它不是缺乏精神,而是一个颠倒的精神。因此谬误是非常富有精神的[机智的],同时仍然是谬误。——同样,恶也不是善的单纯褫夺,不是对于内在和谐的单纯否定,而是一种积极的不和谐。恶也不是像现在很多人以为的那样来自于身体。身体是一朵花儿,有些人从中汲取蜜汁,有些人从中汲取毒液。并非身体感染了精神,毋宁说正相反,是精神感染了身体。从某个角度来看,恶是一种最纯粹的精神性东西,因为是它导致一场针对全部**存在**的最猛烈的战争,甚至企图颠覆创世的根据。如果有人稍稍了解一些谈论到恶的神秘学理论(因为人们必须用心灵,而不是用头脑来忽视这个东西),就会知道,最高的败坏状态恰恰也是一种最为精神性的败坏状态,在这个状态里,一切自

VII, 468

然东西,包括感性乃至淫欲本身,最终都消失了,或者说过渡到残暴,而且一个精灵古怪的-魔鬼般的恶人甚至比一个善人更加不屑于享受。既然谬误和恶毒都是精神性东西,都是来自于精神,那么精神就不可能是最高东西。因此

　　III. 这个最高东西,第三个潜能阶次,乃是**灵魂**。在日常语言里,我们已经区分"有精神的人"和"有灵魂的人"。无疑,一个富有精神的人也可能是一个缺乏灵魂的人。

　　灵魂是**人里面**真正意义上的神性东西,因此是一种**非人格性的东西**;它是真正意义上的存在者,而人格性东西应当作为一个"非存在者"而从属于它。相关疑难的解答:a)人们经常谈到"灵魂病"。然而这种疾病根本就不存在。我在随后还会以一种更明确的方式展示,只有心灵或精神才有可能生病。b)人们在日常生活中确实会说,某人有一个邪恶的、黑暗的或虚伪的"灵魂"。然而这个说法和"虚伪的美德"之类说法一样[,仅仅是词语的误用]。反过来,人们绝不可能说,一个作恶多端或臭名昭著的人是带着**灵魂**而行动。就此而言,"黑暗的灵魂"根本就**不是**灵魂。(同理,虽然存在着"富有精神的[机智的]"谬误,但不存在"富有灵魂"的谬误。)

　　因此灵魂是一种非人格性的东西。精神**进行认知**(weiß),但灵魂并不进行认知,毋宁说它就是知识或科学(Wissenschaft)。精神因为在自身内也包含着作恶的可能性,所以它仅仅有可能是**善的**,亦即分有善,而灵魂不是"善的",毋宁说它就是"善"本身。

因此从心灵出发,确切地说,从它最深沉的渴慕出发,有一个直达灵魂的持续序列。心灵和精神要保持**健康**,前提在于这个序列没有中断,而且仿佛有一个持续的管道,从灵魂出发一直延伸到心灵的最深处。因此灵魂的作用在于让人和上帝保持联系,假若没有这个联系,受造物(尤其是人)根本不可能存在哪怕一瞬。相应地,一旦管道中断,就会出现**疾病**,而且是心灵疾病,特别是当渴慕战胜情感的时候更是如此,因为情感在心灵里仿佛代表着灵魂。因此,1)如果管道在情感那里中断,就会产生出心灵疾病;2)如果管道在知性那里中断,就会产生出**愚蠢**(Blödsinn)。愚蠢的人经常具有充沛的心灵力量,尤其是具有强大的私己意志,但因为这个私己意志不是由知性引导的,所以是无害的,真正说来仅仅指向享受之类的东西;3)如果管道在知性和灵魂之间中断,就会产生出最恐怖的东西,即**疯狂**(Wahnsinn)。严格地说,我不应当说"它产生出来"(er entsteht),而是应当说"**它现身出来**"(er tritt hervor)。为了解释这一点,我再作如下评论。

什么是人里面的精神?答复是:它是一个存在者,但这个存在者来自于"非存在者",也就是说,它是一个知性,但这个知性来自于缺乏知性的东西。同样,当我们谈到"人类精神的**基础**"时,"基础"这个词语是什么意思呢?答复是:一种缺乏知性的东西。在这里,既然人类精神相对于灵魂而言又表现为一个相对的"非存在者",那么它相对于灵魂而言也表现为一种缺乏知性的东西。附带说一句,当人类精神脱离灵魂,随之脱离上帝,从这个角度来看，它的最深沉的本质就是**疯狂**。因此疯狂不是"产生出来"，而仅仅是"现身出来"，因为它意味着，原本的"非存在者"（亦即缺乏知性的东西）企图成为本质和存在者，随之激活自身。

因此知性本身的基础是疯狂。就此而言，疯狂是一个必然的要素，只不过它不应当走上台面，不应当被激活。真正说来，如果我们所称的"知性"是一个现实的、活生生的、积极的知性，那么它无非是一个**已经被控制住**的疯狂。知性只能在它的对立面亦即一种缺乏知性的东西那里显露自身和展现自身。那些在自身内不具有疯狂特性的人，仅仅具有一种空洞而无用的知性。因此有一个反过来的说法：nullum magnum ingenium sine quadam dementia［没有哪个伟大的天才不带有某种疯狂］；这就是柏拉图和诗人们所说的"神性疯狂"。也就是说，如果这个疯狂通过灵魂的影响而受到控制，那么它就是真正意义上的神性疯狂，随之也是激奋乃至全部效用性的根据。——总的说来，即使是单纯的知性，只要它是一个强有力的、活生生的东西，其实只是一个被控制的、被约束的、被管理的疯狂。当然，在有些情况下，知性也不再能够控制那个在我们的本质深处沉睡着的疯狂。因此当人们承受一个巨大的痛苦时，知性同样不可能提供任何安慰。在这种情况下，如果精神和心灵感受不到灵魂的温柔影响，起初的黑暗本质就会爆发出来，并且挟裹着知性（一个相对灵魂而言的"非存在者"）东冲西撞。在这种情况下，疯狂现身出来，以一种恐怖的场景昭示人们，意志脱离上帝之后会变成什么样子。

同样，当那些居于从属地位的力量（知性、意志、欲望、渴慕等等）企图独自发挥作用，而不是归属于一个更高东西，谬误就以类似的方式产生出来。

现在可知，真正的人类自由的前提恰恰在于，精神一方面服从灵魂，另一方面凌驾于心灵之上。精神，亦即意志（因为意志在精神**内部**又是精神），可以要么遵循自上而下的激励（即灵魂的激励），要么遵循自下而上的激励（即私己意志的激励），也就是说，它可以要么把更高东西，要么把卑微东西当作自己的本原，相应地，它就会做出善的或恶的行动。如果意志想要把自己建立在它自己的基础之上，就必然会疏远灵魂，随之疏远善；反之，如果它服从灵魂，就会疏远私己意志，随之疏远恶。

灵魂作为绝对的神性东西，其实在自身内已经不再有任何层次之分。它是人里面的内在天国。然而灵魂能够以不同的方式与下属东西相关联，随之具有不同的表现。1）灵魂能够与下属的潜能阶次的**实在东西**相关联，亦即与渴慕、自主力量和私己意志相关联。这是**艺术**和诗里面发生的事情。渴慕和自主力量是艺术里的真正工具。在这里，二者显现为完全自由的东西，具有完满的实在性，同时又如其应当的那样从属于灵魂。假若作者一方面缺乏私己力量，另一方面缺乏深沉的渴慕，他所创作的作品就不具有任何实在性；假若作者缺乏灵魂，那么这些作品就不具有任何理想性。艺术里面的最高成就同样也是观念东西和实在东西的融合（艺术作品是完全理想性的，同时又和自然产物一样是完全实实在在的——这里又出现"无辜"问题)。

2)灵魂能够与情感和知性相关联,二者是与最初的两个潜能阶次相对应的潜能阶次。这样一来,就产生出最高意义上的科学,亦即那种直接受到灵魂激励的科学——**哲学**。

现在是时候谈谈**理性**的本质了。

人们总是在知性和理性之间制造出一个对立。这是完全错误的。知性和理性是同一个东西,只不过处在不同的视角之下而已。通常说来,理性都被认为高于知性。然而这也只有在某种意义上才是真实的。知性显然意味着某种更加**积极**和主动的东西,而**理性**则是意味着某种更加被动的、奉献自身的东西。因此,说"这是一个合乎知性的人"和说"这是一个合乎理性的人",完全不是一回事。当人们说,"某人展示出很多理性",其主要想表达的意思是指他展示出对于更高动机的顺从,而不是指他展示出积极性。也就是说,理性的本质里面显然包含着某种奉献式的、被动的东西;但从另一方面来看,知性和理性真的只能是同一个东西,因此我们必须说:理性无非是那个顺从更高东西(灵魂)的知性。相应地,在真正的科学里,理性也表现为一个现实的被动东西,而灵魂才是真正的主动东西。理性仅仅接纳真理,它是一本记载着灵魂激励的书,同时也是真理的一块试金石。凡是理性不予采纳的东西,凡是理性加以拒绝,不让其混入自身内的东西,都不是来自于灵魂的激励,而是来自于人格性。在这种情况下,理性之于哲学而言,相当于纯粹空间之于几何学家。凡是几何学里面错误的东西,凡是不正确的概念——比如

"一个大边对小角的三角形"——,空间都不会予以采纳,而是加以拒绝。

一切创造物都包含着一个黑暗本原;这就是质料,而更高本质的创造物都是从中抽取出来的。对于哲学来说,这个黑暗本原就是**情感**;因此如果没有情感,人们当然不可能创造出任何东西,尽管它并不是最高东西。

因此真正的哲学是由灵魂、理性和情感构成的。这样一来,哲学在这里已经完成了它自己的建构。

3)灵魂能够与意志和欲望相关联。如果意志和欲望完全从属于灵魂,与之处于持久的联系中,这样产生出来的,就不是个别的善的行动,而是灵魂的道德体系或最高意义上的**美德**,亦即意志的 virtus[卓越性]、纯粹性、杰出性和强大力量。——在我看来,诸如"让灵魂在你内部行动"或"你应当完全作为一个圣人而行动"之类说法是一个把各种道德体系(伊壁鸠鲁主义和斯多亚主义)的真相整合起来的最高原则。关于这个原则,康德仅仅提供了一个单纯**形式上的**表述。"你应当遵循灵魂而行动",这句话的意思仅仅是:你不应当作为一个人格性本质,而是应当作为一个完全非人格性的东西而行动,你不应当用你的人格性来干扰灵魂在你内部造成的影响。艺术和科学的一切作品的最高成就之所以产生出来,也是因为一种非人格性的东西在其中发挥作用。在一个艺术作品那里,人们把这种情况称作客观性,而它真正表达的仅仅是主观性的对立面。借用我的弟弟在一篇讨论灵魂的论文①里的话来说,"[只有]真正的艺术家在他的作品里,真正的英雄在他的行动里,哲学家在他的理念里"才会达到这种客观性。一旦达到这样一个顶峰,时间性东西和一切人类主观性都会在那里剥落,而对于这样产生出来的作品,人们几乎可以说:"灵魂无需人的介入就完成了这些作品。"神性东西只有通过神性东西而被创造、被认识、被影响。

最后,灵魂也能够完全纯粹地、无需任何特殊的关联、完全无条件地发挥作用。灵魂的这种无条件的统治是**宗教**,这不是科学,而是心灵和精神的内在的最高极乐。在这里,美德、科学和艺术仍然与宗教具有亲缘关系,甚至可以说,它们和它仅仅立足于**同一个根基**(尽管它们并不因此是**同一个东西**)。

灵魂对应于 A^3,而 A^3 是神性的爱,因为它是创世的纽带,亦即"非存在者"和存在者、有限者和无限者的同一性。灵魂的本质也是爱,而爱是一切通过灵魂而产生出来的东西的本原。——爱的温暖气息必须吹拂艺术作品,使之得到升华,这一点已经得到普遍承认。对于那些最美好的作品,我们说,它们是带着爱而被制造出来的,甚至可以说,是爱亲自制造出它们。——处于最高潜能阶次的科学同样也是爱的作品,因此它当仁不让拥有一个美好的名字,"哲学",即对智慧的爱。一个生而注定为哲学家的人在内心里感受到对于智慧的爱,后者又包含着神性的爱,因为神性的爱不会让那个被驱逐和被排斥的自

---

① K. E. 谢林:《未来灵魂学说原理》(*Grundsätze zu einer künftigen Seelenlehre*),载于《作为科学的医学年鉴》第二卷,第2册,第190页以下。——原编者注。译者按,卡尔·埃伯哈特·谢林(Karl Eberhard Schelling, 1783—1854),德国医生。

然界停留在遗弃状态中,而是要让它重新具有精神性并升华为神性东西,并且把整个宇宙揉合成爱的唯一伟大作品。

到此为止,我们已经把人导向他在此生能够达到的最高峰。余下来唯一需要谈论的,是人在一种未来生命中的命运。

真正说来,迄今谈到的全部东西都仅仅属于第一个潜能阶次。对于人来说,真正的第二个潜能阶次只有在死后才开始。在这里,我们采取的方法仍然和通常一样,即从生命开始。因此我们首先谈论**人从第一个潜能阶次(他的生命)到第二个潜能阶次的过渡**,即**死亡**。

死亡的必然性以两个绝对**不相容的**本原为前提,而它们的分离就是死亡。不相容的并非相互对立的东西,而是相互矛盾的东西。比如存在者和"非存在者"并不是不相容的,因为它们相互依存;但是,如果"非存在者"本身想要成为一个存在者,并且企图把真正的存在者弄成一个"非存在者",这就是不相容的。这就是善和恶的关系。当然,善和恶的冲突并不是**一般地**基于人的过错,而是独立于人,在人之外激发起来的。人通过他的身体沾染了自然界里面的这个矛盾,而这个矛盾必然使得精神在此生里不可能完全按照它的 Esse [存在]而显现,而是在某方面只能按照它的 non-Esse [非存在]而显现。也就是说,人的精神必然是一个**已经做出决断的东西**(当然,决断有程度之别,但无决断本身也是一个决断,即仅仅有条件地把善当作意愿的对象)——因此人的精神要么是善的,要么是恶的。问题在于,自然界没有做出决断,而且它现在的形态看起来恰恰是立足于善和恶的持续相互作用,以至于如果把善或恶从它那里拿走,那么它根本不会是现在的样子,而是会失去它的全部属性。诚然,假若这个内在的冲突不是后来才有的,假若分裂不是后于统一体而发生的,自然界恐怕早就已经由于它而分离崩析了:现在的自然界虽然是四分五裂的,但终归是通过原初的统一体而被整合在一起。既然自然界里有善和恶的混合,那么在人和自然界的共有物里——这个东西使人与自然界保持联系——,亦即在他的身体和他的心灵里,也有一个类似的混合(所以恶首先想要扼杀的是心灵,因为心灵里面尚且有善的残余)。基于这个理由,人在此生不可能完全显现为他**所是**的东西(亦即一个作为精神的存在者),于是出现"外在人"与"内在人"、"**显现着的人**"和"**存在着的人**"的区分。"存在着的人"是一个作为精神而存在着的人,反之,"显现着的人"是一个盲目的、不由自主的、被一个不可避免的对立拉拽着前进的人。他的内在的善被其本性上附着的恶遮蔽了,而他的内在的恶则是通过其本性具有的不由自主的善而得到遮掩和柔化。但总有一天,人必定会达到他的真正的 Esse[存在],摆脱相对的 non-Esse[非存在]。为了做到这一点,他必须完全置身于他自己的 A^2 中,虽然没有与整个自然生命,但毕竟与**此生**分离;一言以蔽之,他必须死亡或过渡到魂灵世界。

　　人进入魂灵世界之后是怎样的情形呢?答复是:一切在这里已经属于**他自己**的东西都会带过去,只有那些不属于**他自己**的东西会残留下来。也就是说,人在过渡到魂灵世界的时候,**不**

仅带着他的严格意义上的精神,而且带着那些在他的身体里属于**他自己**的东西,亦即身体里的精神性东西或精灵性东西。(因此对于如下情况的认识是非常重要的:1)自在且自为地看来,身体已经包含着一个精神性本原;2)并非身体感染了精神,而是精神感染了身体;善人用善来刺激身体,恶人用恶来刺激精神。身体是一块容纳所有种子的土地,善和恶都在其中得到滋养。因此,人在他的身体中收获的善和在其中播下的恶,都会在死后跟随着他。)

就此而言,死亡并不是指精神和身体绝对地分离,而仅仅是指精神和身体的一个与精神矛盾的要素分离,亦即善和恶的分离或恶和善的分离(因此那个残留下来的东西不叫作**身体**,而叫作尸体)。因此人并非只有一个部分是不死的,毋宁说,整个人按他的 Esse［存在］而言都是不死的,而死亡则是一种 reductio ad essentiam［向着本质的回归］。那个在死亡中没有残留下来——因为残留下来的仅仅是 caput mortuum［枯骨］——,而是得到塑造的东西,既非单纯精神性的,也非单纯身体性的,毋宁说,它是身体里的精神性东西和精神里的身体性东西;我们把它称作"精灵性东西"(das Dämonische),而且绝不能把它和精神性东西混淆起来。因此人的不死部分是精灵性东西,它不是对于身体性东西的否定,而是一种本质化了的身体性东西。因此这个精灵性东西是一个**极为现实的**东西,甚至可以说比一个居于此生的**人更为现实得多**;在民间语言里——这里真正诠释了什么叫作 vox populi vox Dei［人民的声音是上帝的声音］——,我们不是

VII, 476

把这个东西称作**精神**(*den* Geist),而是称作**魂灵**(*einen* Geist);比如,当人们说某人看到了一个魂灵,这恰恰是指那个极为现实的、本质化了的本质。

　　人在死后不是置身于绝对的或神性的 A^2,而是置身于他**自己的** A^2。神性的 A^2 作为绝对存在者,必定也是绝对的善,而在这个意义上,没有任何人能够在善的方面比肩唯一的上帝。上帝之外的其他善的东西,都仅仅是作为一个相对的"非存在者"而分享了存在者;至于那个与存在者相对立的东西,则是恶的精神。诚然,当善人置身于**他自己的** A^2 的时候,也是置身于神性的 A^2;反之,当恶人置身于他自己的 A^2 的时候,却是恰恰因此被神性的 A^2 驱逐出去,只能通过自然界的中介来分享神性的 A^2。简言之,善人已经超越到自然界之上,而恶人仍然居于自然界之下。

　　通常说来,人们把一个处于死后状态的人想象为一个安乐的本质,或在一种非常抽象的意义上,想象为一个纯粹的、纯净的思维。但实际上,正如之前所述,死者是一个极为现实的,甚至比活着的人更强有力和更现实的人。——对此的**证明**:a)一切虚弱性都来自于心灵的分裂。假若一个人能够完全克服心灵的分裂,在自身内仅仅拥有善,那么他简直有翻江倒海的能力。因此我们也发现,有些人在活着的时候几乎已经成为精灵(而且恶人比善人更容易达到这个决定性的状态)——,并且在自身内拥有某种不可抗拒的东西;每一个遭遇他们的东西都会为之神魂颠倒,完全没有勇气或力量去展示自身(如果这些东西不是什么善的东西,而是一个恶的东西,事情就更是如此)。类似的情形是,在每一个可能的领域里,都会有技艺精湛的大师让笨蛋和混蛋感到自惭形秽。b)正因为这里(此生里)掺杂进了一个偶然东西,所以本质性东西也会遭到弱化。因此,一旦摆脱这个偶然东西,精神就成为纯粹的生命和力量,于是恶的东西变得更恶,善的东西变得更善。

至于死后状态的**特殊方面**,通常被比拟为沉睡,而这里的"沉睡"无非是指内在东西被外在东西压倒之后走向瓦解。实际上,这个状态应当被看作是一种沉睡的清醒和一种清醒的沉睡,或者说 clairvoyance [通灵],亦即不是通过感官,而是直接与对象沟通。——这个说法是否也适合于恶人呢?答复是:黑暗同样有自己的光,正如存在者在自身内也包含着一个"非存在者"。除此之外,clairvoyance [通灵] 的最高对立面是**疯狂**。因此疯狂是地狱的状态。有人问,回忆能力在这里发挥着什么作用?关键在于,回忆能力不会笼罩一切可能的东西,毋宁说,为了能够在正确的时间做到遗忘,一个正常的人必须放弃这里的很多东西。那时会有一个遗忘,一个忘川,但它的作用是不同的:善人到达那里之后,将会遗忘一切恶的东西,因此也会遗忘一切煎熬和痛苦,反之,恶人会遗忘一切善的东西。——在这种情况下,当然不会和此生一样,还有什么回忆能力;因为在此生里,我们还需要把一切东西**内在化**,而在那个状态下,一切东西都已经**是**内在的。对于这种情况,"回忆能力"这个说法太软弱无力了。对于那些曾经和我们拥有**同一颗心**和**同一个灵魂**的朋友或情人,每当我们谈到他们的时候,我们就是在回忆他们,他们一直活在我们内心里,他们不是[从外面]来到我们的心灵之内,而是本来就在那里。就此而言,那里也会有一种回忆。

通过死亡,身体性东西(就它是一种事关本质的东西而言)和精神性东西融为一体。因此在那里,身体性东西和精神性东西会**共同**成为客观东西——成为基础——,至于灵魂,它只会在享有极乐的人那里作为主观东西而出现,成为他们的真正主体,而这意味着,他们走向上帝,和上帝紧密地联系在一起。有些人之所以无法享受极乐,就是因为他们的精神崛起之后,与灵魂和上帝分离,随之他们的灵魂不可能作为主体而出现。

因此,当人置身于他自己的 A^2,也就置身于魂灵世界。魂灵世界的建构也在这里找到了自己的位置。正如存在着一种自然哲学,也存在着一种"魂灵世界哲学"。对此仅谈以下几点。

最初的时候,当上帝作为实在东西和观念东西存在着,他必定会把观念东西设定为一个自足的世界。正如实在东西包含着实在东西、观念东西以及二者的无差别,观念东西同样包含着这三个要素,只不过一切都是处在观念东西的潜能阶次之下。因此在上帝的观念东西里,又有某个与自然界相对应的东西,只不过这个东西本身是完全观念性的。观念东西里面的实在东西,正如我们在谈到人的时候已经发现的,乃是**心灵**。上帝内部也有一个心灵,而且这个心灵在上帝的精神性东西里面又是实在东西;相对于上帝内部的**精神**,相对于绝对存在者,心灵又表现为第一个潜能阶次,表现为基础或黑暗本原。因此上帝内部的心灵是魂灵世界的质料,好比真正的实在东西就是质料一样,从它那里,自然世界和人被创造出来。也就是说,纯粹魂灵是从神性心灵那里被创造出来的,而且既然存在着一个魂灵世界,那么毫无疑问,也存在着一个不依赖于人的自然**世界**。**我们**是从自然界那里获得我们的心灵,而魂灵是从上帝自身那里获得自己的心灵。

由于上帝的心灵又是相对独立于上帝内部的精神,亦即相对独立于绝对存在者,所以通过这个方式,在那些由上帝的心灵创造出来的纯粹魂灵里面,也有一个相对的"非存在者"和一个存在者,随之**纯粹魂灵**也享有自由,能够向善或从恶。上帝的意图是,通过人,通过自然世界的最高受造物,自然界应当获得与魂灵世界的联系;既然如此,上帝似乎还有一个意图,即通过魂灵世界的最高受造物,魂灵世界也获得与自然界的联系。因此,一旦这个受造物出现,魂灵世界就必然和可见世界一样,其中发生同一个堕落,并通过这个方式使善的魂灵和恶的魂灵分离开来。毫无疑问,正如从一方面来看,自然界里面的人企图脱离上帝而成为世界主宰,同样从另一方面来看,魂灵世界的最高受造物也企图在脱离上帝的情况下,完全依靠自己的权力而成为魂灵世界的**主宰**,而这就导致它的堕落。诚然,对于这个最高的被创造的魂灵而言,其最关切的事情必定在于发挥作用,使魂灵世界真正成为一个脱离上帝的自足世界,因为只有在这种情况下,它才能够指望统治这个世界。因此,假设这个魂灵的堕落先行于人的堕落,那么它的恶意必定是针对人,因为人那里还有唯一的一个可能性,把自然界和魂灵世界整合起来;也就是说,人那里有这样的可能性,即他如愿以偿,获得一个不依赖于上帝的自足王国。现在,由于人在堕落之前确实与魂灵世界有更为密切的联系,所以那个更高的魂灵也确实能够对人施加影响,而且这个影响比现在的影响更加直接;因为从通常的表现来看,现在的人甚至比魔鬼更为恶劣;**恶劣的东西**都是**混杂的东西**;纯粹的恶就其自身而言反而是某种纯粹的东西。大致说来,基督教也可以这样来解释堕落。

关于魂灵世界的原住民,亦即那些在其中被创造出来的魂灵,就说这么多。现在的问题是,魂灵世界从另一个角度来看也是一个世界,亦即一个由各种对象构成的体系,和自然界一模一样。因为总的说来,自然界和魂灵世界的差别——借用一个略显武断,但确实生动的例子——,无非是造型艺术的世界和诗的世界的差别,后者的各种形态不是表现为可见的东西,而是必须在每一个人的内部通过他自己的行动而被重新制造出来,因此只能以内在的方式被直观到。魂灵世界是上帝的诗,而自然界是上帝的造型艺术。在人那里产生出一个居间者,即可见的戏剧,因为戏剧把它的精神性创造物同时在现实中呈现出来。就此而言,历史最适合被看作一部伟大的悲剧,其上演的地方就是这个世界的悲伤舞台;这个世界只提供单纯的舞台,至于行动者,亦即那些在舞台上被代表的角色,则是来自于完全不同的另一个世界。魂灵世界里面的一切东西和这个世界没有什么不同,只不过是以诗的方式或精神性方式出现,正因如此,即使是以精神性方式，它们也能够更为完满地得到传播（因为魂灵完全是直观，完全是情感）。那里都是原型，这里都是复制品。

诚然，自然界和魂灵世界的直接联系已经由于人而被中断了，但它们并没有因此不再是一个整全的世界，而是至少远远地相互保持联系。它们中间仍然保留着某种通感，好比在不同乐器的弦之间，一旦某条弦响起某个音调，另一个乐器与之对应的弦也会以通感的方式发生共鸣。就此而言，魂灵世界和自然界的**这个**联系是始终延续着的，它立足于宇宙自身的本质，绝不会瓦解。不仅如此，正如魂灵世界和自然界通过一个必然的 consensus harmonicus［和谐一致］联系起来，魂灵世界和自然世界里面的**个别**对象同样也是如此。因此魂灵世界里面必定也会有各种共同体，与世界里面的共同体相对应，只不过那里完全是同类者的聚会，而这里则是混杂的东西拼凑在一起。正因如此，如果一个民族已经在最大程度上摆脱了混杂，这就意味着，它已经在最大程度上要么把恶、要么把善排除出自身，或者说，要么让最虔敬和最有美德的人，要么让最无耻和最恶劣的人掌握最大的权力，因为混杂是最接近于精灵的。那些在生活中仍然保留自由、无辜、纯净风俗、贫穷（这恰恰意味着与这个世界的物分离）的民族，是和天国和善的魂灵世界联系起来的，而那些相反表现的民族则是与地狱联系起来。

同样，每一个人也是要么与善的魂灵世界，要么与恶的魂灵世界联系起来，这取决于他是让善还是让恶达到一个更高层次的纯粹性。总的说来，通过族类的持续生命历程，人们以交替的

VII, 481

方式有时候觉察到,有时候又没有觉察到魂灵世界。假若一个人已经在自身内让善和恶完全分离,那么他无疑有能力和善的魂灵建立联系。这些魂灵唯一厌恶的是混杂,他们就像《圣经》曾经说过的那样,一直都想要洞察外在自然界的奥秘,而这已经为那个最伟大的秘密(亦即上帝的完满的化身为人)做好准备,但一直以来,这件事情都仅仅是开了个头而已。同样,假若一个人已经在自身内让恶和一切善完全分离,他就会与恶的魂灵建立联系。我们很难理解,为什么会有人怀疑这样一种联系。我们活在持续的激励之下;凡是尊重自己的人,都会找到这些激励。特别是在某些困难的情况下,人们更容易得到激励;假若他们感到孤立无依,那么这是他们自己的过错。人从来没有被完全遗弃,而且,即使在每一个人都会经历的许多悲伤事情里,他也仍然确信自己拥有一些不可见的朋友。这是一个英雄式的信念,它有能力做出很多事情,也有能力承受很多事情。

　　正如每一个人都和魂灵世界有联系,同样,自然界里面的每一个物也通过其善的方面与天国有联系,通过其恶的方面与魂灵世界的另一个方面有联系。就此而言,人最需要警惕的莫过于他和自然界的交往,尤其是和其他人的交往。(参看古代哲学家开出的饮食处方。)只有混杂能够阻止魂灵世界入侵现在的世界。但是,假若人们能够在一个物那里把善完全遮蔽住,把善驱逐开或镇压下来,恶的魂灵就有可能在其中发挥作用。这就是**暗黑**魔法和魔术的依据。——关于魂灵世界,以上所述大概足够,而且或许已经谈得太多了。

无论如何,魂灵世界和自然界最终必定会联系在一起,一个更高的潜能阶次(亦即那个真正永恒而绝对的生命)也必定会出现。此事的**依据**在于:1)最高的**精神性**极乐仍然不是绝对的极乐。我们希望拥有**某种不是我们自己的东西**,正如上帝也拥有某种东西,把它当作一面镜子,在其中观审我们;2)自然界在没有过错的情况下屈从于现在的状态(保罗所处的位置),它渴求着联系;3)同样,上帝也渴求着自然界,他不会让自然界永远停留在废墟状态;4)全部潜能阶次必须真正融为一体。迄今为止只有两个时期:a)当前的时期,其中虽然有全部潜能阶次,但却是从属于实在东西;b)魂灵生命的时期,其中同样有全部潜能阶次,但却是从属于观念东西。因此将会有c)第三个时期,在那个时候,全部潜能阶次从属于绝对同一性——也就是说,精神性东西或观念东西并不排斥自然东西或实在东西,毋宁说,二者发挥着同样的作用,共同从属于一个更高东西。但是,除非自然界里面也发生了同样的分离,否则这个重建工作是不可能的。关键在于,这个分离在自然界里进行得更加缓慢,因为自然界拥有一种深沉得多的生命力。在这个过程中,人成为自然界的牺牲品,正如自然界很早就已经成为人的牺牲品。人在达到自己的完满实存之后,必须等待自然界达到完满实存。当然,自然界最后必须来一场大分化(Krisis),以便长久的疾病得到了断。这个大分化是自然界最后的大分化,因此叫作"末日审判"。同样,自然事物里面的每一个大分化都是一个审判。通过一个真正炼金术的过程,善和恶分离,恶从善那里被完全驱逐出去;通过这个大分化,将会出现一个完全健康的、纯净的、纯粹而无辜的自然界。除了真正的**存在者**,除了那种只能处于**正确**关系中的存在者,没有什么东西能够进入这个自然界;这样一来,自然界就能够摆脱虚假的存在者,摆脱"非存在者"。反过来,如果那个在自然界里面如今已经提升为存在者的"非存在者"服从**自然界**,以之为基础,并且把这个"非存在者"或恶放置在自然界**下面**的最深处,在这种情况下,由于自然界本身已经是得到柔化的神性利己主义,所以"非存在者"落入神性利己主义的凌厉烈火中,亦即落入地狱。因此,在这场最终的大分化之后,地狱将会成为自然界的基地,正如自然界将会成为天国(神性的临在)的基地或基础。这样一来,恶就不再是一个与上帝和宇宙有关的存在者。它仅仅在自身内仍然是一个存在者。现在,它得偿所望,即完全基于自身而存在,脱离普遍的、神性的世界。等待着它的,是它的利己主义带来的折磨,还有它的永远得不到满足的自私自利。

通过自然界里面的这个分离,其中的每一个元素都获得了一个与魂灵世界的最近联系和直接联系。在这种情况下,死者也复活了。魂灵世界介入现实世界。恶的魂灵从恶的元素那里获得自己的身体,善的魂灵从善的元素——即第五元素或神性物质——那里获得自己的身体。

现在,创世的最高终极目的已经达到了:a) 上帝完全得到实现,成为一个可见的身体性东西,亦即 $A^3/A^2=(A=B)$;b) 最低的东西成为最高的东西(这是一个循环)——终点成为开端——,

一切曾经 implicite［以内敛的方式］存在着的东西,如今 explicite［以展开的方式］存在着;c)尤其是**人类**的奥秘。在人那里,两个相距最遥远的极端联系在一起。正因如此,人在上帝眼中的地位高于天使。人是由最低级的东西和最高级的东西构成的。人类曾经通过上帝之化身为人而被封神(vergöttert),现在更是普遍地被封神;同样,自然界通过人并且与人一起被封神。

如果我们要做到前后一贯,就必须承认,**第三个**时期里面又有一些时期或潜能阶次。遗憾的是,这些时期不但远远超出我们的精神视域——借用一个勉强的比喻,它们就像那个最遥远的、已经不可能借助望远镜而观察到的星云——,而且远远超出我们的肉眼可视范围。因此,如果这里仍然有一些时期,那么它们只能被放置在一个延续不断的统治权里面:a)首先是上帝之化身为人的统治权(或许自然界和魂灵世界仍然掌握着特殊的统治权,只不过二者没有分离);b)其次是精神的统治权;c)最后,一切东西被托付给父亲。为了达到这个目标,或许要等到地狱的消灭,就此而言,恶也仍然会在这个永恒时期里面回归,这是我们必须要相信的。原罪不是永恒的,因此它的后果也不是永恒的。

最后时期里面的最后这个时期意味着,上帝完全而完满地得到实现——因此完全化身为人,当此之时,无限者在无损其无限性的情况下,完全转变为一个有限的东西。

这样一来,上帝就真正是一切中的一切,泛神论也成为真理。

谢林著作集

与埃申迈耶尔关于《论人类自由的本质》的通信

（1810—1812）

F. W. J. Schelling, *Briefwechsel mit Eschenmayer bezüglich der Abhandlung "Philosophische Untersuchungen über das Wesen der menschlichen Freiheit"*, in ders. *Sämtliche Werke*, Band VIII, S. 145-189, Stuttgart und Augsburg, 1856-1861.

埃申迈耶尔①致信谢林讨论其《论人类自由的本质》

克尔希海姆,1810年10月18日

之前我已经口头向您表达我的要求,希望也看到您关于人的自由层面的简明概述。一直以来,我都把自然界和历史看作两个如此不同的事物,以至于二者在人的个体性里面的联系虽然是显而易见的,但在我看来,这仍然不能证明二者在绝对者之内有一个更高的联系。就此而言,我认为您对于人类自由的探索在每一个方面都是值得关注的,因为我不但熟悉这个探索的各种困难,而且经常深切地感受到,把那些相互冲突的要素统一起

---

① 埃申迈耶尔(Carl August von Eschenmayer, 1768—1852),德国哲学家和医生。他早年求学于图宾根(因此是谢林的师兄),并于1811年成为图宾根大学哲学系编外教授,1813年成为正教授,直到1836年退休。主要哲学著作有《哲学过渡到非哲学》(*Die Philosophie in ihrem Übergang zur Nichtphilosophie*, 1803)、《道德哲学体系》(*System der Moralphilosophie*, 1818)、三卷本《宗教哲学》(*Religionsphilosophie*, 1818—1824)、《黑格尔的宗教哲学与基督教原则之比较》(*Die Hegel'sche Religionsphilosophie verglichen mit dem christlichen Princip*, 1834)等等。作为谢林的忠实粉丝,埃申迈耶尔同时深受雅各比哲学的影响,并且经常借用后者的思想来批判谢林。而谢林的《哲学与宗教》(*Philosophie und Religion*, 1804)就是专门为批驳埃申迈耶尔的《哲学过渡到非哲学》而作。——译者注

来恐怕是一个徒劳无功的努力。即使是现在,当我读过您的论著,并且把您的立场与我自己的立场放在一起对比之后,第一,我觉得人们当初提出的那些责难并没有遭到彻底反驳;第二,我的内心里涌现出一些新的疑惑;第三,我认为有必要澄清一些扣在我头上的陈旧误解。我把所有这一切都写在这封信里,并且请求,您对于我的错误的或遭到误解的言论,所有的陈词滥调(如若它们出现的话),还有那种斩钉截铁的语气,能够从友好的角度来看待。

首先我谈谈您的整个演绎的原则。按照您的说法,由于上帝之前或之外没有任何东西,所以他必定在自身内拥有他的实存的根据;随后您把上帝的这个根据和实存着的上帝区分开来。反之我主张,如果上帝在自身内拥有他的实存的根据,那么根据恰恰因此不再是根据,并且与实存合为一体。1①诚然,在自然事物里面,我们能够区分根据和后果、实体和偶性等等,我们也能够区分一个静态的物体和它的运动,区分一个器官和它功能,区分一个意志决断和它的表现,但对于上帝来说,这个区分是无效的,因为恰恰按照您的假定,根据和后果、形式和本质、存在和生成已经汇聚在同一个点上面2。关键在于,正如我指出的,上帝不仅排斥"根据"谓词3,而且一般说来,整个逻辑思维方式都不能为上帝提供一个尺度,而很显然,当我们把"根据和后果""形式和本质""存在和生成"之类核心概念应用到上帝

---

① 这里及随后的数字编号是谢林添加的,他在回信里针对这些地方做出了回应。——译者注

身上,他就被降格为一个知性存在者,他在我们想象并指派给他的那个层面里扮演的角色,只能是我们的自我在自己的层面里扮演的角色。相对您早先的一些主张,这个假定看起来反而是一个退步。您在《年鉴》里曾经说:"理性并不具有'上帝'理念,毋宁说,它就是这个理念本身,此外无他。"在这个把理性等同于"上帝"理念的命题里,"根据和后果"之类知性概念不再有用武之地,因为统一体不可能衡量大全,而作为普遍官能的理性也不可能倒退到作为局部官能的知性里面。在我看来,您设置的上帝仅仅是一个局部的上帝4,就和我们的自我一样,至于您从这个上帝出发而做出的全部建构(您让它们看起来仿佛是上帝自己做出的建构),其连贯性并不比人的自我在其自己的体系里具有的连贯性更为高级。也就是说,如果理性里的理念是通过意志而受孕,然后通过知性而被生出来,那么就会产生出一个在自然界或感官世界里展示自身的创造性话语。这是一个内在的精神性演进过程的历史5,这个演进过程是渺小地球上的自我所独有的东西,而在我看来,您似乎已经它当作上帝的创世过程了。我们常用的核心概念,还有那个通过它们而被设定的精神性演进过程,根本不能应用到其他星球或太阳上的居民身上,更不要说应用到上帝身上。因为很显然,相比我们人类,太阳上的居民能够在一个更高的秩序里看到自然界和历史形成一个统一体,因为我们的星球体系仅仅是太阳系的一个微分。也就是说,对于太阳上的居民而言,非理性东西6——这是光和重力的动力学演进过程给我们留下的东西——必定会在太阳系里面获得平衡,因此相比我们人类,他们必定会按照另一个关系和标准来看待创世过程。

为了给您清楚解释我的意思,我需要如下几个命题:在我看来,理性是一个普遍的官能,其中仅仅包含着"大全",反之,知性是一个局部的官能 7,"统一体"在其中占据支配地位,而感官是单个的官能,仅仅包含着"多样性"。我在这里没有办法分别为这三个官能划出一个层面,也不可能指出两个乃至全部官能如何交织在一起,以及每个官能各自有什么独特之处。我仅仅指出,自我的个体性是作为这三个系统的绝对统一体而出现的,但就这个个体性自身而言,它的核心不是如迄今的哲学以为的那样,位于普遍的官能之内,而是位于局部的官能亦即知性之内。自我绝不可能离开它的统一体,它绝不可能把自己提升为大全,也不可能降格为多样性。人们总是把这个统一体与绝对同一性混淆起来,而这是绝对不允许的;同样,我们的语言有一个错误,即我们没有学会区分"个别性"(Einzelnheit,它仅仅标示着多中之一)和"统一体"(Einheit,它和多样性本身是联系在一起的)。借用一个不太贴切的类比,或许我可以说,知性是一个棱镜,8 通过它,彼岸的无差别的光线在此岸折射为颜色。无差别位于理性里面,折射位于知性里面,颜色位于感官里面。知性层次代表着自我的视野。就此而言,自我绝不可能认为,它从普遍官能那里接受的东西是自己的作品和自己的行动,毋宁说,那个东西在它看来仅仅是一个理想,指代着一个比自我自身更好和更完满的东西。反之,自我能够把它从局部官能那里接收的东西置于自身之下,将其联系为一个统一体。知性仿佛是一面具有双重反射的镜子,[9]而自我是一个位于其中心位置的透明支点,或更确切地说,是一个游移在镜子的中心位置的流体,就像是一个双曲线的流动坐标系。自我在它的整个体系里代表着"零"这一潜能阶次,它的肯定方面呈现出无穷大的东西或空间,而它的否定方面则是呈现出无穷小的东西或时间,如此等等。

我们经常听到,而且一直以来就听到有人主张,"上帝"理念不仅单独出现在理性里面,而且伴随着一些实际上无可置疑的谓词(比如"全能""全知"和"全善"等等)出现在理性里面。然而根据之前所述,我们现在的任务就是要防止哲学陷入这种错觉。

作为人,我们立刻坦承,当谈到"全能""全善"和"全知"的时候,这些属性(或者随便人们采用什么称呼)对我们来说只能是一种遥不可及的东西,而且,"我们的意志""我们的心灵"和"我们的知性"之类说法不是仅仅表达出这些东西的一个指小后缀(Diminutivum),而是表达出它们的一个单纯微分。但无论如何,这些理想确实出现在我们的理性里面,并且从每一个人的嘴里说出来。这些情况应当如何解释呢?答案是,人借助他的局部官能只能具有一种受限的思维方式和行动方式,随之只能具有一种受限的能力、知识和善,但是他把这些谓词和他的普遍官能的整全性掺和在一起,用"全能""全善"和"全知"来表达那种虽然不是他自己的作品和行动,但却是他的理想的东西,亦即那些位于其普遍官能里面的东西。因此我们根本没有权利把这些谓词应用到神性东西身上,[10]因为否则的话,我们的最高级说法,还有我们的官能所痴迷的那些偶像,都会玷污神性东西。就此而言,如果一个证明企图用某种科学的东西来谓述上帝,或者把一个来自于我们的意志和心灵的最高级说法——更糟糕的是,把那些来自于我们的知性的核心概念或范畴,比如"根据""本质"等等——应用到上帝身上,那么这是一个纯粹的错觉。自然哲学永远不可能摆脱必然的东西,却希望把它借助"真理"理念而在某种程度上获得的自明性馈赠给一个上帝;近代以来,这种自然哲学任何时候都企图从自然界里面挖掘出一个上帝,而作为此事的证据和一个骇人听闻的例子,我在这里只需引用***的***①,此君淋漓尽致地展现了内心的肆无忌惮的生命力,以至于矿石、泥土和电在他眼里都成了上帝。现在我言归正传,同时指出,如果上帝确实应当被找到,那么他绝不可能在必然东西的领域,而是只能在最自由的东西的领域里被找到。由此可以得出什么呢?

我们必须承认上帝有一个自由的权力,能够把他的自由行动的这一个特定的层面指派给我们的意志,把这些理想指派给我们的理性,把这种必然的思维方式和推论方式指派给我们的知性,把主观性和客观性之类限制指派给我们的感官。这些事情不可能从相反的方向发生。11 同样,我们的理想表达出来的那种向着四面八方延伸的无限性,也不可能丝毫触及上帝,因为这种无限性恰恰是一个单纯的形式,它对上帝而言的价值不可

---

① 具体的人名和书名在这里跟事情本身没有关系。而且从另一个方面来看,把一些无疑只能归咎于某位作者的观点当作是一个普遍主张的证据,这并不是一个合适的做法,因此人们没有必要打探这里提到的人名和书名。——谢林原注

能高于一片树叶的形式对我们而言的价值。那种认为"上帝只能创造完满的东西"的说法听起来是很奇怪的。12如果他愿意创造不完满的东西,谁有权利来反对呢?我们作为地球的装饰品,难道就是一些完满的存在者吗?只要哲学没有认识到她那些理想的来源,并且自以为能够在上帝内部把它们创造出来,她就有可能陷入迷途。

从这个局部主义的立场出发,您的其他推论是完全前后一贯的。

您赋予上帝一种想要生育自身的渴望(Sehnsucht),13仿佛上帝内部还可能有一个愿望(Wunsch),去成为他现在尚且不是的某个东西。当意志与心灵合并,就产生出我们所说的"渴望",但是这个完全属人的过程根本不应当应用到上帝身上。至于**"人格性""独立性""自我意识""自我认识""生命"**之类谓词,14也是同样的道理。它们全都是一个自由本原与一个必然东西的混合物,因此是完全属人的,与上帝的尊严不般配。当您把"自由"称作一个概念时,15您必定认为它和必然东西是搅和在一起的。但是——正因为自由先行于全部思维,好比灵魂先行于灵魂的脉动,所以它不可能被重新纳入思维并显现为一个概念,否则它就会失去全部价值。自由一旦成为概念,就仅仅是自由的原初形象的一个黯淡映像。自由只有在意愿里面是完全活生生的,而在概念里面则是已经半死不活。或许人们会反驳说:"如果不把自由纳入概念,我们怎么可能获悉这个东西呢?"没错,千真万确!自由恰恰就是您在您的著作里谈到的"非理性东

VIII, 149　西"。16 自由对于概念来说太过于庞大而不能纳入其中,因此始终会留下某种不愿意顺从的东西,留下一种不可消融的残余物,它把自己的根茎延伸到人们不再能够建构起来的一个陌生领域。非理性东西当然是引人注目的,但这并不是因为知性对其不具有一个统一体,而是因为其作为转折点进入了一个不可估量的领域。难道一切东西都应当被思考吗?难道我们的心灵,我们内心的友谊、爱、和解等等,都是被思考的吗?17 难道伦理、美德、美是被思考的吗?难道我们的精神里那些最美好的偏僻地方应当遭到思维的败坏吗?哲学的原罪恰恰在于,人们甚至企图把我们内心最神圣的东西托付给知性,随之让知性用自己的统一体去扼杀那种原本仅仅隶属于大全的东西。18 美已经是由纯粹的非理性的量构成,这些非理性的量在知性不能把握的一个更高和谐状态下,重新消融在人的心灵里面,而那里根本没有概念的立足之地。

　　为了进一步理解以上命题的观点,有必要指出,知性具有双重性,它一方面是被动的(否定的或消极的),另一方面是主动的(肯定的或积极的)。整个自然界就处在主动的一方面,"真理"理念在其中是一个活跃的东西;这个领域包括各种建构、力学和动力学,包括纯粹必然的合规律性和自明性,每一个概念都是表象的集合,知性掌控着它的各种对象,而且这里没有任何东西应当停留在遮蔽状态。

　　然而知性的否定方面则是另外的情形;在这里,知性本身是被一个更高层次的事物秩序(亦即道德世界)掌控着的。在这里,知性没有能力把它的各种对象聚集在一个焦点上面,毋宁说,那些对象沿着无穷分散的光线通过知性而折射自身。虽然一切概念都是统一体,但知性的被动方面所折射出来的,却是一种更高层次的秩序里的统一体,高于它的主动方面的统一体。自然概念和道德概念之间的关系,相当于否定东西和肯定东西之间的关系。"爱""友谊"之类概念,和"数""圆"等概念,何啻于天壤之别? 19 尽管如此,我们仍然把它们都称作概念。在这个领域里,亦即在道德里,虽然不再有认识上的自明性,但其补偿则是某种更辉煌和更伟大的东西,亦即饱满的性格、高贵的意念、优雅的人类本性等等。知性的否定方面和肯定方面之间有一条无差别之线,好比双曲线的两条对边之间的轴线。20 活动在这条轴线上面的有美,还有想象力,后者不承认任何自然规律,让自己凌驾于全部建构之上。这个观点也包含三个哲学体系的差别。自然哲学位于知性的肯定方面,21 其中只有事物的低端秩序,亦即自然界。道德哲学位于知性的否定方面,这个方面指向事物的更高层次的秩序,即历史的道德世界。处在二者中间的,则是艺术哲学。

坦白地说,在我看来,您对于人类自由的研究把伦理学完全转化为物理学,把自由东西和必然东西、心灵和知性、道德和自然界混为一谈,而且总的说来,把事物的更高层次的秩序完全贬低为一种低端秩序。22 在您的体系里,义务、法、良知和美德,怎么能够找到自己的真正位置呢?它们不可能产生自和谐与非和谐、健康与疾病——这些东西在根本上仅仅标示着有机事物的层次,而非道德的层次——,更不可能产生自那种动力学的量化系列,在那里,23两种力量从一个共同的核心那里分道扬镳,最终作为光明和黑暗而相互对立。诚然,核心和圆周在自然界方面扮演着主要角色,但它们在道德方面毫无用武之地。真愈是压倒美,换言之,纯粹物理的东西愈是压倒有机的东西,圆圈就愈是会在那些形式(它们本身只能被看作是一个象征)里面断裂,单独的一方仿佛是在一个平行线里,两方则仿佛在一个无限的双曲线里。然而在道德秩序里——在这里,上述说法不再是合适的,毋宁说,只有一些服从无限秩序的超验线条,24为每一个 x 提供无穷多的 y——意志和自由的辉煌形象——,在道德世界里,我们会看到另一个类比。人类的历史是一条摇摆线(Cycloide)。

为了向您完全澄清,我所理解的"理性体系"和"上帝"是什么意思,我不得不批驳您在您的著作里的许多相关言论。[我的看法是,]上帝没有本性或自然界,上帝在自身内没有一个根据,诸如"自身内"和"自身外"之类说法对上帝而言毫无意义,不存在什么独立于上帝而持续发挥作用的根据,而您却认为这个东西包含着恶本原的可能性。上帝并非两个本原的牢不可摧的统一体,而这两个本原在人那里分裂,并且在上帝内部推翻了那种基于这个分裂的自由。从无差别出发,并没有两个同样永恒的开端,25因为永恒者不是一个或两个东西,而是大全。26诚然,有三个理念,即"真理""美"和"美德",其中每一个理念都以独特的方式代表我们的普遍官能的整全性,而永恒者因此看起来自身发生了分裂;关键在于,我们的语言是一种不确定的东西,它在这里还需要一个巨大的补充。永恒者仅仅栖息在三个理念的和谐中间,而这些理念单独看来仅仅表达出了无限者的不同秩序,也就是说,"真理"标示着低端秩序或纯粹的物理东西,"美"标示着中间秩序或有机的东西,"美德"标示着更高层次的秩序或道德。这里谈论的仅仅是形而上学意义上的无限者,它和数学意义上的无限者有着天壤之别。因为数学家仅仅和"真理"理念打交道,在他看来,这个理念重新分化为无限者的不同秩序,但在这些秩序里面,即便是那些最高的、服从着无限秩序的超验线条,也不可能穷尽形而上学意义上的无限者的低端秩序,也就是说,数学意义上的无限者的最高秩序也仅仅是"真理"理念的一个折射。同样,我们也可以在形而上学和数学的意义上区分肯定东西和否定东西。在这种情况下,"美德"或善本原是形而上学意义上的最高肯定,反之,恶本原(即我所说的"原罪")是形而上学意义上的终极否定。我认为这个区分对于哲学的清晰性而言是极为重要的,而且我相信,对于哲学的误解在很大程度上就是由于没有做出以上区分。然而所有的这一切,无论它们在无限者里面处于多么崇高的位置,都不能应用到上帝身上,正如"实存"这个概念同样不能转移到上帝身上。或许有人会觉得非常奇怪,我竟然把知性的最后避难所27——这是自我如此稳妥的栖身之所——,把"存在"作为我们整个理性体系的不可外化的系词,从上帝那里排除出去,但我所处的这个立场是必然的。空间和时间之外有什么实存吗?如果空间是无限的,我们怎么可能找到空间之外的一个位置呢？如果时间是没有尽头的,我们怎么可能找到时间之外的一瞬间呢？无论如何,我们从来没有想过要把上帝放在空间和时间里面,仿佛他是一个自然对象。有人说:"空间和时间之外也有一种实存。"——这话没错！我们的整个观念世界都摆脱了空间和时间。但即使在这里,"实存"谓词也仅仅局限于理性体系的范围。无论人们如何反对,但事实就是,唯有宗教和信仰能够解答这个谜和其他一切的谜。信仰不会轻易言说[上帝的]任何属性,"实存"谓词对它而言同样是一个无关紧要的东西,因为它本身就是神性的证据,而神性不需要任何从知性出发的证人。既然信仰已经毅然决然地放弃了知识,它就不怎么关心所有那些局限于我们的认识范围的东西。我们在上帝之内——这是一个无可辩驳的真理——,但这种情形就好像阳光里面的一丝光线,宇宙里面的一粒沙子,或者说整个理性体系里面的一个个别表象。28 正如一丝光线不能照亮阳光,一粒沙子不能包揽宇宙,一个个别表象不能把握整个理性体系,同样,我们甚至不能理解把握一个关于上帝的思想。29 或许您会把这种情况称作双曲线,但我自己觉得,我的这个说法仍然远远够不着上帝的尊荣。只因为我们在这个地球上找不到任何可以和我们相提并论的更高东西,所以我们臆想自己是上帝的肖像,30 而在这件事情上,知性就大放厥词,也就是说,它以一种非常矫揉造作,同时言之凿凿的方式告诉我们,上帝如何被迫创造出这样一个具有形体的肖像。对我来说,整个天空都有原住民,每一颗星星都有自己的民族史。但是,星星愈是位于一个更高层次的秩序,其组织机构就必然愈是完满,知性就愈是清晰,"真理""美"和"美德"等理想就愈是卓越。然而星星的更高层次的秩序是我们的变形,31而且,即使那里仍然有一种思辨,上帝也只会显现为一条渐近线,但具有更高的意义。如果太阳上的一个原住民听说,在一块烧得半残的盘子(即所谓的"地球")上面,人居然臆想自己是上帝的肖像,他一定会放声大笑,好比当我们听说,草丛里的蚯蚓创立一套哲学并断定自己是人的肖像,也会放声大笑一样。每一个人都宣称"上帝存在",这个口号的唯一作用,岂非把信仰翻译为知性,然后让知性把"实存"谓词和上帝掺和在一起?这种做法把信仰和知性的粗铁强行铸合在一起,而它的唯一目的,就是让我们在日常生活中拥有一种印着上帝胸像的通行货币。问题在于,存在或系词始终只是局限于理性体系的范围,而不是凌驾于上帝之上。当然,相比把系词转移到上帝身上,真正最不可原谅的做法在于承认知性有这个权利,于是知性搜罗出铺天盖地的大量谓词,把上帝拉扯到知性的肯定方面,即自然界所处的地方,而那里的建构活动根本没有尽头。

在"上帝是全能的"这个口号里——我们的意志提供"权能",我们的普遍官能提供"全",我们的知性提供"实存",信仰提供"上帝",于是构成了这个命题。问题在于,如果我们把自己的功能和信仰搅和在一起,这就是一种关于上帝的科学吗?人们必须首先让哲学家知晓广大人民群众从来没有怀疑过的东西,而且,哲学家没有信仰的话就不拥有任何上帝,他们也绝不可能

VIII, 152

通过知识而拥有上帝！在我们忙忙碌碌的这个狭小圈子里,我们当然看不到信仰,但信仰作为一个不可见的东西就存在于那里,而且必须存在于那里,因为我们知识的整个范围都以信仰为依据。只要一个人说出"上帝"这个词语,他就随之也说出了他的信仰,反之,只有当我们想要谓述上帝的时候,我们的那些玷污黄金的低端功能才会掺和进来。

我向您坦白承认,每当我看到这样一类尝试,比如***的教科书的时候,我整个人都会愤怒不已。我永远不会忽视道德和自然界的尖锐对立,永远不会停止让这些人的武器调转枪头对准自己,直到他们放弃这个声名狼藉的游戏,不再在自然哲学里面鼓吹神圣东西。我认为人有一个义务,就是应当竭尽全力反对这个到处胡作非为的谬误。我的最严肃的看法是,这个谬误败坏了我们的性格和我们的意念。我们的心灵本来应当提升到宗教的层次,32现在却被交给知性,和它打情骂俏,而知性就像那些受贿的法官一样,竭力从虚假的事实出发进行辩护。从知识得来的信念永远不可能抓住所有的人,毋宁只能抓住知性,反之,从信仰得来的信念却是战无不胜的,这种信念充实了人的整个性格,而且唯有它能够提供一种与躁狂的世界相抗衡的能量。33

现在谈论主要问题——善和恶的问题。按照您的观点,知性产生自一种缺乏知性的东西,秩序产生自混沌,光产生自重力的黑暗根据。[既然如此,]有什么东西能够阻止我们进一步展开这些对立,34主张美德产生自恶习,神圣东西产生自罪孽,天堂产生自地狱,上帝产生自魔鬼呢?[就最后这一点而言,]您所说的上帝的实存的黑暗根据,确实是某种类似于魔鬼的东西。

在这些对立里,有一个向着光而逐渐上升的塑造过程,最内在的核心会冉冉升起,如此等等。您的这些观点和古代神话完全一致,即认为最初的上帝是从盲目的黑夜里诞生的。但我想问,这一切究竟为了什么?如果上帝自永恒以来就曾经存在着,缺乏知性的东西怎么可能先行于知性,混沌怎么可能先行于秩序,黑暗怎么可能先行于光明?35 无论如何,永恒者不可能放纵时间,不可能容忍事物在它自身内转换更替。我同样不能接受的是,把光和重力之类自然本原的关系直接应用到事物的道德秩序上面,36 甚至连类比的方式都省略了。问题在于,只有当自然本原已经完全消失,其全部意义已经丢失之后,善和恶才会产生出来。只有当自然规律对人不再具有一种强制性,人的自由才是可能的。

至于您的各种专门的建构,我在这里出于篇幅原因没法逐一处理。但我已经发现,您在做这些事情的时候,就像一位艺术家,把那个内在的精神性演进过程——每一个自我都会在其体系里面经历这个演进过程,因为自我的意志应当贯穿知性,并且在自然界里面展现自身——当作自己的艺术作品,将其投射到自己的前方,顺带把上帝塞到一个创世过程里面。我的理解绝对没错!——无论如何,您谈论的这个上帝,您在创世的诞生过程中偷窥的上帝,即使没有被概念化,至少已经被观念化了。因此您的理性必定已经把自己置于"上帝"理念之上,而且,由于您把上帝想象为两个本原的"统一体",所以理性必定会拿作为主词的"上帝"理念和作为谓词的"统一体"做比较,随之把自己提升到这两个东西之上,37因为每一个做比较的东西都必定高于它与之做比较的东西。这样一来,上帝的自身启示必定和您的自身启示合为一体,唯一的差别在于,自我的一点点有限权力和有限智慧在那个理想里提升为我们的普遍官能的整全性。

在您的整部著作里,唯有在一个地方,即当您谈到"非根据"(Ungrund)是一个没有谓词的东西时,我发现您的立场几乎要从思辨跨越到信仰了。在我看来,您完全没有必要将这个"非根据"称作"无差别",因为您的这个做法马上引发了一个新的矛盾。您说:"这个无差别里面既没有善,也没有恶。"非常正确!问题在于,实在东西和观念东西、黑暗和光之类二元性又从何而来呢?38a假若没有一个使"一"发生差异化的本原,就不可能有"二"。那么这个差异化本原在什么地方呢?您进而宣称,这些对立作为非对立存在着,也就是说,这是一种选言关系,每一方都可以独自谓述"非根据"。且不说对立究竟为什么能够进行谓述,这个地方看起来要么是完全不可理解的,要么只有在这个意义上是可理解的,即有时是这一方,有时是另一方去谓述"非根据",因此每一方都可以独自谓述"非根据"。然而很显然,这个说法仅仅意味着,那个在共存关系下被否定的对立,必定在延续关系中得到肯定,但在这种情况下,对立根本就不造成任何差别。

您最后说:"因此二元性从'既非-亦非'或无差别那里直接

产生出来。"我想问,如果二元性是从无差别那里直接产生出来的,那么它岂非必定是预先已经存在于无差别里面? 或许您会说,它既非存在于其中,亦非不存在于其中——谁能理解这句话的意思? 您把根据的本质称作"非根据",这个东西又划分为两个同样永恒的开端——难道这里不应当预设一个划分本原吗?——"非根据"划分为两个东西,但又不是真正一分为二,而是在每一方里面都以同样的方式作为整体而存在着。通过这样精细地雕琢字句,您收获了什么呢? 如果"非根据"这个变色龙有时看起来是完全白色的,有时看起来是完全黑色的,那么我的疑问是,这个形态转换的根据在哪里? 如果对立在共存关系里被否定,反过来在延续关系里得到肯定,以至于光和黑暗、善和恶虽然不是同时存在着,39但却是先后从"非根据"那里产生出来,这些说法能够带来什么教益呢? 您说,这个"非根据"划分自身,以便爱和生命能够存在,并且被划分的东西重新合为一体。我用杠杆力学来诠释您的这个推论方式。时间和空间对于杠杆而言是"非根据",40杠杆的绝对重心或杠杆上面的全部相对平衡的无差别是"根据";至于"分裂为两个同样永恒的开端",则是指杠杆的两臂,其中一方代表着力、光本原或善,另一方代表着负重、黑暗本原或恶;杠杆的"实存"或生命在于拉拽或反拉拽,或一般说来在于一种相对平衡,而这个相对平衡始终想要返回到绝对者那里,重新合为一体,而这就是"爱"。唯一的差别在于,恶本原和善本原、杠杆上的负重和力只能在一种共存关系中被直观到;但这并不妨碍我们在事实上把杠杆有时想象为完全的负重,有时想象为完全的力。现在,只需用自我替换杠杆,那么可以说,您的整个建构已经包含在上述图示里面。同样也可以说,这个杠杆就是自然哲学的上帝,而且自然哲学不可能找到另外一个上帝。当然,我不会列举所有这些有可能出现在思辨的边界处的矛盾,进而承认它们有一个特殊的价值;我甚至很尊重这些矛盾,因为我曾经爱过它们,然而恰恰是它们的不可解决的本性导致我超越了它们的整个领域,以至于我现在可以带着挖苦乃至蔑视的目光回顾所有哲学体系的空虚性,41而且绝不会把我自己的哲学体系排除在外。人们只需用一种明亮而淳朴的眼光看看宗教处于何其之高的位置,就会发现,宗教里面不仅有知性所说的非理性东西的对应物,甚至有不可能的量(比如负数的偶数方根)的对应物。

让我们重新回到单纯的东西,躲开那个带着我们绕圈子的无开端的时间,它就像一条卷起来的咬着自己的尾巴的蛇42——这是自然哲学的真正形象——以至于当我们以为抓着蛇头的时候,我们已经重新回到蛇尾的位置。

创世不是产生出来的,而是被给予的。一旦人类理性被设定,"真理"理念也被设定在人类理性之内,43而创世或自然界无非是"真理"理念的完整折射,以及理性体系的否定方面。就此而言,创世不是直接来自于上帝,而是来自于那个掺和到我们的普遍官能中的"真理"理念。也就是说,关于创世是否以及如何产生出来,这个问题根本没有意义,因为我们不可能又把"真理"理念——它是全部建构的灵魂——放到一个建构中,使其自身成为一个比例尺度。我们的全部建构都是在自然界之内进行的,并未超越自然界。而知性的可笑谬误恰恰在于,一方面,它不能停止提问,另一方面,因为它从自己的局部性出发看到一切东西在眼前产生和消失,于是企图把这种情形应用到普遍者身上,把普遍者弄成一个局部的东西。它企图把"大全"降格为"统一体"。它想要吞噬并消化一个创世,44 随后让其作为派生物重新制造出来。然而自然界和"真理"理念是同样永恒的。否定方面或自然方面是怎样的情形,肯定方面或道德方面也是怎样的情形。世界史无非是"美德"理念的完整折射。45 一旦人类理性被设定,事物的道德秩序也被给予了。即使在这里,知性也企图插上一脚,让一个最初的人诞生出来。然而知性不想想,渺小的地球,还有上面的各种破碎的政治制度,虽然能够像大海里面的一滴水那样产生和消失,但这对于宇宙的世界史根本没有一丝一毫的影响。

我们地球上面的民族史是在一个特殊的形式中形成的。知性把这个特殊形式当作自己的最高尺度,却压根儿不知道,整个人类史或许仅仅是太阳创作的一部长篇小说或一出戏剧,在这个过程中,只要太阳乐意,46 尽可以把各个演员呼来唤去。存在着一种理智上的日蚀,这时知性投射出一个如此巨大的影锥,竟至于遮蔽了整个宇宙,并由此推出一个结论,宇宙比它还小。世界史——这不是指我们人类的世界史——和"美德"理念是同样永恒的。同样,有机体无非意味着,"美"理念的完整折射伴随着理性同时被给予。绝对者就躺在这三个理念的和谐状态里面，47其中每一个理念都以独特的方式代表永恒者。然而正如您在这里亲眼看见的，绝对者不是什么神性东西。48a只有从这里出发，才会产生一个更高层次的问题："是谁把这个和谐状态——与此同时，自然界、历史和有机体在一个最优美的协调关系里被给予——放置在我们的理性之内？"正是在这里，逻辑的和形而上的脉动阻塞了，因为它们怎么可能让自己的波动超越理性呢？唯有宗教和信仰能够重新赋予它们以生命。

通过启示，理性和那三个理念的和谐状态就摆在我们面前。但在这里，一切谓词都停下来了，一切可认识的东西都消失了；在这片光辉里，爱、友谊、还有我们的心灵中承载着的高贵东西，都成为虚无缥缈的东西，48b只剩下自由本身以及自由的太阳（美德）这几个小黑点。唯有信仰活着，永恒地活着。

然而我们如何以善和恶的方式活着呢？只要我们不希望搞那些曲折复杂的推论，那么答案是非常简单的。所谓以善的方式活着，就是指我们尝试着把我们的权力转化为宗教的谦卑，把我们的知识转化为信仰，把我们把心灵转化为默祷，把我们的智慧转化为虔敬。诚然，这条转化之路上有极其多不确定的、虚幻的东西，但义务、法、良知和美德守护着善，并且像神明一样陪伴着人。那么以恶的方式活着是什么意思呢？就是走一条相反的道路：我们的权力蜕化为高傲和暴力，我们的知识蜕化为谎言和无信仰，我们的心灵蜕化为恶习和罪孽，我们的智慧蜕化为恶毒和虚假。这样一个人会驱逐那些守护着善的东西，但因为无论如何不能摆脱良知的惩罚，所以他会伴装对那些东西视而不见。

以上简述包含着道德的两极,即向着上帝靠近和从上帝那里堕落。只要有谁承认我们是自由的,他就必须为了善的缘故而容许恶,因为人的贡献与这个自由息息相关,而这个贡献是我们的道德使命的唯一目的。假若恶本原是这样建立的,即我们苦苦哀求上帝创造出恶,以便我们在恶的驱使下做出贡献,在这种情况下,我们怎么可能控诉上帝是恶的始作俑者或同谋呢?人的贡献难道不是比恶的全部可能意义都更有分量吗?49但我的观点是,"为什么世界里面有恶"这个提问不仅荒谬,而且夸大其辞。上帝的断念对我们而言必定是一种如此神圣的东西,以至于我们只能对此保持沉默,义无反顾地投身其中,而不是对其妄加臆测。因为,我们可以借用哪些理由来做出臆测呢?我们根本不具有一些凌驾于理性之上的理由,仿佛可以一直通达上帝的断念所处的那个领域;至于一切别的理由,都是虚无缥缈的,不足以回答那个提问。哲学不可能放弃她的不可饶恕的自高自大。在哲学看来,我们生活在事物的道德秩序中,而这个秩序属于创世的主要事务,所以哲学以为自己有权利提出一些与创世有关的问题,但她不知道,这个秩序仅仅是汪洋星河般无穷多和不计其数的形式之一,其中每一个形式都和一个更高层次以及更低层次的形式联系在一起。如果一个人对于我们的人类史的了解仅仅相当于大树上的一片叶子,脑袋上的一根头发,海里的一滴水,他怎么可能掌握这份蓝图呢?如果一只手被割离身体,看起来是什么样子呢?——无非是一个丑陋不堪的无用废物。反之,当这只手和整个身体联系在一起,则是处在一个美好的和谐状态。至于我们的道德秩序的形式与整体的关系,同样也是如此。但需要注意的是,这些简单的推论并不能取代一个更深刻的观点。

当谈到一个虔敬的人,我们说"他居住在上帝之内",50a 而当谈到一个无信仰的人,我们必须说"魔鬼居住在他之内"。对于整个道德而言,这个差别是最至关重要的。假若我们能够像生理学那样以道德的方式解剖一颗人类心脏,并且干净利落地把其他各种倾向(比如发烧的倾向)切除掉,那么心脏的最内在的根基就是恶本原。然而这个最深处的非道德的吸引点并不是一种肯定的东西,50b 而是作为终极否定性与善相对立。这个吸引点并不是和上帝一样永恒,毋宁说它是一个最为时间性的东西,它在每一个瞬间吞噬自身,同时重新生产出自身。当人诞生的时候,地球就把这个地域作为原罪一并赋予他,于是原罪作为一个敌对的东西一直陪伴着他直到坟墓,而且只有通过坚持不懈的斗争才会被压制住。如果一个人不是以和原罪作斗争为出发点,他就会因为这个丑陋的东西而失去自己的极乐,因为这个东西和塞壬①一样贪得无厌,当它把受到迷惑的人吸引过来,就带着讥讽的笑声把人拖向地狱。

在这些地方,我和您的观点是一致的。这个最为时间性的东西,这个被永恒者、大全、"真理-美-美德"等理想永远排除出去的东西,这个永远逃避着虔敬者的光明灿烂的面容和本质的东西,一旦被人的知性从它的否定性那里提升上来并且成为肯

---

① 参阅本书第62页注释。——译者注

定的东西,就成为一种凶残的私己意志,它希望一下子吞噬整个当前存在,让理性存在者的整个共同体服务于它的肮脏目的。正如存在着三个潜能阶次,也存在着三种恶。第一种恶是自私自利,它使知性从属于感官世界。在这里,恶尚且是柔和的,因为在一些不受自私自利触动的人那里,一切行为仍然有可能是善的。第二种恶是为恶而作恶,或者说恶毒,它使知性脱离理性。在这样一些人那里,激情仍然经常表现为一种善举。人们可以通过警醒自己不要陷入骄傲、高傲、瞎忙活,以此与恶毒保持距离。唯有在这个意义上,亦即与恶的更深层次的潜能阶次相抗衡,激情才有可能仍然具有一些价值,但自在地看来,它们完全应当受到谴责,而从它们那里爆发出来的能量都服从于恶本原的统治。第三种恶是咒骂上帝,或者说无神论。这意味着知性通过堕落而离开上帝,而一个通过堕落而离开上帝的知性就是魔鬼。我本来可以向您描述我们的历史里面那些魔鬼及其帮凶的现象,50c 但我可不想通过这个方式向魔鬼表达敬意。同样,也存在着三种善。第一种善是节制和明智。善在这里得到提升,因为拥护善会带来利益。这也是一种自私自利,但它低调行事,不会损害别人。在这种善里,知性在绝大多数方面都摆脱了感性东西。第二种善是伦理和智慧,或者说为善而善,在这种情况下,人们必须为了普遍者而完全牺牲自己的福利。这就是一种受理性统治的知性。第三种善是以上帝为目的的善,或者说虔敬、一种信赖上帝的知性、信仰、完全的听天由命等等。

因此知性是把善和恶分开的中心点。当它接受理性的统治,信赖上帝,那么全部行为都是善的。反之,当它接受感性的统治,献媚那个最为时间性的东西,那么全部行为必定是恶的。

现在说说我的终极观点:"上帝超脱了全部对立,超脱了全部无差别、同一性、绝对者等等。"因为所有这些谓词都仅仅标示着一条介于信仰和知识之间的线,而理性自身从一开始就只能站在这条线上,并正因如此不可能理解把握上帝。就此而言,"恶本原是依赖抑或独立于上帝"这个问题是没有价值的,因为没有任何东西能够和上帝相对立,没有任何眼睛能够直观到一个处于关联中的上帝。诚然,我们都知道魔鬼是从上帝的神庙里被驱逐出去的,但无论如何,宗教就是我们的至善。反正,启示出来的东西则是与世界相对立:神圣东西与罪孽相对立,美德与恶习相对立,天堂与地狱相对立,基督与魔鬼相对立。魔鬼的对立面不是上帝,而是基督。只有通过基督教学说的揭示,魔鬼的非价值和非存在才会呈现出来,在这种情况下,救世主与诱惑者、和解者与反抗者等等针锋相对。原罪是感性的根基,是地球上的人天生具有的,但绝不是自永恒以来就已经有这个东西。原罪包含着一个持久不变的特征。它像一种温柔的自然力一样诱惑着人往下走,追随它是毫不费力的。通过感官刺激,甜蜜的毒液悄悄潜入进来,很快占领思想的活动场所,进而侵入激情的巢穴,唤醒沉睡着的激情,为之服务。因为激情是原罪的急先锋,擅长于给原罪的庭院添光加彩。正如一个下落的物体通过加速度而获得愈来愈强大的力量,同样,感性的甜蜜毒液就像重力一样总是往下拉拽,它愈是扩散开来,就愈是具有一种深厚的强度。当它最终成为一团烈焰,就开始焚烧神庙的大门,而这恰恰是信仰稳居其中,并使人里面的不朽者摆脱尘世东西的地方。敌人必须摧毁信仰的这个王座,否则它不可能获得霸权。在这紧要关头,人里面的更高东西显现出来,因为它觉察到了那个异军突起的深渊。一个内在的声音,一个在危难时刻绝不会缺席的声音,呼唤着人逃离险境,但对于那个已经深深扎根在人的感性里的东西,不能逃避,只能与之作斗争。现在开始了善和恶的斗争。这个斗争是不均衡的,然而哪一方应当获胜呢?朋友您听!我要告诉您我的肺腑之言。每一个人在他的灵魂里都拥有一个直接的启示。这个启示不是通过艺术和科学产生出来的,而是来自上界,即我们所说的信仰。当然,世界的局面非常恶劣,我在前面向您指出的个别人的形象,也适用于整个民族史。您不妨回想一下人类的几个伟大时期。在罗马帝国的霸权统治下,基督显现为人类的拯救者。事情必然会走到这一步——人类走向普遍败坏的进程必须被一个间接启示阻止。因为人的力量永远都不足以在整体上造成一种朝向上帝的回归,51所以上帝把自己的儿子派遣到世界里,以此启发和祝福我们。只有把基督教看作是一个提供启发和祝福的机构,上帝通过间接启示而馈赠给人类的机构,实定的基督教的深刻意义才会完全彰显出来。当终极的否定性,即我所说的原罪,开始转变为一个肯定东西,在这种情况下,正如我已经指出的,人的意志颠转为任意和暴力,心灵颠转为谎言和虚假,知性颠转为恶毒和无信仰,在这种情况下,只有一个更强有力的肯定东西才能够限制人的

VIII, 159

这个颠转的肯定性;这个肯定东西正是实定的基督教,它通过上帝在基督那里的间接启示而显现出来的。长久以来,基督教学说已经被它的诠释者败坏了,那些简单的、52仅仅对心灵诉说的真理已经被托付给知性。知性企图分解上帝所预言的那个王国,随之扼杀心灵本身具有的纯洁无辜,让心灵陷入自身分裂之中。撒旦的狡计就在于把人的眼光从伟大真理那里引开,转向知性的小庙,在那里,琐碎无聊的事实又分化为十个参差不齐的知性部分。有些人可能觉得,用物理学来解释《新约》里面记载的奇迹,这是很明快的做法,但我认为这种尝试完全是无信仰的表现。难道人们已经忘记,基督和基督教学说的出现本身就是最大的奇迹,而且它们只能被看作是上帝对人的间接启示?53难道上帝的使者会缺乏自然界的力量,竟至于不能宣称自己是上帝的使者?难道各种琐碎无聊的事实不是已经通过那些更高层次的事实而得到澄清?人们觉得,只要奇迹不能用自然规律(比如磁极的规律)来解释,那么它们作为事实就是可疑的。历史包含着一个奥秘,这个奥秘的编码是这样的:地球上有多少巨人想要摧毁天国,就会出现多少关于天国的符号。——因此基督出现的时候,恰恰是罗马帝国最辉煌的时期,那个骄傲地自比为神的人企图在王座上扎根下去。一个不可见的神明游荡在世界史上空。它很少降落,而这是为了不去破坏人在整个历史里的自由。但是,一旦某个勇敢而自信的民族在世俗事业方面取得成功,进而不自量力地、高傲地冒犯神圣东西,而且,只有当这个局面达到无可救药的地步,神明才会作为一片乌黑的浓云在人类命运上方扑腾翅膀。

人们只有带着童稚的心灵才能够领会奇迹的意义。正如一个小孩,当他收到朋友的圣诞节礼物时,绝不会询问:这个木偶基督从哪里来,到哪里去,由什么材料构成,同样,我们在上帝的国度里也必须是一些小孩。遗憾的是,知性全然不关心这些,而是坚持以自己的方式自行其是,一直以来都在推动基督教的自身分裂。到如今,基督教学说已经深陷这种处境,即那种宗派分裂过渡到一种冷漠主义心态,成为我们这个时代的标志,而这会给我们带来可怕的惩罚。在宗教里面,没有什么比冷淡和冷漠更能败坏人心的了,因为它们会把人的性格降格为奴隶心态,使之俯首听命于无神论。真正说来,把"不宽容"(Intoleranz)转化为"无动于衷"(Indolenz),这是撒旦最为成功的一项事业。54 或许某些人能够指示我们,这一切将何去何从,但每一个人都清楚知道,诱惑者的精神渗透进整个人类,但在人类历史的伟大摇摆线里,将会重新出现一个成熟的时期,此时,那些恶贯满盈的人将会接受上帝的末日审判。在这里,上帝有时是仁慈的法官,有时是严厉的法官。智慧而虔敬的人将会保持纯洁,并且通过示范和言语尽可能发挥影响。他不会受那种最为蛊惑人心的、篡夺了上帝之位的利己主义的诱惑,因为这是魔鬼的金字招牌。在哲学里面,这是一个败坏人心的谬误,而且和政治动荡是同步进行的。反之在人类生活里面,这种凶残局面则是预示着末日审判的来临。烈焰已经重新腾起,焚烧着庙宇和祭坛的大门。——然而这里也有一个不可克服的界限。如果人们没有认识到宗教和政治之间的永恒关系,黑暗的厄运就会笼罩着人类,在一种狂野的暴动中,激情与激情斗争,朋友与朋友斗争,兄弟与兄弟斗争。活跃在日常生活中的,是仇恨和怨恨、不法和暴力、虚伪和狡诈、胆大妄为和阿谀奉承,以及诸如此类的恶劣后果。——任何地方都没有和解,任何地方都是焦躁不安,直到这个堕落的种族走向毁灭,一种更好和更美的生命萌芽破土而出。

*　　　　　*　　　　　*

世界史的伟大真理就在于,它的永恒蓝图绝不会容忍政治和宗教之间的关系发生颠转。

为了理解这个整体,还需要补充什么东西吗?我相信——没有了。然而还有一个真理,它活生生地居住在我的灵魂里。——这就是诸魂灵的不可见的共同体。谁曾经梦想过另一颗星星上的极乐生活,对他而言,地球就像黑夜里的流星那样一闪而过。——祝您安康。

谢林的回信

慕尼黑，1812年4月

假若我们不是天各一方，或许您的来信和我的回信已经形成一个对话录。我希望，在力所能及的情况下，也赋予这个隔空讨论以对话录的形式，而且我相信有一个最简单的方式能够做到这一点，即对于您的来信，我会在某些我认为特别需要加以答复的位置旁边加上数字编号，然后逐一加以回应。通过这个方式，读者可以直接参照正方和反方的言论。

一直以来我都抱有一个愿望，即我们这个时代能够像古代那样，当前的博学的见证者之间展开一些不是以信条教义为对象，而是以哲学观点和体系为对象的公开对话。这些对话的好处，不只是揭露出一些仅仅以混淆概念为目的，随之让人们陷入懵懵懂懂和似懂非懂状态的人。即使在那些真正探究真理的人中间，其矛盾也是经常开始于一些很难察觉到的偏差，比如一个看起来无关紧要的对于概念的改动或混淆，而这个改动或混淆在接下来的过程中导致一些极为严重的后果，就连诚实的反对者也必定会对此惊讶万分。在口头的讨论中，人们几乎从一开始就会遇到这些偏差，于是真正有待讨论的对象经常被放到一边，取而代之的是一系列漫长的争吵，但这些争吵根本说来只不过是一些毫无价值的废话。

您已经同意将您的来信和我的回信同时发表，这件事情表明，您唯一关心的是对于真理，或至少是对于真正的争论之点的澄清。而像我们这样把来信和回信直接摆放在一起，真理和争论之点是很容易辨认的。

既然您已经表明，您是以开门见山和立论的语气讲述自己的观点，那么您在我这里也会看到同样的就事论事的语气，同时不会觉得这些开诚布公的言论损害了我长久以来奉献给您的尊重和友谊。

此外您不要期待我会完全遵循您的来信的叙述顺序。诚然，如果是采取杂乱无章的做法，各种反对意见很容易堆积起来，但由于我的答复只能是来自一个整体的观点，所以必须在某种意义上具有体系的形式。

我区分了您针对我的主张而提出的反对意见和您自己的独立观点。我首先尝试回应前者；在这之后，我也谈谈我对于您的思维方式的看法。

首先，您非常不满意的一件事情，是我不但认为以科学的方式研究自由的本质是可能的，而且真的实施了这个做法。在您看来，自由的本质和关系无论如何是无法证明的，而总的说来，您所理解的"科学"就是证明。您在编号15—16处说道，自由绝不可能成为概念——问题在于，某种根本不是概念的东西怎么可能成为概念呢！在我看来，在同样的意义上，您也可以针对一块石头说这番话。同理，您在编号17处发问："难道伦理、美德、美是**被思考**的吗？"对此我也可以发问："难道石头、声音、颜色是**被思考**的吗？"因此在这件事情上，自由并没有什么特殊之处。

看起来，您对这一点是深信不疑的：只要一个东西成为科学研究的对象，这个东西就恰恰因此被改造成一个单纯的概念；比如您在编号15处也说道，由于我把自由称作一个概念，所以我必定把自由和必然性混淆在一起。但我不知道我什么时候曾经把自由称作一个概念，尽管我从一开始就谈到了自由的一个概念。我当然可以谈论任何一个东西的概念，比如一块石头的概念，但我并不会因此把人们用来建造房屋的石头称作一个概念。VIII, 163

从这个角度出发，您的论证或许犯了一个错误，即企图证明太多的东西。您承认，人们必须接受自由的训导，因此必须形成一个关于自由的概念。而在您看来，自由竟然是**我所谈论的**非理性东西。您在编号16处认为，自由绝不可能被概念完全容纳，因此始终会留下一种在概念里不可消融的残留物。

您希望在高处寻找非理性东西，而我希望在低处寻找这个东西。您把那些和我们的精神最为密切相关的东西，比如自由、美德、爱、友谊（编号17），称作非理性东西，但您的这些做法并没有保持前后一致，而是在别的地方（编号6）在和我完全相似的意义上使用这个概念。我所说的非理性东西是那种与精神最为对立的东西，即存在本身（Seyn als solches），或柏拉图所说的"非存在者"。

难道这个矛盾不是通过简单明了的概念规定就可以得到裁决吗？"某物消融在概念里"这个说法已经通过频繁使用而变成一句顺口溜，因此很容易出现这种情况，即在相反的意义上也使用这个说法。诚然，一个事物的**概念**无非意味着这个事物成为一种精神性意识的对象；**思维**无非意味着一个精神性演进过程，而我们借此达到一种精神性意识。化学意义上的消融（这是"消融"说法的出处）只有在这种情况下才会发生，即一个异质的东西应当和另一个东西成为同质的。但是，为了让自由、美德、友谊、爱成为我们的精神性意识的对象，并不需要一个特殊的将其接纳或消融在意识中的过程；因为它们本身就是和精神性东西同质的；概念和事物直接合为一体。反之，那与精神性东西或思维相冲突的东西，即实在东西，或存在本身，虽然能够成为我们的精神性意识的对象，但它的概念恰恰有一个特点，即**不能消融在概念里**。因此在我看来，把精神性东西称作非理性东西，反过来把非精神性东西称作理性东西，这是对于真正关系的完全颠倒。

在完成这个普遍的辩驳之后，请您允许我接下来谈谈您针对我的著作中的"**上帝的本性和本质**"等基本概念提出的反对意见。

"上帝（我在这里指的是实存着的上帝）内部必须区分实存的单纯**根据**和实存者本身或实存的**主体**。"这是我的观点。——反之您在编号 1 处宣称："因为上帝在自身内拥有他的实存的根据，所以根据恰恰因此不再是根据，**并且与实存合为一体**。"——后面这一点我完全同意您的看法。自在地看来，如果您所理解的"实存"无非是指实存或纯粹的实存活动本身,那么实存的根据和实存确实是不可区分的。但是,如果您所理解的"实存"是指一个整体,包含实存着的主体在内,那么我必须拒斥您的观点。因为根据是"非主体",一个并非亲自存在着的东西,因此必然不同于那个已经包含着主体的实存。关键在于,我根本没有谈到**实存**和实存的根据的区分,而是谈到**实存者**和实存的根据的区分——如您所见,这是一个非常重要的差别。

或许您真正想表达的是**这样一个**观点:因为上帝在自身内拥有他的实存的根据,所以这个根据必定和实存着的上帝**合为一体**。正如您在另一处地方(编号2)也说道,根据我的学说,本质和形式或类似对立都是汇聚在同一个点上面。

令人遗憾的是,"合为一体"或"汇聚在同一个点上面"之类说法已经通过频繁使用而成为一种轻率的说辞。您所说的"合为一体"究竟是指"**成为同一回事**"呢,还是指"**属于同一个本质**"?您似乎把这两个概念混为一谈了。假若您是指前面那个意思,那么您的推论是错误的,而假若您是指后面这个意思,那么我也会表示赞同。上帝在**自身内**,在他自己的原初本质内,拥有其实存的根据,因此这个根据和实存着的上帝(即作为"实存的主体"的上帝)一样,都属于原初本质。上帝自身只有他的展示行为才走出原初本质,而我在我的著作第497页①已经足够清楚地刻画了这个原初本质;在别的地方,为了把原初本质和**上帝**(作为实存的单纯)区分开来,我并没有把它称作上帝,而是明确

VIII, 165

---

① 《谢林全集》,第七卷,第406页(VII, 406)。——原编者注

称之为**绝对者**。尽管如此，从"根据和实存的主体属于同一个原初本质"并不能推出，二者相互之间是完全不可区分的；毋宁说，正因为它们属于同一个本质，所以它们必定从另一个角度看来是相互区分，甚至相互对立的。——人的心灵和精神属于同一个本质，而且在一个现实的人那里确实是合为一体的，也就是说，二者仅仅构成同一个原初本质，而现实的人仅仅是这个原初本质的展现；但在这个展现中，二者必然是两个不同的、独立于彼此的潜能阶次，而众所周知，这两个潜能阶次甚至有可能陷入相互矛盾的状态。

需要指出的是，您根本不是在我说的意义上理解**根据**——也就是说，您在一种平庸的意义上，在编号2处，把它当作**后果**（Folge）的关联物，以至于到最后，存在着的上帝成了存在或**非存在着**的根据的一个**后果**。而在您看来，不仅这个概念，包括"形式和本质""存在和生成"等概念，乃至全部知性概念，只要应用到上帝身上，都是一种令人愤怒和应当咒骂的做法（参阅编号3），因为在这种情况下，上帝显然也成了一个知性存在者，或者如您在编号4处所说的那样，成为一个单纯局部的上帝。

通过以上辨析，我们的讨论就进入了一个更为开阔的领域，并且在某种程度上扩大为一个普遍的问题，即知性概念对于上帝而言具有怎样的价值和有效性？我在这里不可能掺和到这个论争中：这个决定的**首要**原因在于，我只打算讨论那些与我或我的主张有关的东西，我根本不打算纠正您在谈到某些对象时对于概念的错误使用，这些用法和那些被**普遍**接受的观念根本就是相互矛盾的。这一点恐怕不需要我再来揭露,因为您本人在编号14处已经直言不讳加以承认。就上帝作为一个人格性本质而言,他岂非恰恰因此在某种意义上已经是一个局部的本质?人们能够设想一个人格性不具有特殊化、自为存在,随之在这个意义上不具有局部性吗?除此之外,一个按着目的和意图而行动的本质,岂非 eo ipso [就其自身而言] 已经是一个知性存在者?

因此我也得公开表扬您,即您带着一种非同寻常的坚决和坦白,时而谴责这个东西,时而谴责那个东西,最后的结论是:我**没有权利**把"全能""全善""全知"等谓词**应用到**上帝**身上**(编号10);同样的断言也适用于"自主性""人格性""自我认识""自我意识""生命"等谓词(编号14);到最后(编号27),您甚至禁止我们用"他存在"来谓述上帝;因为在您看来,这一切都是属人的东西,是从我们的思想和心灵过程里提取出来的局部性质,配不上上帝的尊荣。在这种情况下,上帝的处境其实比那些东方的皇帝好不了多少,他们宣称自己的尊荣凌驾于一切属人的东西之上,人民应当把他们当作上帝一样来崇拜,但这样一来,他们也失去了全部自由行动,失去了人的生命外观。是的,为了把上帝放置在一个高高在上、远离一切属人的东西的地方,您仔细地剥夺了上帝的全部知性属性和可理解的属性,剥夺了他的全部力量和影响。

在坚持前后一贯的情况下,全部康德、费希特和雅各比的哲学,还有整个在我们这个时代占据统治地位的主观性哲学,都**必定会走向这个归宿**。从这个角度来看,当其他人还在沉迷于自

VIII, 167

我欺骗的时候,唯有您摆脱了自我欺骗。诚然,那些人是出于别的理由而非常关注一种以人格性上帝为对象的学说,尽管他们的这个关注并非总是一件理所当然的事情。为了理解这种学说,需要一些前提,而这些前提直接打脸我们的世间智慧深陷其中的纯粹主义。关键在于,正如您正确觉察到的那样,这里别无选择。要么根本不接受任何神人同形同性论（Anthropomorphismus）,随之也不接受任何关于一个人格性的、带着意识和意图行动的上帝的观念（因为这些说法已经把上帝完全当作一个人）,要么接受一种不受限制的神人同形同性论,彻底而**完全地**（唯一的例外是"必然的存在"这个点）把上帝当作人。后面这个做法是那些人深恶痛绝的,因为他们认为这是哲学家的专长。因为,每一个初识"理性宗教"学说的人都知道,上帝远远超于一切属人的东西之上,而且,据说康德已经**无可辩驳地**证明,任何把人类知性概念应用到上帝身上的做法都是不允许的、愚蠢的。因此您或许认为,只要哲学家宣称对于一个人格性上帝的现实认识是可能的,这就会完全毁掉他们的声誉;同时在您看来,哲学家又确实喜欢**谈论**这件事情,因为这些东西听起来很美妙,给人云里雾里的感觉。

只不过,正如前面讲过的,我不愿意掺和到这个论争中。我的主要理由在于,我根本不承认这整个讨论方式具有什么有效性。问题的关键根本不在于我们有什么权利把我们的概念应用到上帝身上,毋宁说,我们首先必须知道,上帝是什么东西。因为,假设我们通过持续的研究揭示出上帝确实是一个具有自我意识、活生生的、人格性的，一言以蔽之，一个类似于人的上帝，这时谁还能指责我们把人类的概念应用到上帝身上呢？如果上帝就是属人的，谁有权利站出来反对呢？——如果像您说的那样，在您对上帝加以肯定的那方面，我的理性把自己放置于上帝之上（编号37），那么在您对上帝加以否定的那方面，您的理性同样也是如此，而且您的做法还要决绝得多，因为您是 a priori[先天地]，在没有进行任何探究的情况下，就单纯主观地对上帝妄加论断，反之我并没有把任何从我自己这里拿出来的东西扣在上帝头上，而是仅仅尝试追随**他的**道路。

VIII, 168

那么，究竟是哪一方打着谦卑的幌子做着狂妄自大的事情呢？究竟是哪一方在谦卑否定的掩饰下体现出人类判断的自负呢？

您说，上帝**必须**绝对凌驾于人类之上。现在，针对您在另一个地方的发问（编号12），我要反过来问您，如果上帝想要成为一个人，谁有权利站出来反对？如果上帝亲自从那个高处走下，使自己和受造物**同甘共苦**，我有什么权利强行把他摁在那个高处呢？如果上帝确实是自己做出屈尊的举动，**我**怎么可能因为思考他的人性就侮辱了他呢？

只要我们还没有通过客观的探究，通过原初本质自身的发展而认识到上帝是什么东西，我们对于上帝就既不能否认什么，也不能肯定什么。无论上帝是什么东西，这都是由**他自己**决定的，而不是由我们决定的。因此我也没有权利预先规定上帝应当是什么东西。上帝是他**愿意**是的那个东西。因此我必须首先尝试探究他的意志，而不是预先断定他愿意是什么东西。

这整个论争已经和康德哲学一起过时了，根本就不应当再冒出任何声音。当我们说，我们不应当用人的概念来思考上帝，这同样是把我们人类的概念的性质当作衡量神性的尺度——只不过是一个否定的尺度罢了，这和普罗泰戈拉把人的单纯主观意谓当作万物的尺度没有任何不同。但在这件事情上，您比康德更激进，因为您又把**地球**（编号5）——或者用您的说法，我们的渺小地球（在我看来，地球虽然是渺小的，但并非值得如此轻视）——当作我们的概念的尺度。在您看来，我们的任何一个精神性思想都不可能超越地球，我们的核心概念根本不能应用到最近的星球或太阳上面（编号6），更不要说应用到天国上面。因此您说，如果上帝是具有自我意识的，那么这对他而言（编号11）是我们的尘世知性的概念造成的刺激（问题在于，这些概念又是他亲自放在我们内心里的），而为了消除这种刺激，上帝必须放弃自己的生命和人格性。——

基于同样的理由，我也没有兴趣讨论您从一种自创的关于理性和知性的理论出发而提出的观点，比如知性有时候是一个棱镜，用来折射彼岸的无差别的光线（编号8），有时候是一个具有双重反射的支点（编号9）等等。因为总的说来，我觉得，当您企图基于一些不是来自于上帝自身，而是来自于我们的认识能力的理由去否认上帝，这是完全错误的做法。此外，我只能把您那些关于理性和知性的命题看作是一些完全随意的断言。这些泛泛的"证明"在根本上已经假定了所有本来应当首先加以证明的东西，因此真正说来没有证明任何事情。既然如此，我宁愿谈谈您在来信里针对"**上帝从自身出发的发展**"——这个观点在我的那部著作中虽然没有得到阐述，但已经暗示出来——而提出的反对意见。

您说，我赋予上帝一种想要生育自身的渴望，仿佛上帝内部能够有一个愿望，去成为某种他现在尚且不是的东西（编号13）。于是您以此证明，渴望是某种完全属人的东西。无论从哪个角度看，您的这个证明都是画蛇添足，但这里有一个需要强调的地方，即您不要用一个信手拈来的说法复述我的思想，而是应当按照它在我的著作中出现时具有的规定来复述它。我的观点是：在上帝内部，除了那个在他之内真正是**他自己**的东西之外，另有一个与之不同、但并未与之分离的本原，这个本原的特性是渴望，确切地说，一种想要在自身内接受并呈现神性东西的渴望。我明确指出，这个本原是真正的主体或存在者的唯一工具，以促使后者达到启示和现实化（采取行动）。渴望是这个本原的**特性**，正如整个自然界的特性在于，不是具有一个渴望，毋宁说其本身并且在本质上是一种渴望。因此，假若您保持小心谨慎（遗憾的是事实并非如此），避免把这个不同于上帝的真正自主体的本质和上帝自身（存在着的上帝）混淆起来或**混为一谈**，您就不可能说我"给予"或"赋予"上帝一种渴望，因为人们只有在谈到**属性**的时候才可以这么说。至少您应当这样表述，比如我把上帝自身当作一种渴望，或我认为上帝自身在本质上是一种渴望等等。就此而言，您使用的术语根本没有准确而贴切地复

VIII, 170

述我的观点,更没有丝毫触及到我的观点的关键之处,即这个本原是唯一的工具,以促使神性的那个隐蔽的、自在地看来仅仅存在于自身之内的本质达到现实化。

然而您的疑问是,这个渴望虽然指向知性、需要知性,但它自身又不是知性,因此是一个缺乏知性的东西,既然如此,它有什么用处呢?(此处参阅我的著作第433页①)"如果上帝自永恒以来就曾经存在着,缺乏知性的东西怎么可能先行于知性,混沌怎么可能先行于秩序,黑暗怎么可能先行于光明?"(编号35)我很好奇,既然您在前面不远的地方(编号27)已经把"**存在**"(Ist)从上帝那里排除开,凭什么又说上帝"**曾经存在**"(War)之类的话呢?我只想问您一个问题,您是在什么意义上使用"**曾经存在**"这个词?假若上帝自永恒以来就**曾经存在于**启示状态,并且仅仅通过完满的创世就使自己处于一种完全外在的现实性状态,那么我们确实看不出来,混沌怎么可能先行于秩序,缺乏知性的东西怎么可能先行于知性,黑暗怎么可能先行于光明。问题在于,如果上帝不是自永恒以来就曾经存在于现实性状态和启示出的实存状态,如果恰恰相反,上帝给自己的启示制造了一个**开端**,那么,虽然这尚未证明混沌先行于当前的秩序状态,黑暗先行于光明,缺乏知性的东西先行于知性,但反过来,从上帝的永恒性里面也得不出任何反对这种情形的东西。现在,您面临着一个选择,即当您说"上帝自永恒以来就曾经存在着"的时候,要么指的是原初本质或尚未启示出来的存在,要么指的是已

---

① 《谢林全集》,第七卷,第360页(VII, 360)。——原编者注

经启示出来的存在。在前一种情况下,您的证明丢失了关键之处,而在后一种情况下,您等于是说,创世和上帝是同样永恒的,或者说上帝必定自永恒以来已经创世。但这样一来,您的指责就不是首要而专门针对我的观点;在同样的意义上,您的那一番话,"永恒者不可能放纵时间,不可能容忍事物在它自身内转换更替",反倒有可能与基督教主张的那个普遍学说——神性的启示有一个**开端**——形成对立。——

关键在于,您是从一个危险的方面亦即道德方面出发来攻击那个关于创世的观点。您认为(编号34),因为我主张,**从历史的角度来看**或就现实性而言,一种缺乏知性的东西先行于知性,黑暗先行于光明,所以没有什么东西能够阻止我们进一步发挥这个主张,让美德产生自恶习,神圣东西产生自罪孽,天堂产生自地狱,上帝产生自魔鬼。——为此您还补充道:"您所说的上帝的实存的黑暗根据,确实是某种类似于魔鬼的东西。"

我真不敢相信最后这句话是您说出来的。如果您打算这样评判事情,我宁愿您不要阅读我的著作。如果您读书稍稍仔细一点,就不可能忽略了我的著作中的如下文本:"我们已经坚定不移地宣称,恶本身**只能起源于受造物**。"——"自在地看来,起初的根据本质(这就是上帝的实存的那个黑暗根据)绝不可能是恶的。"——"人们也不应当说,恶来自于根据,或根据意志是恶的始作俑者。"(我的著作第453、488页①等等)而您采取的做法,却是把我那些在相关语境下仅仅以批评的方式提出来的东西歪

---

① 《谢林全集》,第七卷,第375页(VII, 375)和第399页(VII, 399)。——原编者注

曲为我的正面主张,于是从我的原理推出上帝产生自魔鬼。您这种精神气质的人和另外一些人堪称绝配,他们的知性非常甚至过于敏感,只要听到一些陌生的、稀奇古怪的概念,就不由自主地想到这样一些 monstra et portenta［妖魔鬼怪］。①

既然如此,我在这里仅仅谈论那个一般地包含在您的言语中的前提,即按照那个理论,上帝一定产生自根据,无论这个根据是什么东西或可以比作什么东西。

您不但知道,并且亲自以我的著作中的相关文本为证指出,我把原初本质或起初的、绝对永恒的神性置于一切根据*之前*和*之上*(我的著作第497页②),而且在这种情况下,我所说的根据始终是上帝在其自身内(在其原初本质内)拥有的一个本原。因此,当您假定上帝无论如何一定是产生自根据或起源于根据,这就在事实上歪曲了我的真实主张。您在同一处文本(我的著作第497页)那里也看到,我在任何时候都是让根据与实存者相关联,而不是让它与一个凌驾于根据和实存者*之上*的东西相关联。只有相对于实存者而言,根据才表现为实存的根据(基础)。因此您至少必须补充一个规定,这样来说:"上帝作为实存

---

① 比如苏斯金德就是如此。可参阅他的《谢林神学批判》,发表于《基督教道德和教义学》第十七卷,后以单行本出版(图宾根:柯塔出版社)。至于这个(所谓的)批判究竟是什么货色,如果有机会的话,我会在另一卷著作中加以详细揭露。——谢林补注。
译者按,苏斯金德(Friedrich Gottlieb Süskind, 1767—1829),德国路德宗神学家,图宾根大学新教神学院教授,新教神学"早期图宾根学派"(区别于以菲丁南·鲍尔、大卫·斯特劳斯、爱德华·策勒为代表的"后期图宾根学派")代表之一,经常站在神学的立场上批评康德、费希特、谢林。
②《谢林全集》,第七卷,第406页(VII, 406)。——原编者注

者(τὸ ὄν),作为实存的主体,产生自实存的根据。"然而一旦加上这个规定,整个主张很显然是不可能成立的。因为实存的根据只能是纯粹的"**实存**"(Existieren)本身的根据,而绝不可能是"**实存者**"(was existiert)或实存的主体的根据——正如我在谈到编号1的时候已经给您指出的,这可是两个有着天壤之别的概念。

如果您想要忠实地复述我的思想,那么您只能说:对上帝而言,上帝内部的非理性东西或一个本身缺乏知性的本原是那个仅仅在自身内存在着的主体达到启示的根据,亦即基础、条件或手段,换言之,仅仅是那个主体能够外在地发挥作用的实存的条件。假若您想要反对这个思想,那么只有两个途径。要么您必须主张,上帝根本没有必要去启示自身,而是一直以来就已经启示出来,因此已经启示出来的上帝和原初本质毫无区别;要么您必须否认上帝内部有一个本身缺乏知性的本原能够成为启示的手段,而对您而言,这个情况按照通常概念来说并不是什么难事。

您不仅歪曲我的原理,臆想**上帝**和根据的关系,而且看起来假定,光明和黑暗之间、知性和缺乏知性的东西之间也是同样的关系。在我看来,您仿佛以为,光作为**潜能阶次**,作为本质,起源于黑暗,而知性则是作为**本原**而起源于缺乏知性的东西——简言之,存在者起源于"非存在者"。如果是这样的话,您恐怕是以一种不可理喻的方式误解了我的思想。黑暗之所以是必然的,并不是为了让一个本质(比如光)存在着;同样,缺乏知性的东西之所以是必然的,也不是为了让知性存在着。光,以及与之类似的知性，完全不依赖于黑暗，因而是一个比黑暗更高的潜能阶次（A^2）；换言之（这是真正的关键），光按其**概念**而言恰恰是一个（基于自身的）存在者，**为此**它根本不需要别的潜能阶次。但是，正因为它是一个基于自身的存在者，所以，为了**作为**这个基于自身的存在者而**存在**，也就是说，为了**证实自己是**这样一个东西，为了**采取行动**启示自身，它需要一个发挥相反作用的黑暗本原，因此后者是它的现实化的根据（基础、基底、条件），是它作为**现实东西**或采取行动而需要的一个条件，并且必然——不是在概念上，而是在时间上——先行于它。反过来，黑暗作为光的绝对对立面，必然是一个就自身而言的（基于自身的）"**非存在者**"，也就是说，它不具有真正的**基于自身的存在**，在根源上仅仅是一种**外在于自身的存在**；因为它的存在不是为着它自己，而是仅仅为着另一个东西（光），它的存在仅仅是光得以启示的条件或**手段**。因此，如果说黑暗是光的外在**存在**或实存的条件或**根据**，那么光反过来则是黑暗的基于自身的存在的**原因**——黑暗是创世本原，它从"非存在者"那里召唤出某种存在者（受造物）。

只有在这个语境里，我才在某个地方——即我的著作第433页[①]，或许您在做出上述推论的时候仅仅看到这一处文本——说，存在者**产生自**"非存在者"，知性**产生自**缺乏知性的东西，光明**产生自**黑暗。

但是，如果您打算把我的这个命题转化为一个普遍的命题，那么您必须补充一个适合于我的思想的规定。知性确实产生自

[①]《谢林全集》，第七卷，第360页（VII, 360）。——原编者注

缺乏知性的东西,但这个东西已经死寂,光明确实产生自黑暗,但这个黑暗已经被征服。知性**就其自身而言**,作为一个**现实东西**,只有在这种情况下才会冉冉升起,即那个曾经占据统治地位的缺乏知性的东西已经臣服于知性,并且相对它而言已经成为一种僵死的东西(物质、质料)。现实的光就其自身而言只有在这种情况下才会冉冉升起,即那个曾经占据统治地位的黑暗本原已经死寂,并且臣服于光。

因此,正因为那个推论听起来让人非常厌恶,让每一个人都诧异不已,所以您必须给我的意思补充一个适合的**规定**,这样才会让每一个人与之和解。无论如何,美德虽然不是在概念上或本质上,但在现实中确实是产生自恶习,只不过恶习在这里已经是一种被征服、被扼杀的东西。神圣性只有在罪孽完全死寂之后才是可能的,就此而言,它实际上是产生自罪孽(确切地说,被扼杀的罪孽)。天国在任何方面都居于地狱之上——这个命题是每一个人都自明的。天国代表着最高的和谐,地狱代表着各种力量的争斗。但活生生的和谐乃是一种被征服的、居于从属地位的争斗。假若没有地狱,天国就将是一种毫无影响力的东西;只有通过持续征服地狱里的争斗,人们才会感受到天国,同样,只有克服那种不断涌现出来、一再让人沉默的疾病,人们才会感受到健康。如果上帝应当活在一个人之内,那么人里面的魔鬼必须死去,正如您反过来说的那样:当上帝离开一个人,魔鬼就居住在这个人之内。

和过去一样,您到现在仍然坚持认为,必须用道德来对抗我的体系,因为在您看来,我的体系里面没有给义务、法、良知和美德留下位置(编号22)。您的这个观点是很容易反驳的。我可以问您,您的如下臆测究竟能够在道德方面带来什么成果呢,比如地球上的人仅仅是一个演员,只要太阳乐意,就可以呼来唤去(编号46),又比如那种浪漫的不朽观念(编号31),仿佛我们必须把更高层次的星星看作是我们的未来变形的舞台,更何况您的整个哲学根本就不懂一个魂灵世界的理念。这一点尤其体现在您的体系的划分模式(编号21)里面:知性是否定的方面(**自然界**),历史是**肯定的**方面(而且您把历史称作"事物的更高层次的秩序",仿佛除此之外就没有别的秩序!);二者中间是艺术;这就是您的一切!无论如何,正如之前所说,我根本不喜欢这类推论,因为不言而喻,任何在理论上错误或虚弱无力的东西,必然在道德上也是虚弱无力或错漏百出的。

没错,美德当然不可能产生自(以数学公式计算的、僵死的)和谐与非和谐(编号22);但我向您保证,这些根本就不是我的观点。除此之外,当您把**您自己**常用的那些公式——比如"动力学的量化系列,在那里,两种力量从一个共同的核心那里分道扬镳"——强加给我的时候,您已经远远偏离了我的意思。

在您看来,通过我的学说(它确实使用了一些物理学术语),伦理学已经被物理学扼杀了,事物的更高层次的秩序被贬低为低级层次的秩序(编号21—22)。您也不能同意,哪怕是以类比的方式把光和重力等自然本原应用到事物的道德秩序上面(编号36);但反过来,当您自己试图解释恶的本性时,您又把恶的内在本原称作人里面最深处的一个非道德的**吸引**点(编号50)。请问,在这些语境里,"重力"和"吸引"有什么区别呢?更不要说我发现,当您谈论恶的本性的时候,在根本上仅仅是重复我的理念。您说,"核心和圆周在自然界方面扮演着主要角色,但它们在道德方面毫无用武之地"(编号23),但就在前面不远的地方,您又把自然界称作否定的方面,把道德世界称作肯定的方面,并且将二者比拟为双曲线的两条对边(编号20)——顺带说一句,在这种情况下,道德世界就被完全**等同于**自然界,问题在于,如果您把前者比拟为核心,把后者比拟为圆周,那么您至少应当展示出道德世界相对于自然界的优越性——;随后您把人的历史称作一条摇摆线,同时主张,只有一些服从无限秩序的超验线条能够提供道德世界的一个类比(编号24)。这仿佛是说,只有圆周是自然形式,而这些超验线条却不是自然形式!总的说来,如果数学类比可以应用到道德事物上面,您为什么不使用"核心""圆周"之类常见得多且更有意义的概念,而是如此偏爱"角""坐标系""双曲线的渐近线"之类术语呢?

总的说来,我感到非常诧异的是,您总是吊在一些数学比喻上面(这些比喻对您来说或许只有在谈到低端事物的时候能够带来某些便利),而且您始终不能克服那种把一切东西归结为这些僵死公式的倾向。您甚至企图用杠杆(编号40)来解释我关于二元性的最初起源的辩证理论,就像解释磁力现象一样。从既定的顺序来说,我本来应当从一开始就谈论这一点。但我没有这样做,因为我发现,您的整个解释(编号38—40)把我的概念混淆到这个程度,我都不知道从何谈起才好。我有两个选择:要么我必须首先纠正整件事情,从一开始进行推导,但没有人知道这个推导能否取得更好的结果,因为您的平静心态——在这种心态下,您现在可以带着挖苦乃至蔑视的目光(编号41)俯视全部哲学体系——很难让您听从我的推导;要么我必须模仿您的来信里某个地方的语气,为了完全表达自己的观点(编号24—25),干脆用纯粹的否定方式说话;我必须说:"一个活生生的演进过程,好比二元性的最初起源的那个演进过程,**不能**用杠杆来解释。我所说的根据**不能**比作重心(编号40);假若这里出现了这样一种机械方式,那么根据必须比作杠杆的一个重量。为了解释二元性的起源(编号38),根本**不需要**同一个东西内部的一个特殊的差异化本原。我从来**没有**主张,恶和善——要么同时,要么先后——产生自非根据(编号39)",如此等等。然而这一切否定有什么用处呢?既然您不懂演进过程的来历,不懂历史和发生学,您(还有那些和您一样的人)怎么可能理解辩证法的深义呢?

我希望就此结束我对您的各种指责的答复,因为我相信,迄今所述已经足以让您明白,您还没有完全理解包含在我的著作中的那些理念的意义和联系。就此而言,我略过了您的很多可以轻松解答或明显错误的看法,比如,只因为我宣称上帝内部的两个本原的纽带(在道德的意义上)是不可瓦解的,您就指责我否认上帝内部的自由(编号25),又比如,您断定自然哲学——我始终没搞懂您说的"自然哲学"究竟是什么东西——是一种缺乏开端的时间(编号42),如此等等。

对于您的各种指责,或许我的答复过于简短和生硬。如果是这样的话,现在我必须承认,这些指责,还有您对于我的体系的各种看法,都是非常顺理成章地来自于您自己观察事物的方式,而且从您所处的立场来看确实只能是这个样子。既然如此,为了让我的答复比较完满,让您满意,请允许我反过来与您分享一下我对您的哲学立场的看法。   VIII, 178

您说:"创世不是产生出来的,而是被给予的。一旦**人类理性**被设定,'真理'理念也被设定在人类理性之内,而创世或(?)自然界无非是'真理'理念的完整折射。"(编号43)由此看来,创世根本不是直接来自于上帝,毋宁说,所谓的"**真理**"概念才是唯一的创世者。但这个所谓的理念本身仅仅是在**人类**理性被设定的情况下,才和它同时被设定的。于是在您看来,整个自然界就落入到人类理性里面。这个观点并不比那种最主观的唯心主义更高明,而且它不像费希特那样从一个活生生的自我出发,而是间接地从一个冷冰冰的理性、直接地从一个僵死的"真理"概念出发,通过这个概念,自然界被创造出来,或者说被直接设定下来(因为自然界已经是一个极具生命力的东西)。我认为这种唯心主义在所有唯心主义里面是最为简单方便的,因为它回避了一切关于来历或**发生**(Geschehen)的问题,而这始终是最为困难的问题。"自然界是否以及如何产生出来"这个问题没有意义,因为"真理"理念,作为全部建构的灵魂,不可能又被纳入到建构里面。对一些天生就对色彩不敏感的人来说,这个世界看起来就像一幅铜版画。如果有些人真的像您说的那样，认为自然界是所谓的"真理"理念的完整折射，那么在他们看来，自然界只能是一本画满几何图形的书。除此之外，只要人们仅仅思考一种折射，却不管它究竟是什么东西的折射，那么"折射"这个词语确实可以让事情变得非常简单。但是，既然您除了人类理性和被设定在其中的所谓的"真理"理念之外没有谈到任何别的东西，那么我很好奇，您打算从什么地方搞来一个折射媒介，以便制造出那个完满的折射呢？

自然界方面是怎样的情形，道德方面也是怎样的情形，"世界史无非是'**美德**'**理念**的完整折射。"（编号45）困苦不堪的人类真应该感到庆幸，世界史竟然是一个如此简单而单纯的东西。然而在这个历史里面，您又能非常轻松地列举魔鬼的各种现象和作用，并且认为这完全是魔鬼的功劳（编号50b），在这个历史里面，除了稀少的、隐蔽的美德之外，一直以来都是恶毒的各种力量在大显身手——这样一个历史居然被您看作是美德的完满折射，让我不得不说您实在是太仁慈了。

同样您认为，有机体仅仅意味着"美"理念的完满折射，同时和理性一起被给予（编号47）。诚然，一个迷醉的观察者会承认，在一个完满人体的皮肤上面，宇宙的全部个别的美都汇聚在一种最为令人赏心悦目的和谐状态中，但恐怕没有任何人会认为，胃、肠、脾、肝、胰腺以及许多由大自然仔细放置在人体内部的个别器官（您不能否认它们也属于有机体）都是"美"的完满折射，更不要说在整个有机体里面，许多给人带来美感的受造物也具有丑陋的特征。

再说一遍，我认为主张一种**已经把全部东西设定下来**的理性真是太过于简单方便了；我唯一感到诧异的是，既然如此，您还有必要弄出那三个抽象理念的折射吗？不由分说地把自然界、历史、有机体——看起来您并没有把它看作是自然界的一部分——当作完整的东西，把它们和理性及其三个抽象理念同时设定下来，难道不是一个更简便的做法？

无疑，您对我在谈到那些所谓的理念的时候使用的术语感到诧异。千真万确，"真理""美德""美"都是理念，而且每天都给那些最为优美动听的言论提供谈资。确切地说，这完全是就字面意思而言。人们也认为这就是柏拉图的真义。比如，柏拉图在《斐德罗》里谈到**美**的时候说，当我们在这里看到美的事物，我们就回忆起曾经见过最为辉煌的美。我自认为是精通柏拉图的，而按照我的理解，他在这里指的是原初的美——而不是指一个独自存在着的美，因为自在地看来，美本身不可能是一个主体，毋宁说它是一个**自在且自为的美的东西**的美，而这个美的东西，作为一个现实的**主体**（一个 ὄντως ὄν [存在着的存在]），按照词语用法和柏拉图的思维方式，只能是一个**原型**（Ur-Bild），即所谓的理念（Idea）。众所周知，除了这个地方之外，柏拉图都不是谈论**同、美、善、公正、神圣**，而是谈论**同的东西本身**（αὐτὸ τὸ ἴσον，《斐多》，第169页）、**美的东西本身**、**善的东西本身**、**公正的东西本身**、**神圣的东西本身**（περὶ αὐτοῦ τοῦ καλοῦ, καὶ αὐτοῦ τοῦ ἀγαθοῦ καὶ δικαίου καὶ ὁσίου，《斐多》，第171页）。他把这些

东西当作原型,因为在他看来,唯有这些东西能够叫作 τὰ ὄντα
[存在者],唯有这些东西是每一个灵魂原初地直观到的(《斐德
罗》,第328页)。诚然,只要一个人看到自在的善的东西本身、
自在的美的东西本身、自在的同的东西本身,他也就直观到了原
型意义上的**美**、原型意义上的**善**和**同**,但原型在这里并不是作为
属性的美,不是一个抽象东西,毋宁说它是一个存在者(τὸ ὄν),
一个主体,即原初的美的东西本身。

　　这就触及您的哲学——或按照您更喜欢的说法,您的"非哲
学"(Nichtphilosophie)——的最大特点,即它在任何地方都不想
要 ὄν [存在者],不想要一个真正的、自在的存在者,因为在它看
来,就连上帝都是一个局部东西,有可能变成一个主体。您的观
点是:理性是一个普遍官能,以纯粹的大全为直接对象(编号
7);永恒者不是统一体,而是大全(编号26);肮脏知性犯下的罪
行恰恰在于企图把大全降格为统一体(编号44),或者说把一切
东西改造成局部的、个体的、人格性的东西,改造成一个主体或
存在者。统一体是大全内部的生命和灵魂。因此在我看来,您
说大全**降格**为统一体,不啻于说身体**降格为灵魂**,物体**降格为精
神**。这种缺乏自我和主体的大全和"真理""美德""美"之类抽象
理念倒是非常相配,因为后者根本没有必要接纳一个主体或把
大全**降格为**统一体;正因如此,在您看来,绝对者只能躺在这些
所谓的理念的**和谐状态**里面——话说回来,您在使用"躺"(lieg-
en)这个词语的时候是怎么想的?——,而"正如我亲眼所见"
(编号48),这个绝对者根本算不上一个神性东西。因为这三个

抽象理念(而且它们又从属于一个同样抽象的和谐状态)根本没有提供一个主体,更不要说提供一个神性东西。我唯一感到诧异的是,既然如此,您怎么可能谈论一个绝对者,而不是谈论一种纯粹的绝对性?——

当然,按照您自己的感觉,所谓的理性只能与抽象理念打交道,所以您就把神性东西驱赶到一个高高凌驾于全部理性和全部知性之上的领域,在那里,甚至自由和美德都作为一些黑点而消失了(编号48b)。但通过这个方式,您实际上没有收获任何东西。也就是说,即使您现在在自己的思想中远远超于全部理性之上,这个普遍官能的反对意见也仍然跟随着您,因为对普遍官能而言,上帝根本不应当是一个局部的,亦即人格性的东西,不应当是一个主体;同样,您在那里也没有摆脱对于知性的畏惧,因为在您看来,知性会扼杀一切原初仅仅属于大全的东西(编号18);至于您在那个地方寻找的上帝,只能是一个被剥夺了全部谓词(包括"全能""全善""全知"等等)的上帝,人们甚至不能说"他存在着",因此这是一个缺乏主体的上帝,一个并非**存在着**的上帝。无论您怎么约束这个理性,您都不能逃脱它的诅咒,只能屈服于它的束缚和它那些普遍的抽象理念,只能卑躬屈膝,动弹不得。

我几乎遏制不住这个猜测,即您认为我们之间的哲学分歧在于,我不但没有效仿您的做法,逃避到一个更高的领域,甚至对您的做法颇不以为然。事实绝非如此!我唯一希望的是,您能够真正摆脱那种抽象的理性;是的,您最好从一开始就和它道别——而不是等到谈论上帝的时候,发现理性既不能帮助您理解自然界,也不能帮助您理解生命和历史,于是才和它分道扬镳。问题在于,虽然您自以为已经完全摆脱这种理性及其领域,但我发现您仍然深陷其中。否则的话,您怎么可能经常说出这样的断言,比如"上帝不应当是人格性的",然后把它们当作您所谓的普遍官能的格言,用来反对一切存在者,反对一切作为主体而存在或叫作主体的东西?

如果您不介意的话,我可以向您进一步澄清在我看来使您深陷其中的那种自我欺骗。——您把理性称作普遍官能,那里面只有大全(编号7)。反过来,您把知性称作局部官能,统一体在其中占据统治地位,试图让一切东西个别化。然而局部的东西恰恰是活生生的东西,而那个缺乏自我或主体的大全是一种无生命的东西;同理,虽然**美的东西**、善的东西、真的东西是活生生的东西,但真理、善和美就其自身而言却是无生命的东西。因此按照您的断言,理性是致死的东西,反之知性是带来生命的东西;或者按照您在另一处的说法,概念和通过概念而发挥作用的知性扼杀了活生生的东西,既然如此,您所谓的理性,那个把大全置于统一体之上,把死物置于活物之上的理性,恰恰是最肮脏的知性,因此当您急着反对知性的时候,您实际上是受控于一种最僵死的知性,这种知性仅仅认可抽象概念,绝不认可任何存在者或活生生的东西。好比我们经常看到这样一类人,他们总是抱着最激烈的态度去反对他们实际上最为坚持的东西;很多时候,人们只需留意他们最热衷于反对什么事物,就可以推断出,他们在绝大多数情况下恰恰是制造出这些事物的罪魁祸首。

实际上，当您如此贬低**概念**的时候，从我这方面来看，相比那个把"真理""美德""美"的折射及此类抽象事物组合起来的体系，我实在想不出还有什么更为僵死的概念哲学，还有什么更为朽烂的形式主义。

即便如此，您仍然洋洋得意地断言，我们甚至不能理解把握一个关于上帝的思想（编号29）；我觉得这无非是一个哗众取宠的说辞，即使它并没有直接玷污上帝的荣耀，但就算您只承认人类拥有一些寒碜的工具，它们也远远没有这么不堪。——也就是说，在我看来，认为上帝的芸芸造物里面最完满的那种造物根本不能理解把握一个关于上帝的思想，这绝不会提升上帝的荣耀。虽然从另一个方面来看，人这个族类（所有族类里面最年轻的一个）是永恒的，但您认为人类在理智方面远远低于其他星星上的居民，而我们还根本不知道是否确实存在着这样的居民。既然您拿不出任何证据，那么请您让我们暂时保留这个信念，即哪怕是在理性存在者的漫长序列里，人也占据一个非常高超的地位。至于地球在无穷多的星球里面仅仅相当于一个游移的小点（编号45），这并不能构成一个反对理由，仿佛上帝不是按照伟大和崇高，不是按照一个——每一位深入的研究者都知道的——基本治理法则（单是这个法则已经足以解释我们的谜一般的处境）来分配他的馈赠，而是优先照顾那些卑微和低贱的东西。您嘲笑说，我们**臆想**自己是上帝的肖像，于是知性也趁机**大放厥词**，以一种非常矫揉造作的方式表明，上帝如何**被迫**创造出这样

VIII, 183

一个具有形体的肖像(编号30)。反之我坚信,"人是上帝的肖像"绝非人类自己的臆想,毋宁说,是上帝亲自在人的内心里制造出这个念头;与此相反,以为"人不是上帝的肖像",这反倒是某些人和魔鬼的一个**臆想**。通过如此轻贱地看待人类(连原初的人也不放过),您的哲学,包括近代所有那些以无知为归宿的学说,和最恶劣的启蒙运动体系完全沆瀣一气,因为启蒙运动的目的不是别的,恰恰是要尽可能割裂人和上帝的联系;人们一定要警惕这种秘密的沆瀣一气。

在这件事情上,我回想起马勒布朗士《真理的探索》(*Recherche de la Verité*)序言中的如下这段话:

按其本性而言,人的精神位于造物主和有形受造物之间,因为按照圣奥古斯丁的说法,人的精神之上没有别的东西,只有上帝,人的精神之下也没有别的东西,只有形体。虽然人的精神高高凌驾于物质事物之上,但这并不妨碍它和物质事物联系在一起,甚至在某些方面依赖于物质;同理,尽管人的本质和人的精神之间有无限的距离,但这并不妨碍后者以最亲密的方式与前者直接合为一体。——芸芸众生或异教哲学家在精神上仅仅与形体打交道或与之联系在一起,却丝毫没有注意到精神与上帝的内在统一和联系,对于这一点,我根本不感到诧异。但某些基督教哲学家——他们按道理应当把上帝的精神置于人类机智之上,把摩西置于亚里士多德之上,把受到启示的奥古斯丁置于一个异教哲学家的卑微诠释者之上——居然也陷入这样的谬误,即把精神当作形体的形式,而不是认为精神是作为上帝的肖像并且为着上帝的肖像的缘故而被创造出来的(或按照奥古斯丁的说法,是为着真理的缘故而被创造出来的,因为精神只能和真理直接合为一体),这些才是真正让我惊诧莫名的事情。

无疑您会反驳道,虽然您在认识里取消了人和上帝的联合,但是通过信仰又重新制造出这个联合,而在您看来,唯有信仰能够提供一种全方位强有力的信念,这个信念来自于完整的人,反过来又把人紧紧抓在手里(编号33)——这些说法和您之前关于知性能力和理性能力的言论是完全契合的。但我问您,如果一个信仰根本就不能理解把握一个关于上帝的思想,不但没有权利说"上帝存在",更没有权利说上帝是一个人格性的、具有自我意识的、精神性的、全善的东西,——这样一个缺乏思想、扼杀精神、沉默不语的信仰,如何能够维系人类精神与上帝的联系呢?是的,根本就不可能有这种意义上的信仰!因为,信仰一旦脱离思维和知识,就会自己取消自己。无论您是否愿意如此解释信仰,有一点是确凿无疑的,即信仰是我们心灵的一种功能,它不可能脱离意识,因此不可能脱离思维和知识。我们都知道,"信仰"这个词语出自《圣经》,并且主要是我们路德宗的一个核心概念,严格说来,它仅仅表达出一种对于信念的自信,或心灵与确定知识的一致。真正的信仰本身无非是一种深信不疑的、亦即自信的知识,在它里面就和在**一切**真正的知识里面一样,心灵和精神达成一致。无论如何,信仰绝非像您和另外某些人以为的那样,是对于全部知识的全然否定。

通过一些不由分说的断言,您——确实顺理成章地——剥夺了人可能在知识那里寻得的任何慰藉,因为,只有当人认识到个别东西并对其做出正确判断,他才能够坦然和安心;比如,在我看来,您的这个断言——"'为什么世界里面有恶'这个提问不仅是荒谬的,而且是夸大其辞的"(编号49)——根本就不像是一个信仰上帝的人说出的话。假若上帝**想要**掩饰他容许恶存在的理由,那么毫无疑问,企图认识这个理由的做法不仅是夸大其辞的,而且是荒谬的。但问题在于,按照您自己的原理,您又如何可能**知道**这一点呢?如果上帝确实愿意让我们知道他的永恒计划,请问——这里我把您的提问(编号12)丢还给您——,您有什么权利来反对呢?就此而言,自永恒以来,人类不仅可以,而且应当努力认识上帝的意图(包括那些最为隐秘的意图),不是像一个奴仆那样站在远远的地方摆出事不关己的样子,而是像一位儿子,把父亲的王国当作自己熟悉的家园,因为父亲的任务,包括他长久以来采取的教育措施,就是要让儿子知悉他的各种秘密。怀疑主义者和无知者压根就不知道,基督教的伟大意义就在于摧毁隔障,让我们接近上帝,就像一位使徒所说的那样,让我们通过唯一的精神而拥有一条通往父亲的道路。

VIII, 186　　　　诚然,您张口闭口都是基督教。但是,一方面事情并非如您设想的那么简单,仿佛基督教是一种仅仅对心灵诉说(编号52),却没有把秘密启示给精神的学说;另一方面,我不知道,您打算通过什么方式把基督教的**真正单纯的**学说(比如"上帝把自己的儿子派遣到世界上")和您关于上帝及其荣耀的**超越性**概念统一起来。因为,如果上帝仅仅是一个滑稽的知性通过把人类本性提升到最高级而制造出来的一个东西(编号10),如果人类的情形根本就不能应用到上帝身上,他怎么可能有一个儿子,并且将其派遣到世界上呢?又或者说,既然"渺小的地球,还有上面的各种破碎的政治制度,虽然能够像大海里面的一滴水那样产生和消失,但这对于**宇宙的世界史**根本没有一丝一毫的影响"(编号45),那么这个渺小的地球为什么被上帝选作进行启示的主要舞台呢?除此之外,您不但宣称,当人臆想自己是上帝的肖像时,太阳上的原住民一定会放声大笑,好比当我们听说,草丛里的蚯蚓臆想自己是人的肖像,也会放声大笑一样(编号31),而且断言,整个人类史或许仅仅是太阳创作的一部长篇小说或一出戏剧(编号46),既然如此,在那位高于全部太阳的上帝的眼里,人的境况为什么显得如此重要呢?

当然,您又用当前通行的尺度来衡量基督教的这些意义,因为您反复把上帝通过基督而做出的启示称作一个间接启示(编号51、52等等),然后效仿那些启蒙神学家随便找来一个权宜之计,虽然保留了字句,但已经丢掉了事情的力量。至少我很难理解,您为什么宣称,用自然的方式尝试解释奇迹是无信仰的表现(编号53),因为通过用自然的方式解释奇迹(比如基督的奇迹),奇迹的间接神性的起源确实能够在很大程度上站稳足跟。

但是,如果您保持前后一贯,就必定会不仅把"启示"概念,而且把基督教的所有别的概念改造成这样一些间接的概念,亦即非本真的概念。从一些纯粹的观念出发,人们确实很难理解"上帝用人的属性来进行思考"之类事情,再者,如果"人是上帝

VIII, 187 的原初肖像"以及"人能够重新成为这样一个肖像"仅仅是人类的一个臆想，——如果一切事情真的就是这个样子，那么整个基督教就是一个不知所云的、冷冰冰的、枯燥无味的隐喻，相对而言，人们更愿意将其追溯到一个**单纯的**、直白的、朴素的意义；如果有些人真的做出了这个努力，那么按照您的思想，您就不应当说他们是无信仰的，毋宁应当说他们是有信仰的。因为他们至少是一些更优秀的人，而且他们的出发点也是上帝观念的**纯粹性**，而正是这种纯粹性促使您谴责人类关于上帝的所有概念。

假若您从这些观点的**纯粹性**出发真的找到一个手段，能够在这个时代力挽狂澜，我会非常高兴，并且承认您对这个腐败时代的感受是客观公正的。我并不觉得***的教科书败坏了我们的性格和我们的意念（编号32），虽然我同样不会认为它能够改善我们的相关方面。您已经贴切地指出，我们这个时代已经沦落到何等境地（编号54）。至于您提出的手段能够带来什么效果，对此我仍然有唯一的一个怀疑。很早以前，在最近数十年的世界大事发生之前，有人就在宣扬一种与全部知识相对立的信仰（但据我的观察，这种信仰最终说来和无信仰起源于同一个根基）；这种信仰的布道者，比如雅各比，无疑是抱着最好的意愿，而且就连康德都走到了这个地步。但事实证明，这些布道根本就没有发挥任何作用，甚至连最渺小的东西都不能拯救（更不用说别的东西）。如果一种医术不能预料到普遍的无信仰带来的危害，不能预料到那种更为糟糕的冷淡和冷漠，它怎么可能治愈一种已经爆发出全部能量的疾病呢？如果一种哲学在谈到全部崇高事物的时候只会不断做出否定，在触及那些对人类而言最重要的问题的时候逃遁到无知里面，人们怎么能够指望这种哲学带来一丝拯救呢？那种声名狼藉的、仇视一切崇高事物的瞎启蒙同样能够鼓吹对于崇高事物的无知，而且它沾沾自喜地认为，它在一条看起来无可指责，甚至在道德方面具有开拓意义的道路上，已经达到了自己的主要目的。

当基督在一个极度败坏的时代出现时，他首先说出的话并不是："我们根本不能认识上帝，我们不能理解把握一个关于上帝的思想，我们更不要臆想自己是上帝的肖像，如此等等。"我们这个时代的人同样需要某种肯定的东西，而只有一种强有力的、掌握了真正理念的知性能够重新给人这种东西。在这种情况下，智慧之人也会重新信仰一个上帝，即我们的父辈曾经信仰的那个上帝。只不过**凭良心说**，现在没有任何人能够做到这一点。就此而言，我把您的来信看作是我们的时代精神最值得关注的原初文献之一。

到此为止，这个冗长的答复终于应当结束了。如果让我简单总结一下**我们之间**的关系，我认为您缺乏我的体系所具有的一些真正的中间概念。您读到了我的一些词语和个别句子，然后按照您自己方式去理解。一个关键原因在于，您一直没有摆脱费希特主义的影响，而且您似乎认为我的观点仅仅是费希特主义的进一步发展，于是用一些从费希特那里借来的概念解释我的学说。我最为遗憾的是，您居然以为您已经真正理解了我，并且把我反对的观点作为一种狂妄之见而算到我的头上。

当然，正如我的思想体系不是一夜之间发明出来的，您也不可能一夜之间领会我的那些处于完整关联下的观点。在我看来，您在您的立场上绝不可能如此轻易地通观和掌握整体。您所在的那块地盘承受不起这个整体；因此它不可能来找您，毋宁说您必须去找它，好比如果一个人想要亲眼看见斯特拉斯堡的大教堂（这个比喻没有任何别的意思），就必须从他的椅子上站起来，走到那个地方去，因为大教堂不可能离开自己的位置而来到他面前。我说这些话并不是要否定您的立场的价值；您尽可以认为这是最好的立场，并且任何时候都可以回到这个地方；只不过，如果您想要了解和评判我的体系，您就必须完全远离这个立场，而且不要把任何您在这个立场上信以为真的东西携带到我这里。

至于您自己的学说或信念，我感到遗憾的是，像您这么聪明的人，过早达到研究的目标，太早信任某些概念，而这些概念是稍加考察就站不住脚的。比如，您关于知性和理性的那些言论，全都来自于一团思想毛线，其中没有丝毫批判主义的影子；本身说来，只有真正的哲学才能够揭示出什么是知性和理性，而您做的事情呢，却是反过来用一些信手拈来的关于知性和理性的概念来揭示什么是真正的哲学。因此我非常希望您有一天会醒悟过来，不再从一些单纯的前提出发而进行论证，而是真正回归第一重要的东西，尤其是以批判的眼光来审视您现在当作通行货币抓来就用的大堆概念。

如果我说的这一切过于唐突、过于直率而毫无遮掩，那还要请您多多包涵。因为我真切地希望，我们在这个时候不要留下对于彼此的猜疑,而且我和您对于我们之间的关系能够达成一致理解。只要我们以真理为旨归,就不会顾及个人的声望;真正说来,我的言论也绝不是针对您(我一直都是把您的真正为人以及意愿和那些个别表述区分开来),而是针对那整个思维方式,而您当然也有权利为之辩护。

那么,祝您安康。

人名索引

（说明：条目后面的页码是指德文版《谢林全集》的页码，即本书正文中的边码。）

A

Alphangso 阿方索 VII, 397
Alexander 亚历山大 VII, 413
Aristoteles 亚里士多德 VIII, 184
Arius 阿里乌斯 VII, 372
Augustinus 奥古斯丁 VII, 368; VIII, 184

B

Baader, Franz von 巴德尔 VII, 366, 373, 376, 414
Bridan, Johannes 布里丹 VII, 382
Bruno, Jordano 布鲁诺 VII, 342, 444
Boeckh, August 伯克 VII, 374

C

Cato 老加图 VII, 393
Christus 基督 VII, 386, 405, 463; VIII, 158-160, 188

D

Descartes, Rene (Cartesius) 笛卡尔 VII, 356, 443, 455

E

Empedokles 恩培多克勒 VII, 337
Epikur 伊壁鸠鲁 VII, 383, 473
Erasmus 爱拉斯谟 VII, 409

F

Fichte, J. G. 费希特 VII, 337, 348, 360, 385, 389, 395, 423, 445, 462; VIII, 167, 178, 188

G

Goethe, J. W. von 歌德 VII, 429
Gordios 戈尔迪奥 VII, 413

H

Hammann, J. G. 哈曼 VII, 401
Hippokrates 希波克拉底 VII, 432

J

Jacobi, F. H. 雅各比 VIII, 167
Jupiter 朱庇特 VII, 437
Julian 朱利安 VII, 368

K

Kant, Immanuel 康德 VII, 333, 351, 383, 384, 388, 423, 445, 461, 473; VIII, 167-168

Kepler, Johannes VII, 444

L

Leibniz, G. W. 莱布尼茨 VII, 342, 344, 356, 367-368, 369, 383, 396, 398, 402, 421, 423, 444, 455
Lessing 莱辛 VII, 412
Luther, Martin 路德 VII, 386; VIII, 185

M

Malebranche, Nicolas 马勒布朗士 VIII, 183
Moses 摩西 VIII, 184

P

Paulus 保罗 VII, 482
Pelagia 佩拉纠 VII, 368
Phildias 菲迪亚斯 VII, 437
Platon 柏拉图 VII, 337, 360, 371, 374, 390, 462, 470; VIII, 163, 179-180

Plotin 柏罗丁 VII, 355
Protagoras 普罗泰戈拉 VIII, 168
Ptolemaeus 托勒密 VII, 397
Pygemalion 皮格马利翁 VII, 350
Pythagoras 毕达哥拉斯 VII, 337

R

Reinhold, K. L. 莱茵霍尔德 VII, 342

S

Satan 撒旦 VIII, 159-160
Schelling, F. W. J. 谢林 VII, 342
Schelling, K. E. 谢林 VII, 473
Schlegel, Friedrich 施莱格尔 VII, 338, 348, 352, 393, 409
Sextus Empirichus 塞克斯都 VII, 337
Siren 塞壬 VII, 381; VIII, 157
Spinoza, Baruch 斯宾诺莎 VII, 340-342, 344-345, 347-350, 354, 356, 357, 395, 397-398, 409, 443-444

Stoa 斯多亚 VII, 473
Süskind, F. G. 苏斯金德 VIII, 172

T

Tantalos 坦塔洛斯 VII, 366

V

Virtruv 维特鲁威 VII, 456

W

Wissowatius 维索瓦修斯 VII, 342
Wolf, Chr. 沃尔夫 VII, 423

X

Xenophanes 克塞诺芬尼 VII, 342

Z

Zeno 芝诺 VII, 401

主要译名对照

A

Abgrund 深渊
ableiten 派生
Absicht 意图
Absonderung 孤立化
das Absolute 绝对者
Affektion 情状
Ahndung 憧憬，预感
All 大全
Allheit 大全
Allmacht 全能
angeboren 与生俱来的
Angst 畏惧
Anschauung 直观
    intellektuelle Anschauung 理智直观
an sich 自在的，在其自身

An-sich 自在体
anziehen 吸引
Artikulation 清楚分节
Augenblick 瞬间
Ausdehnung 广延

B

Band 纽带
Basis 基础
Befreiung 解脱，解放
Begierde 欲望
Beraubung 褫夺
Beschreibung 描述
Besinnung 凝思
Bewußtsein 意识，意识存在
Bewußtwerden 意识生成
Beziehung 关联

Bezug 关联
Bild 形象，图像，肖像
Bildung 塑造
Blick 目光

C

Charakter 性格，特性
Copula 系词
coexistirend 共存
Creatur 受造物

D

Darstellung 呈现，阐述
Daseyn 实存，存在
Dauer 延续，绵延
Denken 思维
Determinismus 决定论
Dialektik 辩证法
Differenz 差异
Ding 物，事物
Dogmatismus 独断论
doppelt 双重的
Dreieinigkeit 三位一体

Dualismus 二元论
dynamisch 动力学的

E

Ebenbild 肖像
Egoität 自私性
Eigenheit 私己性
Eigenwille 私己意志
Ein - und Allheit 大全一体
Einbilden 渗透式塑造，内化
Ein-Bildung 内化塑造
Einerlei 同一回事
Einheit 统一体
Eins 单一体
Einung 一体化
Einwicklung 内敛
Emanation 流溢
Emanationslehre 流溢说
Empirismus 经验论
Endabsicht 终极目的
endlich 有限的
das Endliche 有限者
Endlichkeit 有限性

Entfaltung 展现，展开
Entfernung 疏离，远离
entgegengesetzt 相对立的
Entscheidung 决断
  sich entscheiden 做出决断
Entschluß 决定
  sich entschließen 做出决定
Entwicklung 发展，发展过程
Entzweiung 分裂
Epoche 时期
Epos 史诗
Erde 大地，地球，尘世
Erfahrung 经验
Erinnerung 回忆
Erklärungen 解释
Erscheinung 现象
Erzählung 叙述
erzeugen 生出
esoterisch 内传的
Etwas 某个东西
ewig 永恒的
das Ewige 永恒者
Ewigkeit 永恒，永恒性

existentiell 实存意义上的
Existenz 实存
  das Existierende 实存者
exotersich 外传的

F

Fatalismus 宿命论
Folge 后果
Form 形式
Fortschreiten 进步，前进
Freiheit 自由
für sich 自为的，自顾自的，独自

G

Geburt 诞生，降生
Gefühl 情感
Gegenbild 映像
Gegensatz 对立
Gegenstand 对象
Gegenwart 现在，临在
Geist 精神
Geister 魂灵
Geisterreich 魂灵王国

geistig 精神性的
    das Geistige 精神性东西
Gemüt 心灵
Geschichte 历史
Geschlecht 种族,族类
Geschöpf 受造物
Gesicht 面貌
Gewissen 良知
Gewissenhaftigkeit 致良知
Glaube 信仰
Gleichgewicht 平衡
Gleichgültigkeit 漠不关心
Gleichheit 相同,等同
Gott 上帝,神
Götter 诸神
Gottheit 神性
göttlich 上帝的,神性的,神圣的
Göttlichkeit 神性
Grund 根据
Grundkraft 基本力量
Grundwesen 根据本质

H

Handlung 行动
Harmonie 和谐
Heidentum 异教
Herr 主人
hervortreten 现身,凸显
Historie 历史
das Höhere 更高的东西
das Höchste 最高者
Hylozoismus 物活论

I

Ich 我,自我
Ichheit 自我性
ideal 观念的,观念意义上的
das Ideale 观念东西
Idealität 观念性
Idealismus 唯心主义
Idee 理念
Identität 同一性
Immanenz 内在性
Inexistenz 相互交织的存在
in sich selbst 自身之内,基于自身

Indifferenz 无差别
Individualität 个体性
das Innere 内核
das Intelligente 智性东西
Intelligenz 智性
intelligibel 智性的

K

Kampf 斗争
Kontraktion 收缩
Kraft 力量,力
Kreatur 受造物
Krisis 大分化
Kritizismus 批判主义
Körper 物体,形体
Körperlichkeit 形体性
Kunst 艺术
Kunstwerk 艺术作品

L

Lauterkeit 纯净性
Leben 生命
Lehre 学说,教导

Leib 身体
Leiblichkeit 身体性
Licht 光,光明
Lust 乐趣、淫欲

M

Machen 制造
Macht 权力,威力
Materie 物质
mechanisch 机械论的
Mittel 中介,手段
Mittelbegriff 居间概念
Mittelpunkt 中心点
Mitteilung 分有,分享
Modifikation 样态
modifiziert 样态化的
Möglichkeit 可能性
Moment 环节
Moral 道德
Mysterien 神秘学
Mythologie 神话

N

Nachwelt 后世
nachweltlich 后世的
Natur 自然界,本性
Naturphilosophie 自然哲学
negativ 否定
Nichtigkeit 虚妄,虚无
Nichtphilosophie 非哲学
Nichts 无,虚无
Notwendigkeit 必然性

O

Objekt 客体
objektiv 客观的
Offenbarung 启示
öffentlich 公开的,公众的
Organ 器官,官能,机能
organisch 有机的
Organismus 有机体

P

Pantheismus 泛神论
Periode 时期
Person 人格
Persönlichkeit 人格性
Phänomen 现象
physisch 自然的,物理的
positiv 肯定的
Potentialität 潜在状态
Potenz 潜能阶次
Prädeterminismus 预定论
Prinzip 本原
Priorität 优先性
Prius 前提,先行者
Produzieren 创造
Prozeß 演进过程
Streit 冲突

R

Rad 轮子
Raum 空间
Reaktion 反作用
real 实在的,实在意义上的
　das Reale 实在东西
Realismus 实在论
Realität 实在性

Reinheit 纯粹性
Reflexion 反思
Relation 关联
Religion 宗教
Religiosität 宗教性
Ruhe 宁静

S

schaffen 创造
Schauen 直观
Schicksal 命运
schlechthin 绝对的
Schmerz 痛苦
Schöpfung 创世
Schuld 罪过
Schwere 重力
Seele 灵魂
Sehen 观看
Sehnsucht 渴望，渴慕
Seyn 存在
  das Seyende 存在者
  das seyend-Seyn 存在着的存在
das Nichtseyende 非存在者
das Nichtseyn 非存在
das Selbst 自主体
Selbstbejahung 自身肯定
Selbstbewußtsein 自我意识
Selbsterkennen 自我认识
Selbstgegenwärtigkeit 自身临在
Selbstheit 自主性
Selbstoffenbarung 自身启示
Selbstsein 自主存在
selig 极乐的
das Selige 极乐者
Seligkeit 极乐
Sinnenwelt 感官世界
sinnlich 感性的
sittlich 道德的
Sittlichkeit 道德
Simultaneität 同时性
Spekulation 思辨
Sphäre 层面
spielen 嬉戏
Stärke 强大，强硬
stetig 持续不断的

Stetigkeit 延续性
Stille 寂静
Stoff 质料
Streben 追求
Stufe 层次
Subjekt 主体
subjektiv 主观的
  das Subjektive 主观东西
Substanz 实体
Sündenfall 原罪
Superiorität 优越性
Symbol 象征
System 体系

T

Talisman 祥瑞之物
Tat 行为
Tathandlung 原初行动
Tatsache 事实
Teilnahme 参与, 分享
Theosophie 神智论
Tiefe 深处, 深渊
Totalität 总体性
Trägheitskraft 惰性力量
Trieb 冲动
Tugend 德行, 美德
Tun 行动

U

Übergang 过渡
Übergottheit 超神性
das Überseyende 超存在者
übersinnlich 超感官的
das Unbedingte 无条件者
Undringlichkeit 不可入性
unendlich 无限的
  das Unendliche 无限者
Unendlichkeit 无限性
Ungrund 无根据
unmittelbar 直接的
Universum 宇宙
das Unseyende 未存在者
Unterscheidung 区分
Urbild 原型
Ureinheit 原初统一体
Urkraft 原初力量

das Urlebendige 原初生命
Ur-Sache 原因, 原初东西
Ursprung 起源
ursprünglich 原初的
Urwesen 原初本质
Urzeit 原初时间

V

Verborgenheit 遮蔽状态, 隐蔽状态
Vergangenheit 过去
Verhältnis 关系, 情况
Verhängnis 厄运
Verneinung 否定
Vernunft 理性
Vernunftmensch 理性人
Vernunftreligion 理性宗教
verschließen 封闭
Verstand 知性
    gemeiner Verstand 普通知性
Verstandesmensch 知性人
Vollendung 完满
Vorsehung 天命

Vorstellkraft 表象力
Vorstellung 表象
Vorwelt 前世
vorweltlich 前世的

W

das Wahre 真相
Wahrheit 真理
Wahnsinn 疯狂
weissagen 预言
Weltalter 世界时代
Weltansicht 世界观
Werk 作品
Werkzeug 工具
Wesen 本质, 存在者
Wesen aller Wesen 全部本质之本质
Wesenheit 本质性
Widerspruch 矛盾
Widerstreit 冲突
Wille 意志
Willkür 意愿选择
wirken 发挥作用

Wirklichkeit 现实性

Wirkung 作用

Wissen 知识

Wissenschaft 科学

Wissenschaftslehre 知识学

Wollen 意愿,欲求

Wort 词语,道

Wurzel 根基

Z

Zeit 时间

Zeitalter 时代

zeitlich 应时的,短暂的

zeitlos 与时间无关的

Zentrum 核心

zeugen 生出

Zeugung 生殖

Zorn 愤怒

Zukunft 未来

zusammengehen 聚合

Zusammenhang 联系

Zusammenziehung 收缩

Zustand 状态